未讀 探索家

未读之书，未经之旅

爱问百科

从小问到大却没找到答案的问题

THE HANDY ANSWER
BOOK FOR KIDS (AND PARENTS)
SECOND EDITION

〔美〕吉娜·米西若格鲁 / 编著　王 怡 / 译
Gina Misiroglu

北京联合出版公司
Beijing United Publishing Co.,Ltd.

CONTENTS

目 录

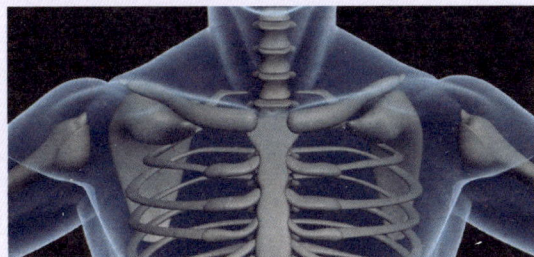

作者简介

　　吉娜·米西若格鲁在给她六岁和十六岁的两个孩子解答生活中的问题时，开始注意到还有许多问答可以补充进《爱问百科：从小问到大却没找到答案的问题》的修订本中。她在照顾孩子们的闲暇，开始著书立说。她尤其擅长流行文化、传记、历史和大众感兴趣的话题的写作与编辑。

　　米西若格鲁的文章受到众多出版商的青睐，包括华纳兄弟出版公司、斯隆出版社、新世界出版社、麦克米伦出版社和夏普出版社。她还担任以下书籍的编辑：《女孩们：故事、诗篇与歌曲中庆祝少女时代的四十位伟大女性》（2000）和《想象：20 世纪美国英雄们的精神》（2001），其中《女孩们》荣获纽约公共图书馆设立的"最佳青少年书籍"奖。维色玻盈科（Visible Ink）出版社曾出版她的《政治小手册》（2002）、《超级英雄：一本述说漫画英雄与电影英雄的百科全书》（2004）和《总统小手册》。她现居洛杉矶。

引言

当维色玻盈科出版社的出版商罗杰·詹尼克（Roger Jänecke）来和我商量修订《爱问百科：从小问到大却没找到答案的问题》第一版时，我有点迟疑。有人也许会问，这本书囊括了 4 到 14 岁的孩子所有会问的问题，参考价值极高，为什么还要修订呢？答案其实很简单：因为孩子们的问题稀奇古怪……而且没完没了……

"世界各地的人们"这一章，将带你踏上环游地球的旅程，为你解答许许多多有趣的问题，例如最小的国家（梵蒂冈）和最大的国家（俄罗斯）分别是哪一个。本章还将细细讲述世界各地的不同文化，为你解释以下问题：为什么会有不同的宗教？为什么人们说不同的语言？哪种语言说的人最多（汉语普通话）？此外，你还可以比较城市居民和农民之间截然不同的生活方式，前者住在熙熙攘攘的城市，后者则以土地为生。说到农场生活，你知道为什么马儿站着睡觉吗？在这个部分，你都会找到它们的答案。

也许，对于孩子们（大人们也一样）来说，最有趣的话题，莫过于自己的身体偶尔出现的神秘状况了。当他们进入快速生长的青春期阶段而面临各种雷区时，好奇心便愈发膨胀。《我的身体》这一章介绍了孩子们的身体在成长过程中发生的诸多变化，涵盖了身体的各项基本功能，从肌肉如何工作到为什么指关节有裂纹。此外，我们并没有回避一些不太雅观的话题（或许更有意思，这取决于你的年龄和观点），对有关汗水、粉刺、疣、痂、呕吐、打嗝和呃逆的问题也一一做了解答。

孩子们从小就熟悉动物，喜欢动物，对于很多人来说，这种喜欢会持续一生。"大大小小的生物"这一章回答了有关各种动物的诸多问题：从古老的恐龙到最微小的昆虫和蜜蜂般大小的蝙蝠，再到速度最慢的哺乳动物（树懒）和世界上最大的动物（蓝鲸）。有时，学到一点小小的知识——例如为什么每匹斑马身上的黑白条纹都不同——便能激发我们去观察周围的世界，从不同的角度看待事物。

在"植物"这一章，充满好奇心的孩子将学到：植物不仅能装点院子，让院子变漂亮，它还是地球上独特的生态系统赖以存在的基础，它们的生命系统复杂而且不可思议。想知道光合作用的简单解释吗？这里就有答案。想知道自家后院里的植物和在北极苔原上存活下来的植物有什么不同吗？现在就能揭晓。你一直很想知道有没有一朵足够大的花能让你当船坐吗？在亚马孙丛林中，王莲叶子的直径能长到两米长，可以承受一个小孩子的体重。

我们所有人——年轻的和还没老糊涂的——每天都会用到许许多多的高科技工具和设备。很难想象，如果没有了手机和电子邮件，生活会变成什么样子，更别提没有电梯、飞机、电视机和电灯了。但是，是什么科技奇迹让这些设备发挥作用的呢？"事物的工作原理"这一章会一一做出解释。你知道电视机是靠光电元件、电子信号和麦克风工作的吗？那么，它们是如何共同发挥作用的呢？你有想过 X 光是如何拍片或者潜水艇是如何在水中沉浮的吗？条形码又是什么？为什么商店和顾客需要它们？数字、计数、度量衡和报时又是什么？"数学、度量与时间"将继续完善前一章的内容，同时也会讲述孩子们在学校遇到的话题。

"日常生活"这一章将对一些至关重要的问题做出解答，比如："怎样获得更多的零用钱？""为什么要跟兄弟姐妹和谐相处？""为什么要去上学？""为什么狗狗摇尾巴和吠叫？""为什么要做作业（假设作业没被狗狗吃掉）？"此外，这一章还将帮助孩子们了解不同家庭成员的角色，向他们解释实话实说、举止礼貌和保持风度等行为的价值。最后，我们也预测了一些比较难回答的问题，包括离婚、衰老和死亡。

有人说，孩子就像海绵，以惊人的速度汲取着丰富多彩和深远广博的信息。这种飞快的学习速度一部分缘于生理的发展，但是，如果没有好奇心和兴趣的话，他们很可能就会一无所获。虽然这些特质常常表现在孩子们身上，但这并不意味着它们只是年轻人的专利。如果幸运的话，学习新知识和深化认识的兴奋之情将会与我们相伴一生。

——吉娜·米西若格鲁

献给奥利弗和卢克

——

他们的问题源源不断！

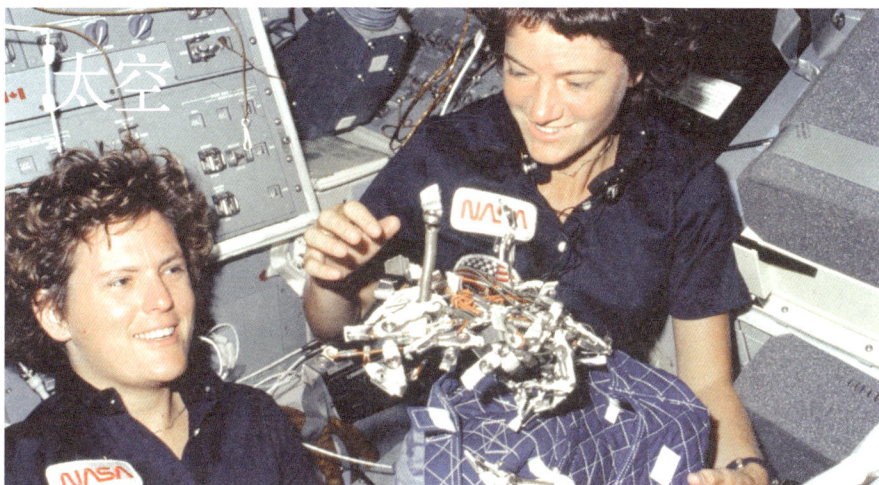

宇宙的奥秘

宇宙是如何诞生的？

千百年来，宇宙的起源问题始终困扰着人类。科学家们认为，宇宙诞生于 100 亿到 200 亿年前的宇宙爆炸，即大爆炸，大爆炸将物质投射到四面八方。宇宙最初是一个致密炽热的火球，时空一片混乱。引力在大爆炸后的第一秒内形成。随后，宇宙急剧膨胀，开始被亚原子所淹没，亚原子相互碰撞，形成质子和中子。三分钟之后，宇宙温度达到 2800 亿摄氏度，质子和中子形成最简单的元素，包括氢、氦和锂。

根据大爆炸理论，宇宙爆炸以后，原子历经 50 万年才形成，行星和星系历经 3 亿年才开始出现。无数的恒星进化演变，消失陨落，之后，太阳才在我们的星系——银河系——中诞生。而 45 亿年之后，太阳系才由气体和尘埃星云形成。

宇宙有多大？

没有人真正知道宇宙到底有多大。宇宙之大，无所不包：行星、卫星、恒星和星系。在可见的宇宙之中，星系——或者说巨大的恒星系统——的数量超过 1000 亿。每个星系所包含的恒星数量各不相同，但很可能都数以亿计。

正是无数的星系和恒星构成了巨大的宇宙！

宇宙如何成为一体？

引力让双脚始终紧贴地面，同样，引力也让整个宇宙成为一体。引力是任意两颗物质微粒或两个物体之间相互吸引的力量。在引力的作用下，行星在各自的轨道上绕太阳运转，月球在自己的轨道上绕地球运转。有了引力，一切物体紧紧依附于地球或者其他任何天体，而不会飞向太空。物体越大，它的引力就越大。

什么是光年？

光年是测量距离的一种方式，天文学家用其测量恒星之间的距离。它指的是光在一年中所传播的距离，差不多相当于 9.5 万亿千米。想知道一光年有多长，那么设想一下：太阳距离地球大约 1 亿 4900 万千米，一个人从地球到太阳，走 31,620 个来回，才能走完一光年的距离。在宇宙中，距离地球超过 150 亿光年之外的事物，科学家们都能看到。

宇宙在膨胀吗？

20 世纪 90 年代，澳大利亚和英国的天文学家通过标示出 3 万多个星系的位置，绘制出了当时最大的宇宙地图。这些星系基本上都在不断远离我们。大部分天文学家认为，宇宙处于膨胀之中——宇宙中的一切物质无时无刻不在远离彼此。这并不是说恒星和星系的体积不断变大，而是说物体之间的距离随着时间的推移不断加大。

因为宇宙膨胀的规模如此之大，所以我们在地球上从未注意到。实际上，1929 年，美国天文学家爱德文·哈勃在汇集众多科学家的成果之时，才发现宇宙在膨胀。他对天空展开研究，并创造出"哈勃图表"。"哈勃图表"表明，星系光的偏红程度，即星系远离地球的速度，随星系离地球的距离而递增，这种递增在图表中呈一条直线。星系离地球越远，远离我们的速度也越快。

宇宙有可能反过来坍缩吗？

根据"大挤压理论"，一切物质在某一时刻都会反方向运动，收缩成诞生之初的那个小点。还有一种"高原理论"认为，宇宙膨胀至某一点时，就会慢

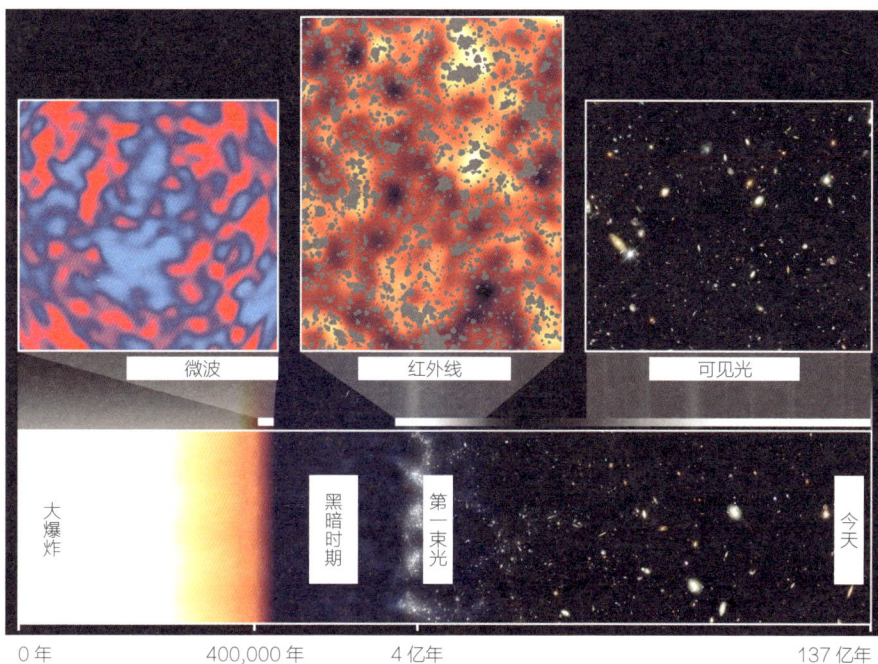

🔵 科学家发现宇宙诞生于大爆炸。微波背景辐射和红外光为宇宙如何形成以及其如今如何膨胀提供了线索［美国国家航空航天局／喷气推进实验室－加州理工学院／A.卡什林斯基（A. Kashlinsky）］

慢停下。这时，宇宙到达高原状态，不再发生改变。

地球是宇宙的中心吗？

古希腊哲学家亚里士多德认为，宇宙以地球为中心，由 55 个同轴的水晶球组成，天体依附在这些水晶球之上，以不同的速度旋转。这之后的差不多两千年，人们对此深信不疑，直到波兰天文学家尼古拉·哥白尼提出太阳系的中心是太阳而非地球时，情况才发生改变。他的模型也称太阳中心系统，认为地球不过是又一颗行星（太阳向外数的第三颗行星），月球在其轨道绕地球而非太阳运转。虽然太阳系也许就是这样，但是由于天文学家无法用望远镜看到整个宇宙，因此宇宙的"中心"到底位于哪里，无人知晓。

什么是外太空？

外太空，有时简称"太空"，它指的是地球与月球之间、太阳系的行星相互之间以及恒星相互之间的区域。太空并非完全空无一物，它没有空气，但存在一些尘埃和气体原子。

哪个星系离我们的星系最近？

仙女座星系是离我们的星系——银河系——最近的大型螺旋星系。它看起来像仙女座之中的一个小光斑，却差不多有两个银河系那么大。虽然仙女座星系规模庞大，闪闪发亮，肉眼也能看见，但它距离我们约 230 万光年。实际上，仙女座星系是人们不用望远镜就能看到的离地球最远的物体。

行星与太阳系

什么是太阳系？

太阳系由太阳和绕太阳旋转的一切物体组成，包括八大行星、含月球在内的几十个卫星、几颗已经辨认出来的矮行星以及所有的小行星和彗星。它们都在各自特定的轨道上绕太阳旋转，并在太阳引力的作用下聚集在一起。太阳系是银河系的一部分，银河系如同一个巨大的圆盘，数以千亿的恒星位列其中，并依靠引力形成一体。太阳系差不多位于银河系边缘与其中心点之间正中的位置，所以我们在地球上看到的一切恒星都属于银河系。但是，有了巨型望

图示各行星轴线倾斜角度：太阳 0°，水星、金星 177.3°，地球 23.5°，火星 25.2°，木星 3.1°，土星 26.7°，天王星 97.9°，海王星 29°，冥王星 118°

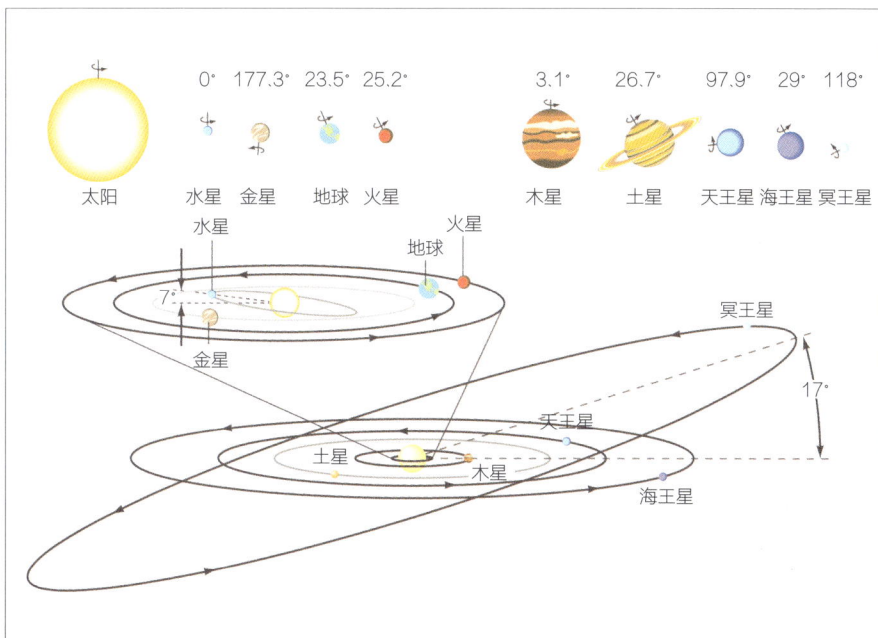

● 多年来，太阳系中的行星一直包括冥王星。冥王星现在被看作一颗矮行星而不是真正的行星。这幅图显示了行星的排列方式及其在各自轴线的倾斜程度

远镜以后，科学家们能观察到宇宙中许许多多的其他星系；他们认为这些星系的数量多达 1000 亿。

太阳系的年龄有多大？

科学家们认为，太阳系诞生了差不多有 46 亿年之久。地球与太阳系中的其他天体都由一团巨大的气体和尘埃星云形成。在引力和旋转力的作用下，星云逐渐被压扁，形成一个大圆盘，星云的大部分质量漂移到中心位置，这一中心就变成了太阳。剩下的部分形成一些叫作微行星的小天体。微行星相互碰撞，逐渐形成越来越大的天体，其中一部分天体变成行星。据科学估算，这一过程历时 2500 万年左右。

什么是轨道？

轨道指的是物体在太空中运行的圆形或椭圆形路径。例如，行星在各自的轨道上绕太阳运转，卫星在各自的轨道上绕行星运转。宇宙飞船要想进入绕

5

地球运转的轨道，就必须以至少每小时 28,163 千米的速度飞向太空。如果达不到这个速度，它就会掉到地球上。

什么是行星?

　　"行星"一词源于希腊语中意为"流浪者"的词语。根据古代天文学家的定义，行星是夜空中围绕恒星运行的物体。今天的天文学家将行星定义为：一个在轨道上绕恒星运转，并有足够大的体积（足够大的质量）来产生自身引力，从而形成圆形或近似圆形的物体。此外，行星在一条干净的轨道上绕恒星运转——这条轨道上没有任何其他的天体，它们都被行星在其围绕恒星运转的过程中"清扫干净"。

宇宙中有多少颗行星?

　　科学家们并不知道宇宙中到底有多少颗行星。但是，绕太阳运转的行星有八颗，分别是水星（离太阳最近）、金星、地球、火星、木星、土星、天王星和海王星。

哪些行星是岩石行星？

行星的大小、组成成分和颜色各不相同。水星、金星、地球和火星是距离太阳最近的行星，通常又称"岩石"或"类地"行星。火星、水星和金星的组成成分与地球相似。太阳热量使得氢和氦等轻元素蒸发到星际空间。大部分岩石与金属就在这一区域中保留下来，相互聚集，形成太阳系内的岩石行星。它们没有行星环，并且，只有地球和火星存在卫星。

哪些行星是气态巨行星？

这四颗外行星——木星、土星、天王星和海王星——被称作气态巨行星。气态巨行星的体积远远大于类地行星的体积，也都有着行星环和多颗卫星。它们主要由氢、氦、冰冻水、氨、甲烷和一氧化碳组成。其中，木星与土星中，氢和氦的含量最大，天王星与海王星中，冰（冰冻水、氨、甲烷与一氧化碳）的含量最大。

什么是 X 行星？

20 世纪 30 年代，美国数学家和天文学家帕西瓦尔·罗威尔（Percival Lowell）下决心在海王星轨道之外找到一颗行星，他把这颗假设的行星称为"X 行星"。这次研究最终导致冥王星被发现，但是多年以来，很多天文学家都认为，海王星的轨道之外一定还存在一颗比冥王星更大的行星。这是因为，海王星的轨道似乎受到一个未知行星的引力的影响。更新的研究表明，大型 X 行星不太可能存在，但 X 行星这一术语仍旧用来指代太阳系中尚未发现的行星。

我们的行星是谁命名的？

除了地球以外，其他行星的名字都源于希腊与罗马神话。肉眼易见的五大行星——水星、金星、火星、木星和土星——在不同的文化中有不同的叫法。根据它们的运动和外部特征，罗马人把它们叫作行星，意为"流浪者"。举个例子，他们用众神之王的名字为木星命名，用罗马美丽之神的名字为最明亮的金星命名，用战争之神的名字为泛红的火星命名，用农业之神的名字为土星命名。这些罗马名字被欧洲的语言与文化所采用，并成为标准的科学名称。

太空

🔴 土星的行星环在太阳系中最引人注目，但是包括木星、天王星和海王星在内的其他行星也有行星环（美国航空航天局）

在所有行星上，一天都是一样长吗？

不是，不同行星上，一天的长度也不相同。一天是一颗行星绕自己的轴心运转一周所用的时间。金星和天王星与其他行星运转的方向相反，呈反向旋转。地球上的一天为 24 个小时，土星上的一天则为 10.5 个小时。

哪些行星有行星环？

木星、土星、天王星和海王星的周围都环绕着行星环或者由岩石组成的细带子。木星的行星环很细很黑，在地球上难以看到。土星的行星环五颜六色，很宽很明亮。天王星周围有九条漆黑的行星环，海王星的行星环也是黑色的，但包含一些明亮的圆弧。曾经，包括地球在内的所有行星都有着行星环。这些行星环很不稳定，它们的组成物质要么消失在太空之中，要么被这些行星的卫星所吸收。

有红色行星吗？

有。火星是距离太阳第四远的行星，被称作红色行星。由于火星表面的岩石含有锈铁，因此它看起来是红色的。火星的大气层由云、风和尘暴组成——它的红色尘土飘浮在大气层中，使天空呈现出一片红色。火星有两个卫星，它绕太阳运转一圈为 687 天，绕自己的轴心运转一圈为每 24 小时 37 分钟。

● 温室效应指的是地球大气层中的气体防止热量散发到太空中的方式

哪颗行星很可能漂浮在水面上？

土星是太阳系中的第二大行星，密度最小。水的密度是 1 克 / 立方厘米。而土星主要由气体和水组成，密度为 0.69 克 / 立方厘米。这意味着，如果能获取一大块土星，并把它拖回地球，它能在你的游泳池中漂浮起来。

哪颗行星能熔化金属？

大部分人认为，由于水星距离太阳最近，因此温度也最高。然而，距离太阳第二近的金星却有着最高的温度，这是因为金星含有大气层。金星的大气层主要由二氧化碳组成，如同一个温室。太阳热量进入金星大气层以后，无法折回，使得其表面温度高达 482 摄氏度。这么高的温度足以熔化包括石墨、锡和锌在内的多种金属。

太空中哪里可以溜冰？

木卫二是木星的一颗卫星，只要穿上宇航服，便有可能在这里溜冰。木卫二比地球的卫星稍小，表面覆盖着光滑的冰。它的引力只有地球引力的八分之一，人在上面可以大步跨越。然而，木卫二上的温度低达零下 200 摄氏度，这意味着一纳秒之内你就会被冻僵。海卫一是海王星的卫星，也是太阳系中唯一温度比木卫二还低的天体，海卫一上有一个独特的"冰火山"，此外，它的表面温度低达零下 235 摄氏度。

9

随着温室气体的不断增加，地球会和金星一样热吗？

随着地球温度缓慢而平稳地上升，它会——在遥远的未来——变得和金星一般灸热。由于地球温度上升，海洋里的水蒸发出来，北极的一部分冰融化掉，大气中的云层随之增多。更加浓密的云层覆盖，阻碍了部分太阳热量进入地球大气层中，但因为其吸收了更多到达地球表面的热量，从而也加剧了温室效应。大气层持续升温，使得地球的构造板块——地壳中自由浮动的部分——停止运动，地壳因而被固定在特定位置上，地球表面也变得更像金星表面，极度干燥。

哪颗行星上的风最猛烈？

虽然在其他行星上，风也很大（比如说天王星），但是在太阳系中，海王星上的风速最快，高达每小时 2575 千米。海王星上大规模的疾驰风暴可以毁灭整个地球！

哪些行星上有温室效应？

温室效应描述的是一种增暖现象（在温室之中，密闭的玻璃窗使得热量在室内聚集）。行星大气层吸收了太阳热量以后，却阻止其散发出去，于是产生了温室效应。金星上的温室效应就是一个很好的例子。在那里，太阳辐射穿过大气层，照射到地面上以后，又反射到大气层中。反射回来的热量被大气层中丰富的二氧化碳吸收。结果，金星表面灼热无比，高达 482 摄氏度。地球上存在温室效应，木星、土星、天王星和海王星等巨行星的上层大气中也存在温室效应。

温室效应怎样影响地球？

在地球上，太阳辐射穿过大气层，照射到地面上。它们在反射回去的过程中，一部分被大气中的二氧化氮、甲烷、氯氟化碳和水蒸气等气体吸收，从而导致地球温度缓慢上升。其余的辐射则散发到太空中。

人类活动是引起大气层中温室气体增加的主要因素，地球因而逐渐变暖。举个例子，化石燃料的燃烧（例如煤、汽油和天然气）和森林火灾，使得大气

中的二氧化碳含量增加。农业中农药和化肥的使用，使得甲烷含量增加。不同行业排放出大量水蒸气。冰箱和空调中的气溶胶罐与冷却剂排放出氯氟化碳。

火星与地球有什么不同？

地球半径长达 6378 千米，而火星半径仅为 3393 千米，它的体积大约是地球的一半。因为体积较小，所以火星内部比地球内部降温快，因而火山活动较少。这一红色行星也没有板块构造，它的地壳固定不变，不像地球地壳，处于不断的运动中。因此，与地球不同，火星上没有广袤的山脉、宽阔的海洋与成行的火山。

火星上有生命吗？

地球是科学家们知道有生命存在的唯一地方。20 世纪 60 年代以来，美国以及其他国家相继把宇宙飞船送入火星轨道或火星表面，每次任务都让科学家们对这个迷人的行星有了进一步的了解。虽然火星是太阳系中与地球最为相似的行星，但它与地球仍然存在很多不同。1976 年，美国国家航空航天局派出的无人航天器"海盗 1 号"与"海盗 2 号"在火星着陆。海盗 1 号采集了火星土壤标本，并研究土壤里是否含有生命的痕迹，但一无所获。未来，美国国家航空航天局将致力于寻找活细菌和小化石，这些化石也许能表明，火星在诞生之初可能有生命存在，但是——与地球不同——这些生命没有存活下来，并进化成比较高级的生命形式。2008 年，美国国家航空航天局的"凤凰号"火星探测器在火星着陆，负责在其北极地区高含冰量的土壤中寻找复杂的有机分子。

太阳系外的其他行星上有生命吗？

由于距离十分遥远，因此科学家们至今未能确定太阳系外的其他行星上是否存在生命。如果能收集到系外行星的相关数据，我们就有可能推断出其他行星上有无生命。特别是，二氧化碳的存在，表明行星上存在大气层；水蒸气含量丰富——这是太阳系中地球大气层的独特特征——说明行星上存在海洋；臭氧层是保护地球上的生命免受太阳紫外线辐射伤害的气体层，它的存在也许能告诉我们，行星上是否存在生命。

行星和卫星有什么不同？

行星和卫星有一些很基本的区别：行星绕太阳运转，而卫星绕行星运转。严格来说，卫星绕行星运转的同时也绕太阳运转，但是因为它有自己环绕行星的子轨道，所以科学家们将其定义为卫星。除了水星与金星以外，所有行星都有卫星。地球和冥王星分别只有一个卫星，木星有 16 个卫星。而土星的卫星数量最多，被命名的都已经有 18 个。

太阳与恒星

行星与恒星有什么不同？

恒星是一个炙热发光的巨型气体球，像太阳，而行星是一个像地球一样的天体。恒星能自身发光；它们产生核聚变，使中心的氢原子燃烧。但是行星在太阳光的照射下呈现出光亮。抬头仰望夜空时，很难区分哪颗是行星，哪颗是恒星。然而，因为太阳系中的行星在天空中有着复杂的运动轨迹，而恒星与此不同，所以早期的天文学家能道明两者之间的区别。它们之间还有一些显而易见的差别：行星几乎从不眨眼睛，恒星则相反。

太阳是由什么组成的？

太阳属于恒星，由包含氢、氦、钙、钠、镁和铁等多种元素在内的炙热气体组成。它的温度极高，看起来如同一片白炽，发出光和热的射线。太阳还有着巨大的体积：如果把太阳比作一个篮球，地球只能是一根大头针的针帽。

太阳的温度有多高？

太阳炙热无比。它的表面（或者外层可见层，也称光球层）温度约为5537 摄氏度，差不多相当于水沸腾时所需温度的 50 倍。太阳核心是产生太阳能量的地方，温度高达 1500 万摄氏度。它的密度极大，核聚变就在这里进行。

为什么恒星会眨眼睛?

在一个晴朗漆黑的夜晚,你站在院子中,能看到天空中的 2000 多颗恒星。银河系约有 2000 多亿颗恒星,它们只是其中很小的一小部分。恒星看起来闪闪发亮,或者变换着亮度。实际上,大部分恒星都发出稳定的光。但是,由于地球大气层中空气的运动(有时又叫湍流),星光从遥远的恒星穿过大气层照射到地面时,会发生些许弯曲。这意味着,有些光直接照到我们,有些则稍微弯曲。因此,在人类看来,恒星就像在眨眼睛。

假如没有太阳会怎样?

没有太阳,地球上就不会有生命。地球将变成一个冰冻漆黑的球体,飘浮在太空中。太阳产生光、热和能量,它们对大气层产生刺激,形成风和雨。有了风和雨,植物生长出来,动物和人类也有了食物。然而,太阳散发出的热量随时间的推移而改变,从而影响着我们的日常生活、天气和卫星通信。

日食期间会发生什么?

月亮在绕地球运转的过程中,有时刚好到达太阳的正前方。它把太阳暂时遮挡住,将一片黑影投射到地球上的一部分区域,而地球此时正处于白天。当太阳被完全遮挡时,就会形成日全食,地球上受黑影影响的地方变成一片漆黑,月亮运转过去以后,才重新恢复光亮。周边地区则出现日偏食,只有一部分太阳被月球暂时遮住。

什么地方日照时间最长?

在美国亚利桑那州的尤马,一年平均有 90% 的日子都是晴天,或者年日光照射超过 4000 个小时。佛罗里达州圣彼德斯堡市的日光照射量紧随其后;1967 年 2 月 9 日到 1969 年 3 月 17 日之间,圣彼德斯堡市连续经历了 768 个晴天。如果去旅行的话,你会发现,北非撒哈拉沙漠的东端是太阳照射最多的地方———年中,97% 的时间都是晴空万里。

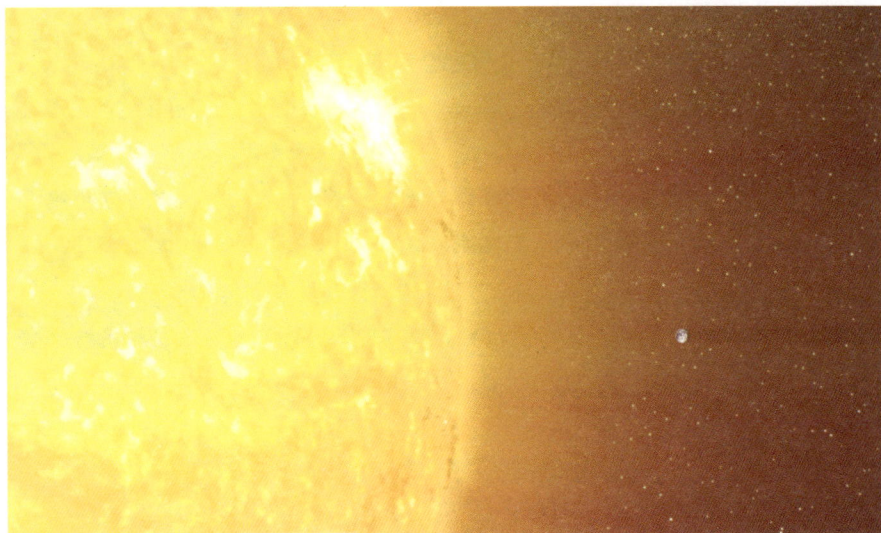

🔴 当太阳出现在地球（右边的小圆点）旁边时，你会真真切切地感觉到太阳的硕大无比［美国国家航空航天局／喷气推进实验室－加州理工学院／R. 赫特（R. Hurt）］

在地球上，有没有地方太阳不升起？

在北极圈和南极圈，一年之中至少有一天太阳不升起，还有一天太阳不会落下，这是因为它们位于地球两极附近。夏至日（北半球的 6 月 21 日和南半球的 12 月 21 日）时，太阳不会落下；冬至日（北半球的 12 月 21 日和南半球的 6 月 21 日）时，太阳不会升起。基于此，到了夏季，北极被称为"午夜阳光的国度"，南极被称为"正午黑暗的国度"；冬季则反之。

什么是超新星？

超新星是大质量恒星——它的质量至少是地球的 8 倍——由于耗尽自身燃料，随之坍缩而产生的爆炸。如果这颗恒星的质量小于 20 个地球质量的总和，超新星爆发后会留下一颗中子星或者超新星遗迹。质量较大的恒星则坍塌，形成黑洞。超新星爆发是宇宙中最具能量的事件之一，同时也极为罕见。银河系中最近的一次超新星爆发，发生于 1604 年。

什么是黑洞？

黑洞是宇宙中的一个无形区域，引力之大，连光也无法逃脱。科学家们认为，黑洞是大质量恒星死亡时自身坍缩而产生的。恒星有燃料燃烧，才能"存活"，燃料的燃烧可与万有引力相抗衡；没有这一过程，恒星引力就会使自身坍缩。所以，当燃料耗尽时，引力重新发挥作用，粉碎了整颗恒星。如果恒星的质量足够大，同时有着巨大的引力，坍塌之后将变成黑洞。科学家们已经在银河系中发现了几处黑洞的证据，他们认为，宇宙中很可能存在着数百万个尚未被发现的黑洞。

什么是类星体？

1960 年，天文学家发现了一些神秘的天体，因为它们是无线电波的重要来源，所以被称作类星体。实际上，"类星体"这一叫法源于"类型射电源"一词。类星体和星系一样，是光和无线电波的来源，能放射出大量的能量。它们还是科学家们迄今发现的最遥远的天体。类星体十分明亮（它的明亮程度犹如数百个星系中 1 万亿个太阳照射下所产生的亮度），但其体积远远小于大部分星系的体积。今天，许多天文学家把它们称作类星体射电源。

恒星的组合叫作什么？

一些恒星组合在一起以后，似乎形成了特殊的形状，有的像一个人，有的像一只动物，还有的像一个物体，这些固定的恒星组合被称作星座。天文学家已经发现了 88 个星座，其中许多用希腊和罗马神话中的人和物的名称来表示。例如，最大的星座叫作长蛇座，它源于古代神话中被赫拉克勒斯杀死的水蛇精。有些星座的名字则来自于拉丁语，例如，天鹅座表示拉丁语中的天鹅一词，天蝎座表示拉丁语中的蝎子一词。

彗星、流星和小行星

什么是彗星？

彗星是太阳系中的天体，和其他行星一样，也绕太阳运转，但只有一颗彗星除外，它通常在一条非常细长的轨道上运行，轨道的一部分离太阳十分遥远，另一部分则离太阳很近。因为彗星是由不规则的微小岩石块、各种各样的

15

● 这是一张彗星 73P 的图片，也称史瓦彗星三号。1995 年，它变成碎片，图中看到的就是其中的两片。这颗特殊的彗星每 5.5 年绕太阳运行一周［美国国家航空航天局 / 喷气推进实验室 - 加州理工学院 /W. 瑞驰（W. Reach）］

冰和灰尘组成的，所以它也被称为肮脏的"宇宙雪球"。当彗星不断靠近太阳，一部分冰开始融化并随之汽化，之后和尘埃微粒夹杂在一起。这些微粒和气体在彗核周围形成云状物，也称彗发。彗发在太阳照射下闪闪发亮。阳光还把彗发带到彗星明亮的"尾巴"里。

什么是小行星？

　　小行星是绕太阳运转的岩石天体，大部分位于火星和木星之间的小行星带上。科学家们认为，这条小行星带上的小行星数量超过 50,000 颗，而太空中其他地方则有数百万颗之多。小行星有大有小，直径从近 6 米到 965 千米不等（虽然 6 米比 965 千米小得多，但是最小的小行星撞击地球以后也会产生巨大的影响）。小行星轨道的细微变化偶尔会让它们互相撞击，导致小行星上的小碎片掉落下来。小碎片有的时候脱离各自的轨道，形成流星，穿过地球大气层。一些科学家表示，正是因为 6500 万年以前一颗巨型小行星撞击地球以后，造成了巨大破坏，恐龙才会从地球上消失。

流星体和流星有什么不同？

16　　　　两者并没有什么区别，只是有的时候两个名称有点混乱不清。流星体是太空中的岩石——它们大小各异，小的很小，大的直径长达数米。流星也是这样的岩石，它划过大气层时，与空气发生摩擦，从而产生热量，发出白热的光芒，最后形成一道光。流星的一部分碎片在这一过程中没有燃烧殆尽，于是掉落到地球表面，这些碎片就叫作陨石。地球的一些陨石坑就是陨石造成的，但是最后，这些坑大部分都被风雨侵蚀掉。由于月球上没有空气与流星产生摩擦，因此流星在到达月球表面之前，不会自行烧毁，这也是月球上有许许多多陨石坑的原因。

每年有多少块陨石掉落到地球上？

每年，差不多有 26,000 块陨石掉落到地球上，重量普遍超过 3.5 盎司（99.2 克）。根据科学家们亲眼所见的火流星数目，其中约 3000 块超过 2.2 磅（1 千克）重。只有一小部分陨石被人们目击到或者造成了财产损失，大部分都掉落到约占地球表面积 70% 的海洋之中。

太空探索

望远镜是谁发明的？

1608 年，荷兰的眼镜制造商汉斯·利伯希（Hans Lippershey）发明了望远镜，望远镜是天文学家用来放大远处物体景象的装置。利伯希注意到，用两片眼镜镜片观察物体时，物体看起来变近了许多，所以他把两片镜片安装在一根管子上，制造出第一架望远镜来。也许在很久以前，世界上就有了原始的望远镜和小望远镜，但人们认为利伯希最早为他的发明（叫作"荷兰望远镜"）申请了专利，这也让望远镜在 1608 年得到广泛应用。一年以后，意大利天文学家伽利略·伽利雷制造出一架望远镜，并首次用它对太阳系展开系统的研究。他差不多制造了 30 架望远镜，但只用了 10 架用来观察天空。伽利略经过认真观察，找到了能支持哥白尼学说或者太阳中心说的证据。

天文学家的望远镜有多强大？

在利伯希与伽利略之前，放大工具还未被用来研究地球之外的物体。自

● 这架哈勃太空望远镜正由航天飞机为其提供维护（美国国家航空航天局）

他们之后，人们发明出更加强大的可见光望远镜，以及其他多种能"看到红外线、紫外线、无线电、X射线和伽马射线等无形放射物"的望远镜。今天，光学望远镜（由玻璃和镜片或者镜面制成）的灵敏度是伽利略望远镜的1亿倍。例如，夏威夷的一对凯克望远镜是世界上最大的光学红外望远镜。这两台望远镜有8层楼那么高，重300吨。哈勃空间望远镜，以天文学家爱德文·哈勃（Edwin Hubble）的名字命名，于1990年送入太空，以每秒8千米的速度绕地球运转，并将拍摄到的图像发回地球。因为哈勃望远镜位于大气层之上（大气层会使到达地球的光发生折射和被遮挡住），所以与地面上的望远镜相比，它能更加全面、清晰地观察宇宙。

火箭如何发射升空？

爆炸性的化学反应是把宇宙飞船送入太空的推动力。火箭燃烧燃料以后，产生一股高温膨胀气体。燃料种类有多种，但不管同时使用哪几种燃料，都能产生爆炸性的化学反应。因为火箭需要推动力以摆脱地球引力，所以密闭舱内发生爆炸性的化学反应以后，火箭后部喷出气体，进入锥形喷口。在锥形喷口的加速下，气体从发动机内喷射出来的速度高达每小时15,998千米。

第一部航天器是什么时候进入太空的？

1957年10月4日，苏联（现为俄罗斯）卫星"斯普特尼克1号"发射升空，成为第一个进入绕地轨道运行的航天器。"斯普特尼克1号"不载人，也没有动物，但载有多台机器，它们通过无线电把信息送回地球。苏联将"斯普特尼克1号"送入太空的举措大大刺激了美国，美国很快也将其首颗卫星"探险者1号"送入轨道，从而引发了所谓的太空竞赛。这就是苏美两国在与太空探索相关的多个领域展开的竞争。1957 年 12 月，"探险者 1 号"在地面试验中起火，但它在 1958 年 1 月 31 日被成功送入绕地运行的轨道上。

什么是航天飞机？

美国国家航空航天局的航天飞机也称太空运输系统，它像一艘火箭从地球发射升空，又像一架飞机一样降落到地面上。航天飞机无法进入月球，但它绕地球运行，机组人员便能在这里进行科学工作、把卫星置入地球轨道以及访问正在运行中的太空空间站。通常情况下，航天飞机载有 5 到 7 名机组人员，它们都从佛罗里达州的肯尼迪航天中心发射升空。目前已经制造出的航天飞机有 6 架："企业号"是第一架，于 1974 年制造完成，主要用于试验。其他 5 架都已送入太空："哥伦比亚号""挑战者号""发现号""亚特兰蒂斯号"和"奋进号"。1986 年，"挑战者号"在发射升空 73 秒后解体，"奋进号"随后作为它的替代者制造完成。2003 年，"哥伦比亚号"再次升空，不久即解体。美国国家航空航天局宣布，2010 年以后将会弃用"哥伦比亚号"，从 2014 年开始，以"猎户座号"代替之，"猎户座号"是一种新型宇宙飞船，负责把人类送到月球以及更遥远的太空中。

宇航员在太空中穿什么？

航天飞机的机组人员在起飞和降落过程中需要穿戴航天服。苏联宇航员必须在起飞、降落及对接过程中穿上宇航服——与最初只穿内衣相比，这发生了翻天覆地的变化。航天服有多种尺寸，把袖子、裤腿等不同部分组合在一起，便得到一件合适的定制服。它的内里由一层装满冷却液的管子构成；外层是一种层合结构，每一层由涤纶、尼龙和铝（聚酯薄膜）等材料分别制成。航天服的靴子与裤子相连，包裹躯干的中间部分由刚性玻璃纤维制成。总体而言，现代航天服就像一套现代武器，穿戴时从头上套进去。内置背包里装有维持生命所需的一切物件、一个照相机和其他太空探索必备的有用工具。

什么是航天探测器？

航天探测器是一种飞入外太空的无人驾驶宇宙飞船。它可能降落到月球和其他行星上，可能进入绕行星运行的轨道，也可能从轨道周边飞过。航天探测器主要用于研究工作；它装配有照相机和其他先进设备，能用无线电把照片

哈勃太空望远镜发现了什么?

美国国家航空航天局主要负责美国的太空探索和科学发现，据其报道，哈勃望远镜每周传送大约 120 千兆字节的科学数据。这相当于书架上总厚度约为 1097 米的所有书的内容。越来越多的图片和数据用磁光盘储存。在哈勃望远镜的诸多发现中，有一个揭示出宇宙的年龄在 130 亿到 140 亿年之间，这比大爆炸理论所说的 100 亿到 200 亿年之间要精确得多。哈勃望远镜在发现暗能量方面也发挥着关键作用，暗能量是一种推动宇宙膨胀加速的神秘力量。在哈勃望远镜的帮助下，科学家们了解到正处在"幼儿期"的星系，从而明白了星系的形成。它还发现了年轻恒星周围的原行星盘和气体尘埃云块，这些很可能是新行星诞生的条件。此外它还发现，当遥远星系中的大质量恒星发生坍塌时，那座星系会发生伽马射线爆发——一种奇怪的、极具威力的能量爆炸。

传回地球。1959 年，苏联"月球 1 号"成为首个成功进入太空的航天探测器，它在飞行 83 小时以后，从距月球表面 3725 英里（5995 千米）的范围内经过，随后进入地球轨道与火星轨道之间的绕太阳运行的轨道上。1977 年，美国利用火箭将"旅行者 1 号"和"旅行者 2 号"送入太空。这些航天探测器对太阳系外侧中所有的巨行星（木星、土星、天王星和海王星）、它们的 48 颗卫星和它们独特的行星环与磁场进行了探测。

卫星是做什么的?

任何环绕其他天体运转的物体，都叫作卫星。例如，月球是地球的卫星。但是，大多数科学家口中的"卫星"，指的是一种绕地球运转的人造物体，这些人造物体能收集数据，并把它们传回地球。一颗单独的卫星可能有多种用途。有的能从太空中测量云、风和大气的温度，从而提供天气预报。有的可用于军事，例如追踪战区、监控导弹发射和核试验、监视他国、追踪流星体等即将来临的物体。卫星还能把电话和电视节目从一个洲传送到另一个洲。1978 年 11 月 22 日，第一颗全球定位卫星发射升空。今天，全球定位卫星已经成为军队、科学家和工业中广泛使用的标准定位工具。航天卫星用于宇宙探索，

包括太阳与地球间的相互作用以及行星的具体情况等。

谁是第一个进入太空的人？

1961 年 4 月 12 日，尤里·加加林（Yuri Gagarin）乘坐"东方 1 号"宇宙飞船绕地球运转一周，成为世界上第一个进入太空的人。虽然他在太空中只停留了不到两个小时的时间，但还是被誉为一名国际英雄。1962 年 2 月 20 日，美国把一名美国人首次送入太空：宇航员约翰·格伦（John Glenn）乘坐"友谊 7 号"太空飞船绕地球飞行三周，运行里程约为 81,000 英里（130,329 千米）。

● 苏联宇航员尤里·加加林是第一个进入外太空的人。他于 1961 年登上"东方 1 号"宇宙飞船（美国国家航空航天局）

谁是第一个进入太空的女性？

苏联宇航员瓦莲京娜·弗拉基米罗夫娜·捷列什科娃（Valentina V. Tereshkova-Nikolaeva）是第一个进入太空的女性。1963 年 6 月 16 日，"东方"六号宇宙飞船发射升空，瓦莲京娜乘坐这艘飞船，完成了为期三天的飞行，共绕地球 48 周。虽然她没有接受什么宇航员训练，但她是一名专业伞兵。20 年以后，美国也将一名女性送入太空：1983 年 6 月 18 日，宇航员莎莉·赖德（Sally K. Ride）乘坐"挑战者号"航天飞机执行 STS-7 任务。

谁是第一个登上月球的人？

1969 年 7 月 20 日，尼尔·阿姆斯特朗成为历史上首位登上月球的宇航员，他说："这是我个人的一小步，却是人类的一大步。"他当时乘坐的是"阿波罗号"登月飞行器。

动物什么时候被送上了太空？

1957 年，一只名为莱卡的雌性小狗，乘坐苏联人造卫星"伴侣 2 号"成

宇航员可以在太空中喝汽水吗?

可以! 1985 年乘坐"挑战者号"航天飞机的美国宇航员喝到了特殊罐装的可口可乐和百事可乐。其他宇航员还享用了咸牛肉三明治、热狗、全麦饼干和救生圈牌糖果。1988 年,法国宇航员让·卢·克雷蒂安(Jean-Loup Chretien)在米尔空间站上用 23 道法国大厨亲手烹制的美味招待了和他一道的宇航员们,包括红枣葡萄干蜜饯乳鸽、洋蓟鸭肉、西红柿泡菜牛尾芝士火锅和红酒炖牛肉。就算在今天这也算得上是大餐啦!

功升空,成为第一只进入太空的动物。莱卡被放在太空舱内的加压室中,太空舱重 1103 磅(500 千克),但它进入轨道几天后就死了。1958 年 12 月 12 日,在代号为"朱庇特"的飞行任务中,美国把一只名为"老可靠"的松鼠猴送入了太空,但它在地面回收过程中不幸溺亡。一年之后,美国国家航空航天局在另一次"朱庇特"飞行任务中把两只母猴送入了太空,它们都顺利地返回了地球。

什么是"天空实验室"太空站?

太空站是一种轨道卫星,能让宇航员一次在太空中待上几周或者几个月。美国第一个太空站叫作"天空实验室",于 1973 年 5 月 14 日发射升空,当时并未载有人员。继"天空实验室"之后,另外三个载人太空站在 1973 年和 1974 年也被送入太空,这期间,宇航员对地球、太阳耀斑和科胡特克彗星进行了观察。"天空实验室"上有一个太阳天文台、一个用来研究微重力的实验室和一个冰箱,冰箱里装有上等牛排、德国土豆沙拉和冰淇淋。"天空实验室"在 171 天 13 个小时的时间内,完成了三次载人任务,共绕地球飞行 2476 圈。

什么是"挑战者号"灾难?

1986 年 1 月 28 日,7 名宇航员乘坐"挑战者号"航天飞机,执行编号为 STS-51L 的任务,航天飞机在升空过程中爆炸。克里斯塔·麦考利夫(Christa McAuliffe)是新罕布什尔州康科德市的一名高中社会学老师,她

🔵 宇航员凯瑟琳·苏利文（左）和萨莉·赖德利用维可牢尼龙搭扣和弹力绳，防止自己在航天飞机上飘浮得太厉害。太空中的生活很艰苦，但也很刺激（美国国家航空航天局）

和其他 6 名宇航员不幸遇难。当时，"挑战者号"从发射台发射升空，固体燃料助推器发生泄漏，导致大油箱爆炸。1988 年 9 月 2 日，美国国家航空航天局的另一架航天飞机"发现号"发射升空。"挑战者号"灾难之后，美国国家航空航天局对另外三架航天飞机——"亚特兰提斯号""发现号"和"哥伦比亚号"——进行了重建，分别修改了 250 多处，以提高安全与性能。

有一天，人们会生活在太空中吗？

很多电影和科幻书籍中都描绘了人类在月球或者火星上的生活，但就目前来看，这还只是一个遥远的梦想。20 世纪 60 年代以来，美国国家航空航天局一直计划建立一座月球基地，供科学研究或航天员登陆火星训练之用。太空站如今已设计得尽可能舒适，温度始终保持 21 摄氏度，里面还有各种各样的冷冻食品、健身器材以及其他在太空短住所需的便利设施。

然而，只有一部分人能真正适应太空生活，适应这种失重的环境，住在封闭的空间中，并使用开展日常活动必备的技术。虽然到 2020 年，一个科学社区将有可能在太空落成启用，但在短时间内，普通公民还难以迁至太空定居。

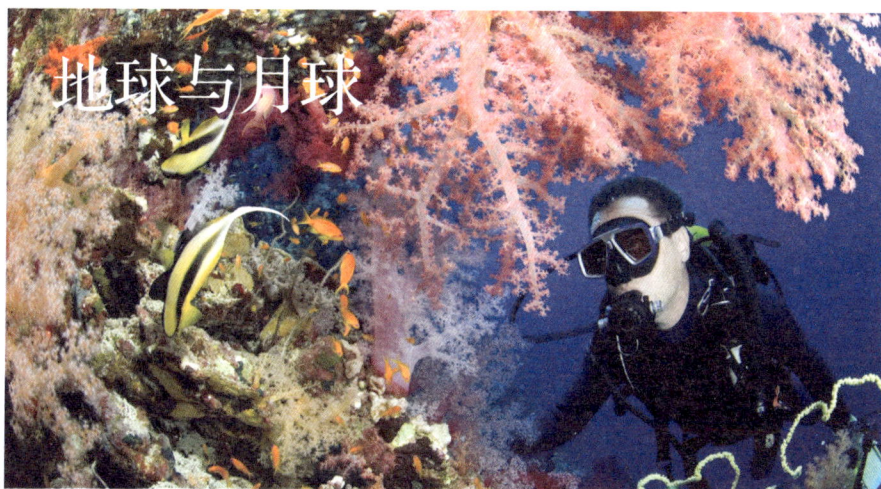

地球与月球

蓝色星球

地球的年龄有多大？

据科学家们估测，地球——诞生于一团由气体与尘埃组成的旋转星云——的形成已有 46 亿年之久。这是在研究了月岩和陨石（陨石是从太空掉落到地球上的岩石）以后得出的，科学家们认为它们和地球在同一时间形成。

地球有多大？

地球近似圆形，赤道是它的最宽处，周长为 24,190 英里（39,482 千米）。赤道是南北极之间穿过地球中间位置的假想线。以赤道为原点进行测量，得到的地球直径为 7926 英里（12,700 千米左右）。地球的重量或质量（所有构成物的总和）约为 6 千的七次方吨。这意味着 6 的后面有 21 个零！因为没有一个巨大的天平能称出地球的重量，所以科学家们是利用重力法则和数学方程式计算得出的。

地球是圆的吗？

地球不是标准的圆形，而是稍呈扁圆；它的赤道（把地球表面分为南半球和北半球的假想线）直径比两极直径大 24 英里（38 千米）左右。这是为

地球为何像一颗洋葱？

因为地球由许许多多不同密度的岩石层组成，所以科学家们常常把它比作一颗洋葱。地球的外层是一层厚厚的地壳，由冰冷坚硬的岩石组成，海洋下方的地壳厚约 4 英里（7 千米），大陆下方的地壳厚约 22 英里（35 千米）。地壳——我们生活的这一层——包围着一层坚硬的岩石地表，也就是地幔顶部，又称岩石圈。地球绝大部分由地幔组成，地幔几乎延伸到地球中心。地核是地球的正中心，它有一个与月球差不多大的固态铁镍中心和一个熔化的外层（叫作外地核）。地球每向内 0.62 英里（1 千米），温度大约上升 2.2 摄氏度，因此，它的中心温度高达 6093 摄氏度。

什么呢？原因是，地球处于不停的旋转之中，迫使物质移向赤道。地球表面一部分光滑平坦，一部分崎岖不平，分布着广阔的海洋、巍峨的山峰、起伏的平原、峡谷、沼泽和沙漠。喜马拉雅山上的珠穆朗玛峰是地球的最高峰，它的海拔高度为 29,108 英尺（8872 千米），非洲的撒哈拉沙漠是世界上最大的沙漠，面积超过 2100 万平方英里（500,000 平方千米）。

地球上有几大洲？

洲是地球上几块主要的陆地。大部分人认为，地球上有七大洲，它们分别是非洲、南极洲、亚洲、大洋洲、欧洲、北美洲和南美洲。然而，在欧洲和世界上的其他地区，因为老师们把北美洲和南美洲看作一个大洲即美洲，所以学生们学到的是六大洲。很多学生也同意地球上只有六大洲，但他们的理由不同：由于欧洲和亚洲属于一个固定的地质陆块，因此可看成一个大洲。这样的话，六大洲就是非洲、南极洲、大洋洲、欧亚大陆、北美洲和南美洲。

地球上存在两大洲几乎接壤的地方吗？

世界上有很多地方都是两大洲几近接壤之处。亚洲和北美洲之间只隔着太平洋和北冰洋之间的白令海峡，彼此相距 56 英里（90 千米）。非洲和欧洲以直布罗陀海峡为界，只相隔 8 英里（12.8 千米），直布罗陀海峡使得大西

● 地球上有七个大洲：（1）北美洲，（2）南美洲，（3）欧洲，（4）亚洲，（5）非洲，（6）大洋洲，（7）南极洲（图中未显示）

洋和地中海相连，又使得西班牙和摩洛哥隔海相望。土耳其的博斯普鲁斯海峡把欧洲和亚洲分开，它们之间的距离约为半英里（0.80 千米），伊斯坦布尔的博斯普鲁斯大桥又把两大洲连在一起。2005 年 5 月，网球明星维纳斯·威廉姆斯在大桥上举办了一场表演赛，成为唯一横跨两大洲的比赛。

大洲一直是现在这个样子吗？

不是。大约两亿年以前，所有的大洲还是一块完整的大陆块，一块巨大的超级陆地，又称泛大陆（在希腊语中，意为"所有的土地"）。在侏罗纪时期，这块陆地自我分裂，形成两个比较小的超大陆，一个叫作劳亚古大陆，一个叫作冈瓦纳大陆。到白垩纪末期，它分裂成我们今天所看到的七大洲。这些大洲之所以分裂，是因为地幔之下温度较高的地方使得地壳变薄，并开始向远处移动（这一现象形成扩张脊，同时，大洲变成两个较小的洲）。因为洲不停地移动，所以 10 亿年以后就会与今天截然不同。举个例子，澳洲以每年 5 厘米的速度往北向亚洲移动——这相当于指甲盖的生长速度！

为什么地球从外太空看是蓝色的？

因为地球上大约三分之二的地方被水覆盖，所以从外太空看它是蓝色的。

27

实际上，这也是人们把地球称为"蓝色星球"的原因。事实上，海洋并不是蓝色的；只是因为水反射了天空的颜色——由于光的折射，天空看上去是蓝色的——它才呈现出蓝色。

地球上有哪些地方常年被冰覆盖？

地球表面大约十分之一的地方常年被冰层覆盖。其中，近 90% 的冰层位于南极洲，剩下的 10% 以冰川的形式存在于山峰上。

为什么地球上存在生命，而其他行星上没有？

地球是唯一表面有液态水存在的行星。此外，合适的温度能让水以三种状态——固态、液态和水蒸气——进行水循环，这为生命的产生创造了条件。科学家们认为，生活在海洋中的原始单细胞生物是地球上的早期生命。这个原因很简单：生命需要一个滤光器来帮助它阻挡照射过来的太阳紫外线能量，而深海海水恰好发挥了这一作用。

为什么沙漠上有着特殊的动植物？

地球上大约五分之一的地方被沙漠覆盖，这些地方的年均降水量不足 10 英寸（25 厘米）。大部分沙漠——像北非的撒哈拉沙漠以及美国西南部、墨西哥和澳大利亚等国的沙漠——都位于低纬度地区。还有一种沙漠，即寒漠，形成于美国犹他州、内华达州和西亚一些国家的盆地地区。沙漠上几乎都生长着丰富的特殊植被。由于土壤只需要水即可变得具有高生产力且基本不含有机物质，因此十分肥沃。沙漠上常常出现"最奇怪的天气现象"，例如不定期火灾、寒冷天气和引发洪水的骤雨。因为大型哺乳动物无法储存足够的水，也无法忍受高温，夏天沙漠的温度常常达到 45 摄氏度，所以它们很少生活在沙漠上。沙漠也难以为其提供遮挡阳光的保护伞。沙漠中的哺乳动物通常都很小。在沙漠中，我们还能看到臭虫、扁虱和狼蛛等昆虫和蛛形类动物，还有蛇和蜥蜴等爬行动物以及鹰、猫头鹰、走鹃和把巢筑在仙人掌中的啄木鸟等鸟类。

世界上的雨林位于什么地方？

之所以叫作"雨林"，是因为这些茂密的森林地带雨量极为丰富，年均降水量在 160—400 英寸（406—1016 厘米）之间。雨林位于赤道附近，那

里气候温暖。地球表面只有大约 6% 的地方被雨林覆盖，但是这里的动植物种类却超过了全球总数的一半。例如，中美洲的丛林和红树林沼泽地区有许许多多其他地方没有的动植物，包括多种多样的鹦鹉。在世界上最大的热带雨林——南美洲的亚马孙丛林中，生活着世界上五分之一的动植物。亚马孙河是全球第二大河，整个亚马孙盆地都被雨林覆盖。中部非洲有着世界第二大雨林。东南部的马达加斯加岛是许许多多稀有动物的家园。亚洲的雨林向西延伸至印度和缅甸，向东到达马来西亚和爪哇岛与婆罗洲。孟加拉国有着世界上最大的红树林。澳大利亚也有雨林，热带雨林中的林下植被生长得稠密茂盛。

什么是北极苔原？

北极苔原位于北半球，环绕北极，以寒冷和贫瘠著称。这一荒凉地带几乎常年冰封，水资源极度匮乏。冬天，这里的温度低至零下 51 摄氏度。夏天只有几个星期冰雪融化，鹅、海鸟、北极熊和驯鹿等动植物就会为生存而战。因为苔原上通常鲜有人类活动，所以极易遭到人类开发或污染的改变与破坏。石油泄漏也给植物、陆地和在沿岸生活的动物带来了伤害。

月球

什么是月球？

太阳系中的行星绕太阳公转，在太阳引力的作用下始终处在各自的轨道上。太阳系中的其他天体——又称自然卫星或卫星——以相似的方式绕行星旋转。有些行星有多颗卫星（土星有 18 个被命名的卫星），但是地球只有一个。月球是一颗近似圆形的自然卫星，由不同的岩石层组成，结构与地球相似。据说，太阳系形成之时，地球和月球也同时形成（有些科学家认为，地球与另一颗行星相撞以后，月球从地球分离开来）。然而，与地球不同的是，月球上没有水和大气，所以动植物无法存活。因为没有大气，这里夜晚（此时太阳离月球很远）极度寒冷，白天（太阳光完全照射在月球上）十分炎热。

月球与地球相距 240,000 英里（386,400 千米）左右，这么近的距离使宇航员得以拜访月球。它的直径约为 2160 英里（3478 千米），差不多是地球直径的四分之一，它的质量或者重量是地球的八十分之一左右。月球自身不能发光：我们看到的月光是太阳光在月球表面反射所形成的。

月球上有人吗？

月球上并没有真正的人，不过这个说法源于表面的黑色区域（月海），很多人认为看上去像两只眼睛和一个大大的微笑。接近满月的入夜时分，这张脸最是清晰可见。不同的文化对满月中的这一形状有不同的诠释，比如像一个女人的侧影、一只驼鹿、一头水牛、一只野兔、一只青蛙或者一条龙。

● 月球是引起海洋潮汐的主要原因，也是地球之外人类唯一真正造访过的地方

什么是月震？

月震是发生在月球上的地震。和地震相比，月震爆发的频率低得多，威力也小得多，但是有些也能达到里氏 5.5 级——如果这是发生在地球上的话，建筑物就会遭到破坏。低震级月震的震动时长通常在 10 分钟以上，而地球上轻微地震的震动只持续一到两分钟。

月球上真的有火山吗？

是的，月球上存在一些火山。但是，因为几百万年抑或几十亿年以来，它们从未爆发过，所以科学家们把它们归为"死"火山之列。实际上，对月球表面岩石的研究发现，月球上的火山活动大约发生在 39 亿年以前，这些岩石收集于 1969 年—1972 年的"阿波罗"任务期间。月球上的大部分深坑是当时的陨石和彗星撞击其表面而形成的。

月球如何影响海洋潮汐？

没有月球，地球上就不会有海洋潮汐，或者说，海平面就不会有周期性

> **在月球上，你可以跳多高？**
>
> 　　因为你的身体在月球上比在地球上轻，所以跳得也比较高。月球引力是地球引力的六分之一，但是在月球上并不能跳到地球上的六倍高，这是因为你要穿着厚重的宇航服！

的升降。因为月球向海水施加拉力（或引力），导致海水定期升降，所以形成了潮汐。月球引力不断拽引海面，直到海面上升并移向月球。当海水上升到最高点时，满潮形成。在地球上背对月球的一边，地球自转形成的离心力使得地球的另一面也发生海水上升与满潮。海洋表面在两个满潮之间的某个地方有两个平坦的区域，那便是低潮的地方。

为什么开车的时候，月球会跟着我们走？

　　按照宇航员的说法，因为月球离我们非常遥远，所以它看起来就像在跟着我们走。月球距离地球 240,000 英里（386,400 千米）左右。因为有这么远的距离，所以当你在高速公路上开车时，观察月亮的角度几乎不会发生变化。因此，车开了一英里又一英里，而月球在空中的位置基本不会改变。无论你开多快，也无法从它身边"开过"去。同理，因为你不能"经过"月球，因而也无法避开太阳、行星和恒星。

为什么与坑坑洼洼的月球表面比起来，地球表面几乎没有一点坑？

　　与月球相比，地球上的地质运动和气候更加活跃，这使得地球表面的坑坑洼洼很难保持不变。即使是科学家们可在地球表面观察到的那些坑坑洼洼——也许形成于几百万年前——也被草木填平、风雨侵蚀，以及在地震与滑坡的作用下发生改变。

　　与此同时，月球上的地质活动很少，气候现象基本为零，所以成百上千的大坑随处可见。它们是在陨石和火山活动的共同作用下形成的。有趣的是，地球上一些最古老的岩石可能在月球上等待着人们去发现它们，这是因为，几十亿年以前，小行星的撞击给地球和月球都带来巨大影响，地球上的岩石发生爆炸以后飘到了月球上。

高空之上

空气是由什么组成的?

空气是一种环绕地球的气体混合物,在引力的作用下处在固定的位置。大气层由空气组成。我们呼吸的空气中含有 78% 的氮气、21% 的氧气、0.9% 的氨气和 0.03% 的二氧化碳,它们与水蒸气(飘浮的水分子)相混合。目前,人们还在空气中发现了其他气体、微小尘埃、植物的花粉粒和其他固体微粒。随着大气层不断升高延伸至外太空,空气变得越来越稀薄,空气中的气体混合物也在发生改变。

为什么臭氧层对地球很重要?

臭氧是三分子的氧(写作 O_3,人类呼吸的是 O_2),是大气层中包裹着地球的覆盖层。臭氧层位于大气层上方 9—25 英里(15—40 千米)之间,由太阳辐射和某些空气微粒的共同作用产生。虽然这种淡蓝色的气体对大气层有诸多益处,但它在地平面形成一层化学雾。汽车和工业活动通常会产生空气污染物,而这层化学雾就是它们经过光化学反应之后形成的次生污染物。

因为臭氧层能保护生物免受太阳紫外线辐射的危害,所以对地球上的所有生命都至关重要。科学家们认为,大约 20 亿年以前,氧气由浅水域的海洋生物产生,氧气外溢又形成臭氧层。

随着氧气含量增多,海洋生物开始生长进化。一旦大气中有了这层保护层,海洋植物和动物便能在陆地繁殖。没有臭氧,一些敏感生物体——它们对于地球的食物链是必不可缺的——就有可能因为强烈的紫外线辐射而死掉。

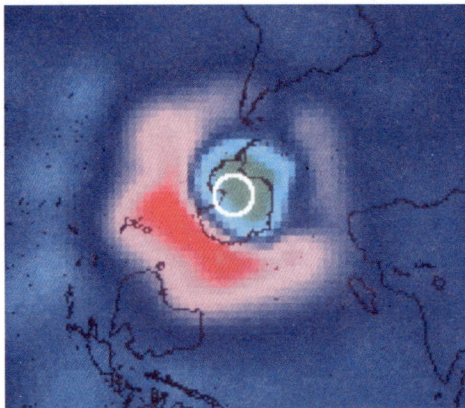

这幅由卫星拍摄的照片显示出南极洲上空的臭氧层空洞。红色较深的部分表示低浓度臭氧层(美国国家海洋与大气管理局)

地球上曾一度没有氧气,是真的吗?

氧气是人类和动植物赖以生

存的必需品。地球形成之初，大气中还没有氧气——一种无色无味的气体，约占我们呼吸的空气总体积的 20%，那时只有一种由氢气、甲烷、氨气和氰化氢组成的混合物，这种混合物有着致命的危害。氢气散发到太空中，太阳紫外线辐射使得混合物发生分解，大气中只留下氮气和二氧化碳。直到 34 亿年前，地球上有了生命并产生光合作用（生物体把光能转化成化学能）以后，氧气才开始出现。

为什么天空是蓝色的？

太阳的白光包含许许多多不同的波长，单个看时，每个波长都显示出不同的颜色。当阳光照射地球时，大气中的空气微粒和物质粒子把一部分阳光，尤其是波长较短的光散射出去，而正是这些波长较短的光呈现出蓝色。这些光波在天空中从不同角度射向我们，我们看到的天空就成了蓝色。

我们如何看到风？

地球周围是一圈巨大的空气层，又称大气层。当气温上升或下降时，大气层中的空气四处移动，这些移动的空气就叫作风。风把水分和热量传播到世界各地，还形成了大部分的天气现象。有的时候风吹得很慢，很难注意到，但是你能看到它吹动树木。有的时候，你能感觉到风轻轻地拂过脸颊和头发。还有的时候，风能快速移动，并变成龙卷风，吹倒树木，破坏汽车和房屋。

地球上风最大的地方是哪里？

南极是地球上温度最低、海拔最高、风最大、湿度最低、冰块覆盖最多的大陆。这里风速高达每小时 200 英里（322 千米）的风一天可能刮上五个小时。

云和暴风雨

云是由什么组成的？

云是由飘浮在空气中的几十亿颗小水滴和冰晶组成的，每颗小水滴都比雨滴小 100 倍左右。一般来说，高度较低或位于 6000 英尺（1829 米）高空以下的云，大部分是由水滴构成的。然而，天气寒冷时，云里还会含有微小的雪花和冰晶。中等高度或在 6000—20,000 英尺（1829—6096 米）高度之间的云，夏季时由水滴构成，但冬季时水滴变成了高浓度的冰晶。20,000英尺（6096 米）高空以上的云，主要由冰晶构成。很多云除了含水和冰晶之外，还含有烟雾和灰尘之类的固体颗粒。

云是怎样飘浮起来的？

　　虽然云中的水和冰可能有几吨重，但是它的重量扩散到一个很大的范围。而且云中的水滴非常小，直径只有 0.1 英寸（0.254 厘米）左右。实际上，云中的单个微粒很小，这样，从地球表面升起的暖空气就能让它们飘浮在空中。

为什么喷气式飞机在空中留下白色的痕迹？

　　喷气式飞机在空中飞过时会留下白色的痕迹，也叫凝迹，这和冬季早晨你有时能看到自己呼出的气体是一个道理。飞机引擎排放出的高温高湿尾气与高空大气相混合，与飞机尾气相比，高空大气的蒸汽压和温度都要低得多。飞机尾气中的水蒸气浓缩，并很可能结成冰，这一混合过程就形成了云。凝迹的粗细与长短取决于飞机飞行的高度以及大气的温度与湿度。不同类型的飞机轨迹可以用来推测天气状况。例如，如果凝迹短而细，说明高空中的空气湿度很低，预示着一个晴朗的天气，如果凝迹粗且绵长，说明高空中的空气湿度较

高，预示着一场暴风雨的到来。

为什么积雨云是灰色的？

因为积雨云含有大量紧密靠在一起的水滴与冰晶，所以阳光无法照射进来，因而它们通常都是深灰色的。一般来说，云的颜色取决于它和阳光的关系：当云遮住阳光，它就呈灰色。云层越厚，遮挡的阳光也越多。当云的厚度高达 3000 英尺（914 米）时，阳光就穿不透了。

彩虹是如何形成的？

彩虹是一种弧形物，呈现出各种各样的颜色，每种颜色都有不同的波长，它们共同形成了可见光。彩虹由七种颜色组成，这些颜色总是按照同样的顺序排列：最上面是红色，它的波长最长，接下来依次是橙色、黄色、绿色、蓝色、靛蓝色（一种深深的红蓝色，一般很难见到）和紫色，紫色光的波长最短。拼写出每一种颜色的首字母即"ROYGBIV"，是记住它们的好方法。

当阳光穿过水滴时，水滴圆圆的形状使其发生折射或弯曲，形成不同的波长。有时，我们给草坪洒水的时候就能看到彩虹，有时我们也能在瀑布中看到彩虹，而雨和阳光同时出现的时候看到的彩虹最为壮观。彩虹出现在空中与太阳相反的方向。因为太阳也必须位于低空并靠近地平线，所以，如果这一天天气晴朗，下了一会儿阵雨或者雷雨，那么傍晚就是看到彩虹的最佳时间。

闪电有多粗？

在一朵很大的积雨云中，随着水滴之间互相碰撞融合，体积越来越大，并成为带电状态。这种活动也会在地面形成电荷。有时，电荷增加到一定强度（可高达 2 亿瓦特），电流就会击穿云层与地面之间的空气，产生巨大的火花或闪电。闪电的直径在 0.5—1 英寸（1.3—2.5 厘米）之间，但有时能达到 5 英寸（12.7 厘米）粗。闪电从云层到地面的平均距离为 3 到 4 英里（4.8—6.4 千米）。闪电不仅发生于雷雨期间，在暴风雪中、沙尘暴中以及喷发的火山上方也能看到闪电。

雷和闪电有多远？

当闪电在空中划过，它也带来雷声。闪电的光几乎在刹那间就进入你的

● 闪电很美，但也十分危险！每天都有上千条闪电穿过我们的大气层

双眼，但在数秒之后，才听到雷声。如果你数出闪电与雷声之间间隔了几秒，就能估算出闪电的距离：每 5 秒相当于 1 英里（1.6 千米）。

世界上什么地方最潮湿？

南美洲哥伦比亚略罗镇（Lloro）的年均降水量约为 523.6 英寸（1330 厘米），居世界之最。

世界上什么地方最干燥？

智利北部的阿塔卡马沙漠形成于 1500 万年以前，是地球上最干燥的地方。它由盐碱盆地、沙子和熔岩流组成，年平均降水量仅为 1 毫米，比加利福尼亚的死谷还要干燥 50 倍。

为什么飓风又称魔鬼风暴？

飓风——源于阿拉瓦克印第安语中的 huracán（恶魔）一词——是一种巨大的风暴，风暴期间，平静的风眼周围环绕着大量的乌云、暴雨和狂风。飓风生成于热带温暖水域，随后围绕一个低气压中心旋转，以每小时 5—20 英

真的没有两片雪花形状相同吗?

是的。雪花从空中飘落，形状万千，但又各不相同。雪花由许许多多聚集在一起的冰晶组成，大部分呈六边形。当然，雪花还有一些罕见的形状，比如说针晶状（形成于极低的温度之下）和塔状（形成于零摄氏度左右），但是在显微镜下才能看出它们的区别。100 多年以前，美国佛蒙特州耶利哥（Jericho）小镇一位名为威尔逊·宾利（Wilson A. Bentley）的农民用显微镜为雪花拍了照。他在 1885 年把显微镜改造成照相机，从而成为第一个拍摄到单片雪花的人。他一生中拍摄的雪花超过 5000 片，这为他赢得了"雪花先生"的称号。

里（8—32 千米）的速度缓慢移动至世界各处的海洋（比如说大西洋、墨西哥湾、加勒比海和西太平洋，在西太平洋飓风被称为台风）。虽然飓风整体移动很慢，但风暴中盘旋风的速度能达到每小时 75—150 英里（121—241 千米）之间。"魔鬼风暴"爆发期间，房屋四分五裂，树叶和枝丫从粗壮的大树上被撕扯下来，植物从地面被连根拔起，山洪把地面上不牢固的物体通通卷走，包括房屋、动物和人。风暴的中心——有些情况下，直径约为 15 英里（24 千米）——也称飓风眼。北大西洋的飓风季节从 6 月 1 日持续到 11 月 3 日，而东太平洋的飓风大多只以热带风暴的形式出现。今天，人们利用太空卫星追踪飓风的行迹，以便为风暴途经的城市提供预警。

为什么龙卷风如此危险?

龙卷风是呈漏斗状的强烈旋风，通常伴随着雷暴发生，给周边的人带来极大的危险。这些"旋风"能破坏途经的一切事物，包括房屋、人、汽车、树木、动物，乃至整个社区。有时候，重量较轻的移动房屋会被整个翻卷过来。1974 年 4 月 3 日，一场强烈的龙卷风席卷了俄亥俄州的齐妮亚镇（Xenia），夷平了一座农舍，几乎毁坏了屋内一切事物，只留下三件脆弱的物品完好无损：一面镜子、一箱鸡蛋和一盒圣诞饰品！有的时候，龙卷风还会有其他稀奇古怪的举动——比如把一段重达 386 吨的铁轨拔地掀起，抛至 16 英尺（5 米）远的地方！

● 美国是遭遇龙卷风最多的国家。俄克拉何马州和堪萨斯州等中部平原各州尤其如此（美国国家海洋和大气管理局图片库，美国国家海洋和大气管理局中央图书馆；美国国家强风暴实验室）

在美国，有一个地区被称为"龙卷风走廊"，从得克萨斯州一直延伸到内布拉斯加州，其中还包括科罗拉多州、艾奥瓦州、伊利诺伊州、印第安纳州、密苏里州和阿肯色州。最小的龙卷风持续不到 10 分钟，路程较短。而强龙卷风通常持续数小时，有的所经路程超过 160 千米。

龙卷风能把物体卷到多远的地方？

龙卷风最远能把一磅重的物体卷到约 100 英里（161 千米）开外。1915 年 11 月 10 日，爆发于堪萨斯州大弯的龙卷风把一些碎片卷到了 80 英里（128 千米）开外。碎片中有收据、支票、照片、纸币、衣物、木瓦和书页，格拉斯科（Glasco）北部和西部的每个农场都有散落物，那可是在东北方向 80 英里（129 千米）之外。龙卷风席卷小镇以后，穿过夏延洼地，它的路径末端东北 25 英里（40 千米）处，有 45,000 只鸭子从空中落下。1953 年，马萨诸塞州的伍斯特县（Worcester）遭到龙卷风袭击，大块湿透结冰的床垫被卷至东部 80 千米开外，纷纷掉到波士顿港。

严寒酷暑

一年中，什么时候最热，什么时候最冷？

据记载，1922 年 9 月 13 日，利比亚阿济济耶（Al Aziziyah）的温度高达 58 摄氏度，是全球历史上最热的一天。1983 年 7 月 21 日，南极洲的沃斯托克（Vostok）经历了最冷的一天，温度低至零下 89 摄氏度。西伯利亚东北部的沃户扬斯克（Verhoyansk）有着全球最极端的气温，冬季低至零下 68 摄氏度，夏季高至 37 摄氏度。

什么是"伏天（dog days）"？

伏天是夏季高温潮湿的日子，通常发生在北半球的 7 月和 8 月——通常是 7 月 3 日到 8 月 11 日。dog days 得名于大犬星座中的小天狼星。在一年中的这个时候，最明亮的可见星——天狼星——与北半球的太阳同时从东方升起。古埃及人认为，这颗耀眼明星的热量与太阳的热量加在一起，带来了炎热的天气——他们还把从干旱到疾病等一切灾祸归咎于天狼星。

如果手边没有温度计，我可以通过数蟋蟀的叫声测算出室外的温度吗？

可以！我们能利用一种简单的数学计算，即数一段时间内蟋蟀鸣叫的次数，估算出当前的温度。雄性蟋蟀（常常在较冷的夜晚）通过鸣叫吸引雌性蟋蟀，并把其他雄性蟋蟀从它们的领地上吓跑。它们的叫声是翅膀上的小牙齿相互摩擦产生的。蟋蟀鸣叫的频率随着温度的改变而改变，当温度上升，蟋蟀鸣叫也更加频繁。

什么是摄氏度和华氏度？

华氏度和摄氏度是今天的温度计通用的标准温度单位，它们都是以早期研究者的名字来命名的。18 世纪早期，德国科学家和工程师加布里埃尔·华伦海特发明了酒精与水银温度计，并于 1724 年发明出第一个温标。0 度就是根据德国寒冬里这个温度计中水银的最低位置来确定的。水的结冰点是 32 华氏度，沸点为 212 华氏度，人体的温度则被界定为 96 华氏度。在 1742 年瑞典天文学家安德斯·摄尔修斯发明出摄氏温标以前，华氏温标在欧洲得到广泛使用。安德斯把 0 摄氏度作为水的结冰点，100 摄氏度作为水的沸点。摄氏温标也称"百分度"量表，百分度的意思是"由 100 度组成或者划分成 100 个刻度"。

长期以来，全球气候发生了怎样的变化?

几百万年以来，地球气候发生过多次变化。过去一百万年间曾出现过四次冰期或冰河时代，它们每 10 万年发生一次，相邻之间还有时间较短、温度较高的间冰期。在冰河时期，陆地被大片极寒冰雪覆盖。地球的平均气温在零下 14 摄氏度到零下 13 摄氏度之间，低于今天的平均水平。随着冰雪移动，陆地出现凹陷，把土壤和岩石向前推进。海平面下降，大部分海水结冰。冰期过后，间冰期带来了比较温暖的天气。冰雪融化，巨大的凹陷处盛满水，形成湖泊。大约 7000 年以前，北美洲和斯堪的纳维亚半岛的冰层融化，之后随着海平面的上升，大陆海岸线慢慢呈现出今天的形状。科学家们对海床上采集到的沉积物样本和南极洲带回的冰雪样本进行了研究，获得了有关过去气候的证据。

什么是小冰期?

从 1250 年到 1850 年的近 600 年中，全球大部分地区遭遇了比往常更加寒冷恶劣的天气。太阳活动减少，加上大型火山喷发，是造成温度下降的主要原因。北欧的小冰期从 1430 年一直持续到 1850 年。当天气变冷时，农作物死亡，饥荒和疾病四处蔓延。因为那个时候气温不够低，持续时间不长，从而未发生冰盖扩张，所以算不上真正的冰期。但在 19 世纪 20 年代，

英格兰的确经历了几个史上最寒冷的冬季。这期间，英格兰最长的河——泰晤士河——定期结冰，城里的人们举行冰冻交易会，在结冰的河面上游戏、跳舞。

大山深穴

地球上有多少种岩石？

地球上有三大类岩石：沉积岩、岩浆岩和变质岩，各自的名字透露着它们的形成信息。沉积岩很久之前在地层中形成，常见于海底。沉积岩包括砾岩、砂岩和石灰岩。岩浆岩由冷却凝固的火山熔岩等岩浆形成，玄武岩、花岗岩与黑曜岩都属于这一类。大理石和板岩等石灰岩是由沉积岩或岩浆岩在高温、摩擦或其他自然因素作用下发生改变而形成的。

🔵 南达科他州著名的总统山上刻有四位美国前总统的头像：乔治·华盛顿、托马斯·杰斐逊、西奥多·罗斯福和亚伯拉罕·林肯

山峰能增长收缩吗?

　　能。珠穆朗玛峰——世界最高峰——还处于不断增长之中。这座高达 29,035 英尺（约 8850 米）的山峰每年增长 0.16 英寸（0.41 厘米）左右。这是因为珠穆朗玛峰所在的喜马拉雅山脉是 5 千万年前由欧亚板块与印度板块相互碰撞而形成的。今天，它们仍在相互挤压，使得山脉上的山峰不断增长。

　　此外还有在收缩的山峰。例如，1980 年 5 月 18 日，华盛顿州的圣海伦火山爆发。爆炸把山顶变成了火山灰，峰顶的高度由原来的 9677 英尺（2950 米）收缩到 8364 英尺（2550 米）。

洞穴是如何形成的?

　　沿海地区的大部分洞穴是由水力侵蚀而形成的。在海浪年复一年的冲刷下，岩石上的部分地方被冲刷掉，形成洞穴。内陆的洞穴也是在水力侵蚀的作用下形成的；地下水侵蚀石灰岩以后，形成地下通道和洞穴。美国肯塔基的猛犸洞穴是世界上最长的洞穴，几近 560 千米！

世界上最深的人工洞穴在什么地方?

　　世界上曾经最深的人工洞穴位于俄罗斯的科拉半岛，深 12.2 千米，由地质学家于 1989 年钻探完成。这个记录在 2008 年和 2011 年被在卡塔尔的阿肖辛油井（12,289 米）和俄罗斯在库页岛的奥多普托油田 OP-11 油井（12,345 米）两次打破，现时排名世界第三。

水，无处不在

地球表面有多少地方分别被陆地和水覆盖？

地球表面只有 30% 的地方被陆地覆盖，这包括沙漠、雨林和北极苔原等所有类型的陆地环境。水的覆盖面积要大得多，占 70% 左右。其中，97% 属于海洋盐水。地球上的淡水资源只占其余的 3%，主要来自于极地冰盖、湖泊、河流和地下水（井水和含水层中的水）。

为什么海洋是咸的？

今天，海水的 3.5% 左右是盐分。当地球还处于形成之初时，大气层由氯化氢、溴化氢和其他火山气体混合而成。

海洋学家（研究海洋的科学家）认为，一部分气体溶解到早期海洋中，海水变成了咸的。然而，今天海洋中的大部分盐是雨水带来的。雨水降落到陆地上，使得受侵蚀岩石中的盐发生溶解，流入河流汇入大海。随着海水蒸发形成云，海洋中的盐不断累积。海洋的盐度每天都在升高，但这一变化十分缓慢，难以测量。如果海洋突然干枯的话，得到的盐能建造一座高 290 千米的环赤道围墙。

海洋、大海、海湾和湾，它们相互之间的区别是什么？

这四个水体大小与位置都各不相同。海洋含有丰富的海水，是最大的水体。世界上共有四大洋：太平洋、大西洋、印度洋和北冰洋。

海洋的边缘是大海，大海是海洋的一个组成部分，一部分被陆地包围着。例如，北海毗邻大西洋。并不是所有名字中带"海"的水体都是海：里海、死海和咸海实际上属于咸水湖，这是因为它们没有通向海洋的出口。海湾和湾都是延伸到陆地的水体；海湾面积较大，有的还有一个窄口，几乎被陆地环抱。

墨西哥湾是世界上最大的海湾，总面积约为 150 万平方千米。它被墨西哥、美国东南海岸和古巴包围着，由许许多多湾组成，像得克萨斯州的马塔哥达湾和亚拉巴马州的莫比尔湾。加利福尼亚州北部的旧金山湾是美国著名的湾。

🐚 一名潜水员观察蝶鱼在珊瑚礁中游来游去。珊瑚礁就如同海洋中的雨林——景色优美，野生生物丰富

什么是冰山？

冰山是一块巨大的浮冰。北大西洋的大部分冰山来自于格陵兰岛的近 100 座冰川，还有一部分形成于加拿大东面的北极群岛。西格陵兰岛冰川——纽芬兰岛有 90% 的冰山都来自于那里——其移动速度居世界之最，每年漂浮里程达 4.3 英里（7 千米）。虽然南极洲部分冰山的长度超过 60 英里（100 千米），但是由于它们的大部分体积漂浮在水面下方，因此看起来要小很多。由于船舶驾驶员有可能低估冰山的长度或者深度，因此行船充满危险。

什么是珊瑚礁？

典型的珊瑚礁呈脊状或山丘状，由珊瑚和其他水生生物构成。它们绵延于 100 多个国家的海岸线边缘。虽然珊瑚礁的面积只占不到 0.5% 的洋底面积，但是据推测，超过 90% 的海洋生物直接或间接地依赖其生存——它们是近 4000 种鱼类的家园。珊瑚礁就像海洋与近岸社区之间的缓冲区，保护着沿岸居民免受海浪与风暴的侵害。大堡礁纵贯澳大利亚东北沿海，长 1616 英里（2000 千米），它是地球上最大的生命体结构，在月球上都能看到。

为什么飞机在百慕大三角神秘消失？

百慕大三角地处大西洋，是由百慕大群岛、波多黎各和佛罗里达半岛东南部三点连线形成的一个三角地带。过去的一个世纪以来，成百上千的船舶和飞机在这一区域要么消失要么坠毁。科学家们认为，这是由诸多原因造成的，包括不可预知的强热带风暴、飓风、指南针或设备失灵、缺乏船载无线电设备以及飞机自身的结构故障。还有一些人认为，船舶消失的原因恐非科学能够解释——比如说来自不明飞行物（UFO）的干扰。

河流曾经干涸过吗？

有些河流曾有过几千年的历史，但最终却干涸了。当河流流过陆地，河床上的岩石就会受到水的磨损或侵蚀。随着时间的推移，河流把陆地夷为平地以后，才停止奔流。河流也需要一个稳定的水源，诸如山上的泉水、雪水或者雨水。没有水源的话，河流就会干涸。

什么是河口？

河口滨海的水体，由来自江河的淡水与来自海洋的咸水混合而成。这里很可能发生潮汐的涨落，从而成为一个营养丰富的独特生态系统。只有钾猪毛菜、大叶藻和盐草等少数植物能够在这里生长，鲜有动物长年生活在这里。然而，泥虾、某些类型的贻贝，还有西滨鹬却把这里当作家园。

火山与地震

火山是如何爆发的？

火山是地壳表面自然形成的开口，当发生大规模震耳欲聋的火山爆发或爆炸时，熔岩（经高温熔化的岩石）、气体、蒸汽和灰烬常常从这里喷发出去。在人们眼中，火山爆发发挥着安全阀的作用，让深藏在地球内部的巨大热量与

🔵 火山通常在地球地壳脆弱的地方形成，比如说在环太平洋火山带上地壳板块相互接触的地方

压力得以释放。火山通常呈锥体（火山壁由固体火山岩浆和火山灰组成），中间有一个洞或火山口，火山口是火山喷发的地方。火山爆发有多种类型，历经不同的阶段，大多不会对附近地区和居民造成伤害。但是，还有一些火山爆发的规模巨大，破坏力极强。在这期间，火山岩浆喷发而出，沿火山一直向下，到达周围地区，大量令人窒息的蒸汽云、灰烬、炙热气体和飞溅的岩石飞速向下移动，覆盖方圆数英里的地方。

什么是火山带？

很多火山在两大山脊或两大地球板块接触的地方爆发。环太平洋地带——大陆板块相接的地方——就有着一系列火山，又称环太平洋火山带。这里的板块运动很可能使得地球内部的液体岩石，即岩浆（它们上升到地面以后，才被称为"火山岩浆"）上升，导致火山爆发。这些情况也常常引发地震。海洋和陆地都是火山活动的场所，有的时候，火山活动会形成岛屿。

地震是如何发生的？

地震是地球表面的剧烈震动，它由组成地壳岩层的岩石发生断裂与错动引发。当移动板块突然划过其他板块，振动以波的形式释放出来。冲击波穿过地球，离地震爆发的地方——又称震中——越来越远，速度也越来越慢。在断层附近（地壳裂缝存在的地方），地震尤其多发。地震有着不同的规模与烈度，有的可能持续数秒，有的可能持续几分钟。有的可能不会造成任何伤害，有的则引发大规模破坏，夺走几千人的生命。地震波有着巨大的威力，能震塌桥梁和房屋、毁坏高速公路、引发山体滑坡，如果地震在近海的浅水域爆发，还会引发洪水。

什么是地震带？

科学家们已经知道，地震爆发于许多特定地带，以群岛附近洋底的深海沟为主，例如环太平洋地震带。地震学家（研究地震的人员）试图猜测，在这些区域，压力是否在地面之下聚集。如果该地区长时间处于休眠（平和）状态，那么就有可能发生地震。他们还利用地震仪检测地震发生之前的微小震波。

据估计，每年世界上可检测到的地震有 500,000 次。其中，只有 100,000 次有震感，其中又只有 100 次具有破坏性。

地震季是什么时候？

其实并没有所谓的"地震季"，地震可在任何气候下发生，不管是酷热还是严寒，不论是干燥还是湿润。气候是发生在地球表面的现象，不会对地表之下数米深处的力量产生任何影响，而地震正是在这里诞生的。气压变化是影响气候的重要因素，但与地壳的力量相比，气压变化不值一提，它的影响延伸不到土壤下面。

什么是冰震？

南极洲内部常有冰震发生，虽然震级较小，但与地震相比，它们的爆发频率要高得多。冰震与地震很像，但它发生在冰盖内部，而不是冰层下方的陆地上。极地观察员使用南极地震仪检测冰震，地震仪放置在厚度为 10,000 英尺（3048 米）的冰盖的表面以下 1000 英尺（304 米）的地方。它们用于测量、记录地球最细微的振动。

什么是海啸？

海啸一词源于日语，意为"海港的波浪"。它是大规模移动的海水——有点像一个巨大的浪——能在大海中传播几千英里，而后靠近海岸，以极大的破坏力摧毁房屋、树木、野生动植物和人。海底地震、山崩或者火山爆发都有可能引发海啸。海底地震是引发海啸最常见的原因，它让海底突然鼓起或塌陷，排开大量海水，引发海啸。海啸是一种独特的海洋现象，虽然有时候被误称为浪潮，但它与潮汐毫无关系。

环保绿化

什么是气候变化？它与全球变暖有什么不同？

气候变化指的是长期气候要素（例如气温、冰雹或者风）发生的一切重大变化。全球变暖指的是靠近地球表面的大气层与对流层的平均温度升高，它能引发全球气候变化。全球变暖与气候变化可由多种原因引起，既可以是自然因素，也可以是人为因素。

什么是温室效应？

温室效应是一种可以调节地球温度的自然现象。温室气体——二氧化碳、甲烷、一氧化二氮和氯氟化碳——就像一个保温层，吸收了本应进入太空的太阳能。如果没有自然的"温室效应"，地球温度要比现在低 15.5 摄氏度左右，我们今天所知道的生命就不会存在。然而，以化石燃料燃烧和砍伐森林为主的人类活动，加速了温室效应，导致地球平均温度上升。

温室效应是什么时候发现的？

19 世纪末，一位名为斯凡特·阿列纽斯（Svante Arrhenius）的瑞典研究员，首先从理论角度解释了温室效应。然而，直到 20 世纪，阿列纽斯的理论才被人们注意到。20 世纪 30 年代，科学家们意识到，过去半个世纪以来，全球有一部分地方变暖了。之后到 20 世纪 60 年代初，科学家们发现，大气中的二氧化碳含量在增加。研究人员对此产生了强烈兴趣，并发现二氧化碳含量的增加与全球平均气温之间有着密切的关系。

人类活动要对气候变暖负责吗？

是的。科学家们的细致测量已经表明，温室气体排放的确在不断增加，而人类活动（例如，化石燃料燃烧和砍伐森林等土地利用的改变）是其主要原因。科学家们已经证实，近年来大气层中温室气体的增加主要源于人类活动。由于人类活动的影响，大气层中二氧化碳和甲烷的浓度比过去 650,000 年中的任何时候都要高。科学家们认为，20 世纪中期以来，人类活动带来的温室气体增加（而非自然因素）很可能是导致全球平均温度上升的主要原因。

世界上还有多少石油？

全球每天大约消耗 8 千万桶石油来维持运转。科学家们在这一数字的基础上推测，全世界的石油可能只够再用 100 年。全球大部分探明的石油位于中东地区，其中，俄罗斯、沙特阿拉伯和伊朗的石油产量居世界之最。

我什么时候会把温室气体排放到空气中？我能做些什么？

你在日常活动中就会把温室气体排放到空气中，像每次看电视、开空调、打电子游戏、开音响听音乐、开灯、使用吹风机、洗衣服或者烘干衣服、使用洗碗机或用微波炉热饭菜等。我们送到填埋场的垃圾会产生一种叫作甲烷的温室气体。我们饲养的动物带来奶制品和肉制品的同时，也带来甲烷，地下采煤也会产生甲烷。当工厂生产产品供我们日常购买与使用时，它们也把温室气体排放到空气中。

只要用电，我们就会把温室气体排放到空气中。所以随手关掉电灯、电视与电脑，能减少温室气体的排放。偶尔乘坐公共汽车、骑自行车或者步行，就能节约能量。植树是减少温室气体的一个好方法，树木能吸收空气中的二氧化碳，二氧化碳是一种温室气体。你还可以重复利用瓶瓶罐罐、塑料袋和报纸。当你回收利用这些物品时，送往垃圾填埋场的垃圾就能减少一点儿，同时还能节约树木、石油和铝之类的化学元素等自然资源。

什么是碳足迹？

碳足迹衡量的是人类活动对环境尤其是气候变化的影响。在日常生活中，发电、供暖以及交通运行都要依赖于化石燃料燃烧，碳足迹与化石燃料燃烧所产生的温室气体总量密切相关。它用于计算每个人产生的温室气体总量，并把它换算成同等数量的二氧化碳。

减少浪费的重要方法有什么？

1、少丢垃圾（和有毒物）。

2、尽可能再利用容器与产品。

● 人们制造出大量的垃圾。美国人均制造的垃圾总量居世界之最。垃圾需要地方存放，大部分都进入了巨型的填埋场

3. 尽可能回收利用并购买含再生物质的产品。

在所有的生活垃圾中，有84%的垃圾可回收利用——所以，了解我们所使用的产品以及如何再利用它们很有意义。

为什么回收利用很重要？

回收利用能把原本会成为废品的材料变成有用资源。收集用过的瓶子、罐子和报纸，把它们放在路边或是送到收集站，是回收利用的第一步。可回收利用的物品被送到材料回收站储存起来，然后加工成制造业所需的材料。回收物品的买卖方法和其他产品一样。回收利用除了能减少送往填埋场的垃圾从而减少温室气体的排放外，还能帮你为环境和社区做出积极的贡献。

如果你购买可回收利用产品，以代替一次性产品，就能给环境带来好处。在产品的包装上找一下回收标志——三个箭头围成的一个圈。可回收利用产品通常是用二手材料制成的。一般来说，生产回收产品比生产新产品消耗的能源要少。此外，电脑、电视、音响和录像机等消费品上都贴有特殊的标签。标签上写着"能源"二字，还有一个星星的图片。这类产品的设计就是为了节约能源并最终保护环境。如果你有一个院子的话，你可以利用微生物（主要是细菌与真菌）降解有机废物——如食物残渣和修建庭院产生的垃圾——来生产化肥。

为什么节约用水很重要？

水是地球上一切生物的生命之源，而且供应有限。地球上的水资源看起来十分丰富，但实际上只有1%可供人类使用。随着人口不断增加，对淡水的需求也就不断增加 [人一生平均耗水约 12,000 加仑（约 45,425 升）]，但是水资源的供应量是一定的。水通过地球的水循环不断得到净化与再生，但是，由于人们的用水速度远远超过了它自身自然更新的速度，因此我们仍然需要节约用水。当你明智用水时，你便能保护环境。你能为鱼类和动物提供更多的水资源，能保护饮用水的供应，并能减轻污水处理厂的工作——排放到下水道中的污水越少，污水处理厂需要处理的水也就越少。明智用水还能帮助供水企业减少处理与运送水资源所用的能源，帮助家人减少烧水所用的能源。你的家人为你使用的水付费，所以你用的水越少，就越能节约更多的钱来做其他事情。

什么是酸雨？

酸雨是影响人类的共同问题，它损害家用汽车、毁坏历史雕像、破坏原本美丽的山区森林里的树木，并危害湖泊里的鱼群。酸雨是从大气中降落的雨、雾或者雪，它的氮与硫酸含量超过了正常水平。酸雨的形成既源于火山与植物腐烂等自然原因，也源于化石燃料燃烧引起的二氧化硫与二氧化氮排放等人为原因。在美国，这些排放物主要来自于依赖燃烧煤等化石燃料的发电厂。当污染气体在大气中与水、氧气以及其他化学物发生反应形成酸性物质时，酸雨就产生了。结果就是形成了混合了硫酸和硝酸的弱酸溶液。当发电厂和其他物体排放出二氧化硫与氧化氮时，风把这些混合物吹到其他州和其他国家，有时能吹到几百英里开外。

大大小小的生物

恐龙与古生物

什么是化石?

化石是已经固化了的古老动植物的遗体或遗迹。有些化石的形成只有几千年,有些却已经历时几百万年。大部分动植物死亡以后会发生腐烂,不留下任何痕迹。但是,有些动植物的遗体在腐烂之前就被泥土、岩石、冰块和其他沉重的覆盖物所掩埋。历经数千年,这些覆盖物的压力把它们的遗体变成岩石。通常情况下,化石中保存的是有机体的坚硬部分:动物的骨头与外壳,植物的种子、茎与叶脉。

有时,化石是动物的一部分残体固化形成的岩石,像一块骨头或者一颗牙齿。有些化石叫作遗迹化石,展示了动物或植物的一部分形迹。有时,这些形迹就像是一个模具,填充这些形迹的沉积物变硬,变成一个模型,比如说恐龙足部的模型。有时,动物的骨头或树木在矿物质的作用下保存下来,矿物质渗进它们的小孔中,使其发生硬化或石化。亚利桑那州的石化林中,有着许许多多由参天巨木在几百万年前发生石化而形成的化石。

陆地上最早的植物是什么?

陆地上最早的植物出现于 4.7 亿年以前,但它们与我们今天所看到的郁

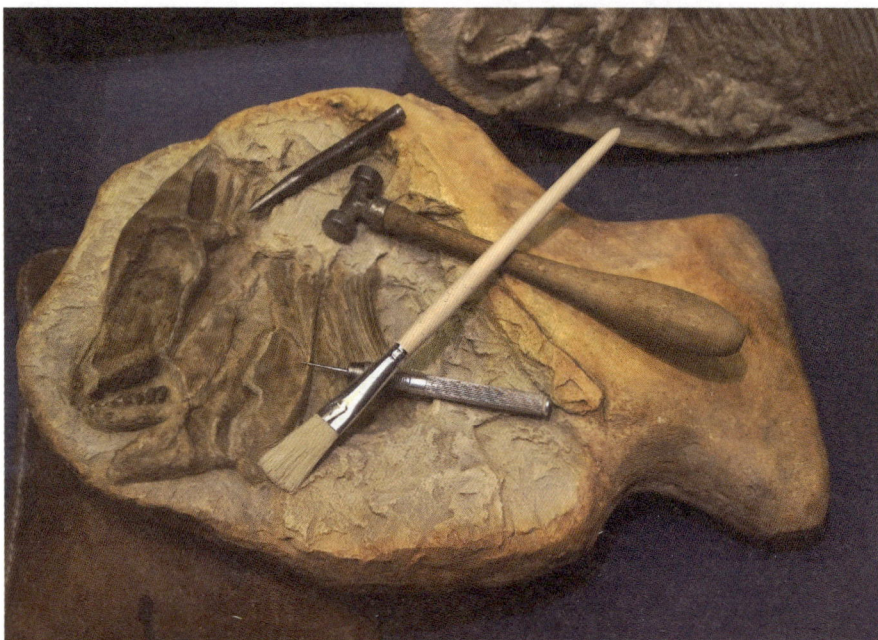

🔵 化石并不是真正的骨头，而是由已经死亡的动物的骨头或植物形成的石头。这对于科学家们来说是件好事，化石的发现可以让他们了解到更多的事实

郁葱葱的植物不同。它们叫作苔藓，是一种无根、多叶脉、薄薄的叶状植物。苔藓利用一根特殊的单纤维吸收水分，然后依附在岩石上。人们从化石中发现，真正的陆生植物最早出现在 4.2 亿年前左右，包括无花藓类、木贼类和蕨类。它们分裂出孢子或者带有基因蓝图的微生物，从而得以繁殖。蕨类植物直到 3.45 亿年以前才最终生出种子。4.08 亿年以前，长有根、茎、叶的植物（叫作维管植物）进化成形。

最早的水生动物和陆生动物分别是什么？

有化石表明，大约 6 亿年以前，海洋中出现了最早的软体动物，包括一种水母和分节蠕虫。蝎子和蜘蛛等节肢动物很可能是最早征服陆地的陆生动物。它们中有许多都是在古老的岩石层中发现的，旁边通常还伴有已知最古老的脉管植物的化石。最早的陆生动物出现于 4.4 亿年前，恐龙出现于 2.5 亿年前左右。所以，恐龙在最早的陆生动物出现了 1.9 亿年以后才出现在地球上。而随着科学家们不断发现新化石，这些数字也发生着变化。

今天死亡的动植物会变成化石吗？

会的，如果条件合适的话。许多生物死后，在阳光、水和空气的作用之下，会迅速腐烂。如果生物体没有坚硬的部位，便尤其如此。如果有的话，那些死后即被迅速掩埋的生物体最有可能变成化石，因为土壤阻止了大部分腐烂过程。由于地球的海洋、湖泊与河流中的灰尘和沉积物能迅速掩盖生物体的尸体，因此在这些地方，生物体最有可能被迅速掩埋并石化，因此，这些地方将会是未来大部分化石的埋藏地。

科学家们发现了完整的动物化石吗？

是的。在某些情况下，完整的动物遗体会被保存在冰中、固态树液（又称琥珀）中或者干燥的沙漠地区。在这些情况下，动物的整个遗体——毛发、皮肤、骨头和内脏——都被完整地保存下来，与几千年前死去的时候一模一样，人们在阿拉斯加、西伯利亚和其他地区发现的长毛猛犸象就是这样。在最后一次冰川时期，地球上出现了许多大型哺乳动物，包括猛犸象、剑齿虎、巨型地懒、毛犀和乳齿象。如今，这些动物早已灭绝，人们主要是通过化石和冰冻的木乃伊尸体了解它们的。

猛犸象生活在什么时候？

猛犸象生活在最后一次冰川时期（又称更新世时期），距今约 2 百万年到 9000 年之间，而如今早已灭绝。恐龙灭亡几百万年以后，地球上才迎来冰川时期。猛犸象是一种形如大象的食草动物，它们大小不等，大的超过 15 英尺（4.5 米）高，小的约 9 英尺（2.7 米）高，都有着浓密的长毛与下层绒毛、硕大的耳朵、长长的鼻子和长长的牙齿。雄雌猛犸象都长着长牙，长牙是真正的门齿。有些猛犸象的牙齿是笔直的，有些则是弯曲的。有的时候，猛犸象的牙齿能长到 17 英尺（5.2 米）长，可用于争夺交配权、防御与自卫，也可在积雪中挖掘食物。今天的印度象与长毛猛犸象有很大关系。

恐龙生活在什么时候？

恐龙最早出现于约 2 亿 3000 万年到 2 亿 5000 万年以前的三叠纪时期。它们有着硕大的体形与庞大的数目，这意味着恐龙曾主导动物世界长达几百万年。恐龙灭亡于白垩纪末期，距今约 6500 万年。与恐龙时代相比，今天的地球已经发生了翻天覆地的变化。几亿年以前，地球上还只有一整块被海洋包围的巨大陆地，没有七大洲或大陆板块。慢慢地，这片陆地分离成几个独立的大洲。今天覆盖着高楼或山脉的地方，曾经位于海底，科学家们还认为，随着时间的推移，气候变得相当暖和。到了恐龙时代末期，地球温度下降，四季变得分明。

最大的恐龙是什么恐龙？

随着新的恐龙化石与其生活环境新证据的不断发现，有关恐龙的信息也不断更新着。腕龙化石（意为"手臂蜥蜴"）是古生物学家（研究恐龙的科学家）已经发现的最大最完整的恐龙化石。腕龙是生活在侏罗纪时期的一种巨型恐龙，重近 80 美吨（72,640 千克），长 75.5 英尺（23 米），高 39 英尺（12 米）——相当于两辆大型校车的长度和 4 层建筑物的高度。科学家们还发现了一些更大型恐龙的部分小腿骨骼和椎骨化石，并对它们进行了研究，希望确定它们的具体尺寸。阿根廷龙、双腔龙等很可能比腕龙大上 1.5 到 2 倍。据说，阿根廷龙有 100 美吨（90,800 千克）重，20 世纪 90 年代末在阿根廷被发现，阿根廷是世界上许多巨型恐龙的家园。

人们曾认为这些温和的巨兽生活在湿润的沼泽地区，但是最新的发现表明，大部分恐龙生活在森林中，以树顶端的叶子为食。恐龙有着庞大的身躯、长长的脖子、相对较小的头和形如树干的粗腿（和大象的腿很像）。它们行动缓慢，也没有什么自卫的方法，但它们庞大的身躯能把敌人吓跑。

最小的恐龙是什么恐龙？

最小的恐龙只比一只鸡稍微大一些。秀颌龙（意为"漂亮的下巴"）长 3 英尺（1 米），重约 6.5 磅（2.5 千克）。科学家们一度认为鼠龙（意为"老鼠蜥蜴"）是最小的恐龙，但现在已经了解到，这是刚孵化出的小恐龙，完全长大以后要远远大于秀颌龙。如果照一部分科学家所说，鸟类由恐龙进化而来，那么蜂鸟便是最小的恐龙了！

恐龙以什么为食？

恐龙的体形、大小各不相同，食性也多种多样。大部分恐龙以植物为食，

"恐龙"一词是什么意思？

Dinosaur（恐龙）一词来源于术语 dinosauria（意为恐龙类），dinosauria 是由希腊语 deinos 和 sauros 合成而来。Deinos 意思是"可怕的"，sauros 意思是"蜥蜴"或者爬虫。因此，恐龙就是"可怕的蜥蜴"的意思。一般说来，科学家们发现恐龙以后，就用其一种独特的身体特征，或者发现恐龙化石的地方，或者发现恐龙化石的某个人，来为其命名。恐龙的名字通常由两个希腊词或者两个拉丁词组成，也可能是一个希腊词与一个拉丁词的组合。例如，Tyrannosaurus rex（雷克斯霸王龙）就是希腊语与拉丁语的组合，意为"残暴的蜥蜴王。"

大恐龙食用树顶端的叶子，小恐龙则食用靠近地面的植物与灌木。含有恐龙骨头的岩石中还包含孢粉化石，这表明中生代时期（7000 万到 2 亿 2000 万年以前），地球上生长着成百上千种植物。许多植物的叶子都可供食用，包括常绿针叶树（松树、红杉和它们的类属植物）、蕨类植物、苔藓植物、马尾冲、苏铁植物、银杏树以及恐龙时代后期出现的花果类植物。还有一些恐龙是食肉动物，大部分捕食其他动物，而有些是食腐动物，以看到的动物尸体为食。食肉恐龙捕食食草恐龙，甚至会自相残杀。比较小的食肉恐龙食用昆虫、蜥蜴和哺乳动物等其他动物。有发现表明，有些恐龙喜欢成群狩猎，有些则过着独居生活。

如果被食草恐龙咬了，会受伤吗？

当然会。如果被腕龙这样有着 52 颗凿状牙齿的食草恐龙咬到，百分之百会受伤！副栉龙的联锁排牙齿很可能咬掉你的手指。禽龙的上下颌上有着成排的锋利牙齿，相互交错。当牙齿相互挤压，上颌就会凸出，在牙齿之间形成磨削运动，能磨碎作为其食物的植物组织。

恐龙的牙齿有什么用途？

恐龙的牙齿可以用来咀嚼、嚼断或磨碎植物，食肉动物还用它来撕裂肉。与人类相比，恐龙的牙齿数量较多，而且一生都在换牙，跟今天的鳄鱼很像。

57

● 恐龙是卵生动物，它们留下的许多恐龙蛋化石可以证明这一点

例如，鸭嘴龙（意为"笨重的蜥蜴"）会长出几百颗牙齿来替换已经坏掉的牙齿。还有一些恐龙没有牙齿，但长着形如鸟嘴的喙，似鸟龙就是这样。有些恐龙则同时长着喙和牙齿。

所有的恐龙都下蛋吗？

据科学家们所知，所有恐龙都会筑巢下蛋。小恐龙从这些恐龙蛋中孵化出来。科学家们已经在全世界几百个地方发现了不同品种恐龙的恐龙蛋化石，包括美国、法国、蒙古、中国、阿根廷和印度的一些地方。目前发现的最大恐龙蛋化石长约 12 英寸（30 厘米），宽 10 英寸（25 厘米），重约 15.5 磅（7 千克）。科学家们认为，这枚恐龙蛋的妈妈是一只高桥龙，距今 1 亿年的一种巨型恐龙。现代非洲鸵鸟的蛋长度为 6 英寸（15 厘米），宽度为 5 英寸（13 厘米），只有这枚恐龙蛋的一半那么大。人类迄今发现的最小的恐龙蛋产自于鼠龙，仅有 1 英寸（2.5 厘米）长。

恐龙之间有交流吗？

恐龙很可能既可以用言语交流也可以用眼神交流。雷克斯霸王龙等大型食肉恐龙通过大声吼叫清楚地表达自己的想法，三角恐龙通过摇晃脑袋达到此目的。冠龙、副栉龙等常常利用头上中空状的头冠放大它们的咕哝声或咆哮声。在恐龙的交配、求偶和领土战争中，可能同时包含言语交流与眼神交流。科学家们认为，恐龙发出的声音各有特色，它们的音调有些细微的差别，像副栉龙就是如此。他们还认为，在不同情况下，恐龙会发出不同的吼叫声，这些吼叫声从低沉到高亢，用途各不相同。

恐龙是温血动物吗？

科学家们对恐龙是温血动物还是冷血动物这一问题各执一词。有些古生

> ### 恐龙曾被太阳晒伤过吗？
>
> 在恐龙时代，尤其是中生代时期，气候十分炎热潮湿，所以那个时候阳光可能很炽烈。但是恐龙是否被晒伤过还有待确证。从恐龙化石来看，恐龙的皮肤粗糙厚重、干硬松弛——和乌龟、鳄鱼等现代爬行动物的皮肤很像。

物学家认为，所有恐龙都是"温血动物"，它们和现代鸟类以及哺乳动物一样，体内新陈代谢很快。有些科学家认为，恐龙是"冷血动物"，与现代爬行动物有着极大的相似性。还有一些科学家认为，巨型恐龙的体积庞大，所以有着温热的身体，就和今天的一些海龟一样。也许有一部分恐龙属于温血动物——问题是，我们很难找到确切的证据来证明恐龙体内的新陈代谢到底是怎样的。

了解恐龙体内的新陈代谢，有助于古生物学家理解恐龙的行为。如果恐龙是冷血动物，它们很可能迟缓呆滞，偶尔才有行动迅捷的表现。此外，它们很可能就不是一种很聪明的生物。也许像现代鳄鱼一样，它们大部分时间都躺在太阳底下，为了获得更多的食物才会动一动。相反，如果恐龙是温血动物，它们很可能就属于活跃的社会性动物。它们可能敏捷迅速、聪明机灵，大部分时间像现代羚羊一样积极觅食，又或者像狮子一样成群结队地去猎杀其他动物。

哪种恐龙速度最快？

根据已经发现的恐龙足迹（步长），还很难断定哪种恐龙速度最快。但据科学家们推测，那些长着两条腿的小型食肉恐龙很可能是速度最快的，其中又尤以后腿细长、身躯轻盈者为甚。与现代陆栖动物相比，这些行动迅捷的恐龙可能没有它们的速度快。有一种叫作似鸟龙的恐龙，据称每小时能奔跑 43 英里（70 千米）左右——与一只现代非洲鸵鸟的速度差不多。

还有哪些动物生活在恐龙时期？

在三叠纪时期，还有许许多多的动植物和恐龙一起生活在地球上。所有种类的动物（除了鸟儿）都有——鳄鱼、乌龟、蜥蜴的近亲，巨大的两栖动物和最早的哺乳动物。海洋中出现了多种爬行动物、鲨鱼和鱼，包括鱼龙和以水生贝壳类动物、鱼与其他海生爬行动物为食的食肉海龟。它们的外形和某些习性与现代海豚、鲸和鲨鱼类似。有些动物像翼龙，就是陆栖恐龙的近亲。这些翼龙体形不一，一些轻掠水面，一些像鸟儿般飞翔。恐龙于侏罗纪初期成为陆地之王。但那个时候地球上还有众多其他动物，包括火蜥蜴、青蛙、乌龟、蜥蜴、小型哺乳动物和古鳄鱼。在白垩纪时期，许多鳄鱼体形变大，恐鳄就是一种长达 50 英尺（15 米）的大型陆生生物。那个时候地球上已经出现了蛇、鸟、有翅昆虫和哺乳动物。

为什么恐龙会灭亡？

科学家们至今尚不明确恐龙灭亡的原因。他们有多种理论，有的理论认为恐龙灭亡是在相当长时期内缓慢发生的结果。有的理论认为是一次突发性的大灾难造成了恐龙的灭亡，比如说外太空的小行星坠落地球。还有一些科学家认为，恐龙的数量一直在不断减少，而后因为某一重大事件而最终灭绝。

持"缓慢变迁带来了恐龙的灭亡"这一观点的人们认为，随着越来越多的哺乳动物出现，恐龙很难与它们争夺食物。这些哺乳动物很可能吃掉了大量的恐龙蛋，导致新生小恐龙的数量越来越少。一些专家认为，大规模的流行病导致了恐龙的灭亡。还有许多人认为，气候的缓慢变化——由持续煦暖温和变成季节性波动，出现炎夏与寒冬——对恐龙产生了影响。科学家们还不清楚恐龙到底是温血动物还是冷血动物（可能有的是温血动物，

● 如果恐龙尚未灭绝，还和我们生活在一起会怎么样？实际上，一种动物的灭亡能为其他动物的进化提供机会

有的是冷血动物）。如果它们是冷血动物，体温就会随着环境温度的改变而改变，如此一来，这些大型动物就很难在极端气温中存活下来。举个例子，小型冷血动物能藏在地下洞穴中，以躲避严寒酷暑。但是对于大多数恐龙来说，它们体形庞大，这就难以实现。

持"重大灾难事件造成恐龙灭亡"这一观点的科学家们有证据表明，一颗直径可能有数英里的巨型小行星曾经撞击地球。小行星撞击地球以后，尘土云与碎片遮天盖地，撞击所产生的热量引起大片火灾。尘埃云与大火产生的浓烟之间，阳光无法穿过，这一情况可能持续了几个月之久。没有阳光，气温骤降，大量植物枯萎。没有植物，食草恐龙和很多其他动物就无法存活；它们死亡以后，食肉恐龙也最终灭亡。

恐龙会复活吗？

恐龙灭亡以后，地球环境也发生了改变。海平面下降与火山爆发等自然事件加大了环境的压力，导致大片植物枯萎和大量动物死亡。现代世界主要受污染和全球变暖等人为因素的影响，环境变化持续发生，环境压力不断加大，脆弱的生态系统很难为恐龙的回归提供条件（想象一下一只大型恐龙在纽约城漫步）。然而，一些科学家认为，恐龙并没有全部灭亡。现代鸟类与有些恐龙有着惊人的相似性，故此，有些人认为鸟类就是恐龙的后代。虽然并不是所有恐龙都与现代鸟类相似，但是有些确实有着现代鸟类的特征，比如骨质尾巴、手指上的爪子、喙和羽毛。

神奇的动物

地球上有多少种动物？

专家估计，地球上已确定的动物超过 1 亿种，而科学家们尚未确定或发现的可能还不止这么多，特别是昆虫类。几百年以前，科学家们根据体形、繁殖方式和能做到的行为（飞翔、游泳、直立行走以及其他行为）等特征为动物王国分类。动物王国以及其他各种王国经过划分与细分，形成许许多多各种各样的类别。

什么是哺乳动物?

哺乳动物是动物的一个种类。它们的某些特征使得它们与鱼类、爬行动物和两栖动物等其他种类的动物区别开来。哺乳动物有两个共同的特征:第一,用乳腺分泌出的乳汁哺育后代;第二,长有毛发。它们大多数都是温血动物,这就意味着它们能设法保持恒定的体温。当周围温度较低时,它们自身产生热量,当温度较高时,它们的体温自动下降。爬行动物待在烈日下以调节体温,与它们不同,哺乳动物一睁开眼睛就会动起来!一般而言,哺乳动物哺育、训练后代所花的时间远远多于其他动物。猿、蝙蝠、狮子、老鼠、驼鹿、土豚、海狸、大象、大猩猩、熊猫、仓鼠、狗、猫、马、鲸、海豚等都是哺乳动物。

哺乳动物又分为三类:胎盘哺乳动物、单孔目动物和有袋类哺乳动物。胎盘哺乳动物的后代一出生就有着生命,进化程度相对较高。幼崽在出生之前,通过胎盘吸收营养。和人类的胎盘一样,哺乳动物的胎盘也是一个专门的胚胎器官,与母体的子宫相连,把氧气与营养物传送给生长中的胎儿。猫、狗和马等大部分哺乳动物都是胎盘哺乳动物。单孔目动物是卵生哺乳动物,针鼹和鸭嘴兽都属于这一类。有袋哺乳动物在胎儿尚未发育成熟之前就会分娩,大部分雌性有袋动物都有一个育儿袋,用来携带和哺育幼崽。考拉、袋鼠和食蚁兽都是有袋哺乳动物。牛、马和熊猫等哺乳动物是素食者——称作食草动物。老虎、狮子和鲸等是肉食者——称作食肉动物。还有一些哺乳动物,例如熊,两者都吃。

● 和其他蝙蝠一样,果蝠是一种大型的飞行哺乳动物,而不是一种鸟

哪种哺乳动物会飞?

蝙蝠是唯一会飞的哺乳动物。几乎所有的蝙蝠都在夜间活动,它们白天憩息,在黎明、黄昏或者夜间异常活跃。白天,它们聚集成群,倒挂而睡,群的形

科隆群岛有什么特别之处？

科隆群岛由太平洋上的 19 座小岛组成，距南美大陆 620 多英里（1000 多千米）。它位于三大洋流的汇合处，是数千种海洋生物的家园。持续不断的地震与火山活动就是群岛形成过程的反映。正是因为这些地质活动和群岛与世隔绝的地理位置，所以这里珍禽怪兽云集，比如陆鬣蜥、巨海龟和各种各样的雀类。英国的自然主义者查尔斯·达尔文是第一批踏上科隆群岛（当时称"加拉帕戈斯群岛"）的地质学家，他于 1835 年到达这里。他的研究最终形成了以物竞天择为核心的进化论。

状类似树根，有所谓"根群"之称。大部分蝙蝠又被称为微型蝙蝠，以飞虫为食，飞蛾与苍蝇都是它们的美味，但是还有一些蝙蝠捕食老鼠等小型哺乳动物。一部分以昆虫为食的蝙蝠可以飞落地面，追逐落叶层或者泥土中的昆虫。其中，苍白洞蝠吃蝎子和大型蜘蛛。还有的蝙蝠吃鱼或饮用牛的血。狐蝠是最大的蝙蝠，它们主要以水果为食。

蝙蝠如何在黑暗中看到东西？

蝙蝠基本上在夜间活动，有的视力很好，有的视力很差。然而，它们主要是靠回声定位在黑暗中"看"东西的。回声定位指的是，利用声波的传播来确定食物等物体的位置并探明路途中的障碍物。蝙蝠发出声波，声波在传递的过程中碰到物体或平面就会折回，形成回声。蝙蝠接收到回声以后，便能判断出物体的大小、形状、方向和距离。超声波频率很高，超出了人耳的听力范围，通常是从蝙蝠嘴中发射出来的。有些蝙蝠用鼻子发出声音，把嘴巴空出来享用食物。

有没有有毒的哺乳动物？

有毒哺乳动物能分泌毒液，毒液是唾液中的一种有毒化学物质。它们利用毒液捕杀猎物或者抵御敌人的入侵。雄性鸭嘴兽、几种鼩鼱和沟齿鼠都是有毒哺乳动物。沟齿鼠是一种形似大型鼩鼱的穴居动物，常在夜间活动。有毒哺乳动物很罕见，有毒爬行动物比较常见，比如蛇和两栖动物。地球上没有有毒

63

液的鸟类，但是有些鸟儿身上有毒，不能吃或者触碰，比如色彩鲜艳的林鹏鸫和鸫。它们都生活在新几内亚的雨林中。

哪种哺乳动物的速度最快？

猎豹是世界上速度最快的哺乳动物，它的奔跑速度高达每小时 70 英里（110 千米）。猎豹仅在两秒之内便可完成从每小时 0 到 45 英里（72 千米）的加速，最快奔跑时速在 70 英里左右，这个速度可持续 300 米的路程。猎豹的身体各部位都是为速度而生的：大鼻孔、肺、肝脏、心脏和肾上腺能让它迅速对环境做出反应，追捕猎物。它身躯细长灵活，在猎捕羚羊或逃离饿狼之口时，能像鞭子般弯曲以全力加速。特殊的爪垫和不可收缩的爪子为疾跑提供牵引力。

猎豹（来自于印度语中对"有斑点的动物"的称呼）生活在西南亚和非洲广阔的热带稀树草原上，在那里它们可以自由地奔跑、闲逛以及追捕猎物。猎豹妈妈会花大量时间教小猎豹如何猎食。它们把瞪羚、黑斑羚等活蹦乱跳的小羚羊抓到小猎豹面前并放掉，让小猎豹去追捕它们。猎豹通常在白天猎食，尤其喜欢清晨和黄昏，但也活跃于月光之夜。猎豹利用咕噜声、嘶嘶声、呜呜声和咆哮声进行交流。

哪种哺乳动物的速度最慢？

树懒是地球上速度最慢的哺乳动物。它们大部分时间都倒挂在树枝上，在树枝上吃嫩枝树叶、睡觉（每天要睡 15 个小时）、交配和繁殖。树懒的四只脚上有着强劲有力的弧形爪子，它们用爪子牢牢抓住树枝。树懒在夜间活动，移动速度缓慢，有时移动是为了寻找昆虫。树懒的头短小扁平，眼睛大大的，耳朵小小的，鼻子和尾巴都很短，腿却很长。它们生活在中南美洲。

什么动物既是地球上最大的哺乳动物，同时也是最大的生物？

蓝鲸是地球上最大的哺乳动物，全球各大海洋都有分布。目前已发现的最大的蓝鲸长达 110 英尺（33.5 米），重达 209 吨（189,604 千克）。雄蓝鲸的平均长度约为 82 英尺（25 米），雌蓝鲸的平均长度约为 85 英尺（26 米）。刚出生的蓝鲸重量在 2.5—4 美吨（2268—3628 千克）之间，成年时能长到 100—120 美吨。小蓝鲸每天喝 50 到 150 加仑（190 到 568 升）的母乳，每小时体重大约增加 8 磅（3.6 千克），一天增加 200 磅（90.7 千克）。小蓝鲸八个月大左右就会断奶，这个时候它的长度已接近 50 英尺（15.2 米），重量在 25 美吨（22,679 千克）左右。

蓝鲸没有牙齿，但是它的上颌上长着许许多多鲸须板，须鲸板是一种边缘被磨损得扁平而灵活的板片，平行地排在蓝鲸口部的两边，像浓密的齿梳。蓝鲸以一种叫作磷虾的形似虾子的生物为食。科学家们认为，蓝鲸、海豚等大型海洋哺乳动物有着和人类极为相似的脑部。它们能交流，能执行命令，还能适应新环境。纵观整个历史，这些温柔的巨兽因为其鲸须和鲸脂（鲸的脂肪）被人类捕杀，如今已成为一种濒危物种。科学家们认为，世界上幸存的蓝鲸只有 4000 头左右。

什么是濒危物种？

任何面临灭绝危险的物种都被称为"濒危物种"。

哪种哺乳动物的睡眠时间最长？

西欧刺猬——它们喜欢生活在树篱之中——大部分时间都在睡梦中。它们用草和树叶在树根之间或者灌木底下搭起小窝。夏季时，一天差不多有 18 个小时都在这里度过。它们在晚上起来觅食，用鼻子嗅出蠕虫、昆虫、蜗牛和蛇来作为晚餐。冬季，西欧刺猬会冬眠（无时无刻不在睡觉）。当它们睡觉或者受到惊吓时，会蜷成一个紧密的小刺球以保护自己。树懒、犰狳和负鼠等生物都是西欧刺猬的近亲，它们的睡眠长度和西欧刺猬差不多，每天睡 17 个小时左右。榛睡鼠（差不多睡 17 个小时）、考拉（差不多睡 15 个小时）和包括宠物猫在内的所有猫科动物的睡眠时间也都很长。

哪种哺乳动物最恶臭无比？

如果去过动物园的话，你可能会认为大象这样的大型动物是最恶臭无比的。但是，缟臭鼬才是地球上最臭的哺乳动物。缟臭鼬有一身黑白相间的毛皮，会喷出一种麝香味的臭烘烘的液体，以保护自己免受食肉动物的入侵。大多数野生臭鼬只在受伤或者遭遇攻击时才会喷射出这种液体，作为一种防御机制。臭鼬的直肠两边分别有一个肛腺，它们的臭味是其中一个或两个肛腺同时分泌出的一种化学成分所散发出来的。臭鼬的肛腺可以精准地射中 15 英尺

🔴 斑马的身上长满条纹，当它们成群结队出现时，捕杀它们的狮子就会困惑不已

（4.5米）远的目标，但幸运的是，它们在喷射液体之前会发出一些警告：它们生气或受惊时，常常跺一下前足，像猫一样摩擦地面，并把尾巴竖起来。

为什么骆驼长着驼峰？

骆驼是地球上唯一长有驼峰的动物。驼峰形似山峰，里面储藏了大量脂肪，重量能高达80磅（35千克）。有了驼峰，骆驼在没有食物的情况下能存活两个星期。由于骆驼主要生活在非洲和中东地区的沙漠中，那里的食物长期匮乏，所以驼峰是它们生存的保证。骆驼刚出生时，驼峰只是一副空皮囊，等到它们长大，形成脂肪组织储备系统，驼峰便开始储藏脂肪并逐渐成形。

驼峰对于驯养骆驼的人们来说，也能派上大用场。数千年以来，人们利用这些体格强壮、恢复能力顽强的生物作为交通出行和托运货品的工具。双峰驼有两个驼峰，开始驯养于公元前2500年前的某个时候，很可能是在伊朗北部、阿富汗东北部和巴基斯坦北部。单峰驼只有一个驼峰，出现于公元前4000年到公元前2000年之间的阿拉伯半岛。

为什么斑马长有条纹？

研究人员认为，斑马身上的条纹能帮助它们伪装起来，免受食肉动物的

为什么北极熊在冰冷的北极水域中也不会被冻坏？

北极熊生活在北极地区，这里冬季最低气温可能降至零下 45 摄氏度。北极熊在浮冰上过冬，但它们的防冻能力极强，在极端低温下也不会被冻坏。北极熊有着一层超过 4 英寸（10 厘米）厚的脂肪层和浓密的毛皮，身上特殊的白毛能吸收太阳的热量，这些都起到了保暖作用。冰暴期间——狂风大作，飞雪飘舞，出行和觅食变得十分困难，北极熊缩成一团，并让自己完全被冰雪覆盖。虽然这一招听起来让人不禁打一个寒战，但是雪层下面要比地面上暖和得多，因为在地面上，动物就完全暴露在寒冷的空气中了。

攻击。在热带草原，这些波浪形的黑白条纹与高高的草岸线相融。虽然斑马身上的条纹呈黑白色，而草岸线有黄的、棕的或者绿的，但是斑马漫步草原时还是很难被发现。为什么呢？这是因为斑马的主要天敌——狮子——是色盲。实际上，如果一匹斑马站在高高的草丛中，狮子有可能完全无视它。斑马的条纹在它们成群结队时，效果更佳。当斑马聚在一起，每匹斑马的条纹就会与周围其他斑马的条纹相混合。这让狮子困惑不已，它们看到的不再是许许多多独立的斑马，而是移动着的大型条纹物质。狮子分辨不出斑马，自然难以定位、跟踪这些美味。

一方面斑马的条纹起到一种防御机制的作用，保护它们免受天敌的侵害，另一方面每匹斑马的条纹还能帮助它们区分彼此。这些条纹图案就像斑马的指纹：每匹斑马都有着不同的条纹图案，帮助它们将自己和群体中的其他斑马区别开来。这对研究人员和动物保护主义者来说，也意义非凡，因为有了这些独一无二的条纹图案，他们就能在野外追踪一匹独立的斑马。

哪一种非洲动物一天能吃下半吨植物？

野生非洲象是陆地上最大的动物，一天便能轻易吃掉超过 770 磅（349 千克）重的食物。虽然严格来说，这还没有达到半吨或者 1000 磅（453 千克），但也相当接近了！平均来说，一只雄性非洲象重 12,000 磅（5443 千克），高 11 英尺（3.3 米），一天中有 16 个小时都成群结队去觅食，象群成员的数量可能高达 1000 头。为了寻找食物，这些食草动物要穿越大片的树林和丛林，那里有着茂密的草、灌木、树叶、树根、树皮、树枝、水果和水生植物。野生非洲象常常食用竹子、浆果、椰子、李子和甘蔗。它用坚实的象牙（长长的弧形牙齿）劈开树木，掘出树根和灌木，然后再把象鼻子——实际是鼻子和上嘴唇的组合——当作"手"，捡起食物并丢进嘴里。

熊真的会睡一整个冬天吗？

不是的。冬季，自己有窝的棕熊和黑熊等常常回到洞穴中，但是它们睡得很轻，很多时候都很活跃，而雌熊就在冬季生下小熊。严格说来，这些有窝的熊并不冬眠。冬眠指的是：生物把资源和能量储存下来，以一种不活跃的状态度过整个冬天。因为熊在冬季时体温下降很少，代谢率下降也适中，所以它们不是真正意义上的冬眠动物。啮齿动物、蜂鸟和蝙蝠等有着高代谢率的小动物才会真正进入冬眠：它们的体温下降到与环境温度差不多的水平，自身对自然景象和声音几乎毫无反应。它们采集、食用大量的高热量食物（比如坚果），以储存热量，顺利度过冬眠期。

为什么北极熊是白色的？

北极熊生活在北极圈，即北极地区。这里大部分地区常年被冰雪覆盖，十分贫瘠。北极熊也许会食用它能找到的少量植物，但主要以海豹、小海象等水生动物为食，这片冰冻地区是它们共同的家园。北极熊捕食时，身上微微泛黄的白色毛皮帮助它与环境融为一体。毕竟，北极没有什么藏身之处！北极熊的毛皮极厚，有了这层毛皮，它就能忍受极地气温，还能在北极水域遨游，它的猎物常常是在水下发现的。北极熊还是游泳健将，它们独特的爪子——掌底长满毛——能让它们在冰雪之上快速奔跑而不至于滑倒。

大角羊在战斗时会弄断它们的角吗？

不会。野生大角羊生活在从加拿大南部一直绵延至美国科罗拉多州的落基山脉地区，以硕大笨重的犄角闻名 [可重达 31 磅（14 千克）]，雄性大角羊的犄角主要用于争战或领土争夺。在繁殖季节，它们又为雌性大角羊而战。虽然雄性大角羊在战斗时常常以头相撞，而且持续数小时，但是它们的头盖骨是双层的，目的就是为了承受这些猛烈的撞击。它们的头盖骨与脊柱之间有一个宽大的肌腱，肌腱帮助头部旋转和躲避撞击。

为什么海象叫"獠牙步行者"？

海象生活在冰冷的海水中，它的两颗獠牙长且锋利，能帮助它们与北极熊作战、抵御其他海象的入侵，以及在海底寻找最爱的食物蛤蜊。这些"獠牙步行者"把牙齿插进泥沙中，让自己暂时固定在海底，这样便能在这里寻觅食物。然后，它们拔出牙齿，移动到别的地方，再次重复这一过程。

🔵 海象有着巨大的獠牙，这些长长的牙齿对于抵御北极熊和其他海象入侵它们的领土十分有用

鲨鱼真的能闻到一英里之外的一滴血腥吗？

不能，但它们能从很远的地方嗅到血腥味。鲨鱼是一种食肉动物，以灵敏的嗅觉而闻名。它们有着两个鼻孔，在这两个鼻孔的帮助下，有些品种的鲨鱼能嗅到差不多 300 英尺（91 米）远处的气味，这相当于一个足球场的长度。举个例子，大白鲨大脑中 14% 的物质用于控制嗅觉。鲨鱼沿着洋流呈 Z 形行进，用它们高度敏感的鼻孔寻找气味和食物的来源。有些鲨鱼能嗅出超过一百万分子水中的一分子血——这相当于一滴血溶入 25 加仑（94 升）水中。鲨鱼还能用它的"侧线"探测到猎物经过时引起的振动，"侧线"长在它的身体一侧，由一排感觉器官组成。

大食蚁兽的舌头有多长？

食蚁兽是一种动作迟缓的哺乳动物，有着长长的鼻子和爪子，但没有牙齿。想象一下，一头大食蚁兽的舌头能长到 2 英尺（0.6 米）长。在南美洲的热带干燥林、雨林和热带稀树草原上，食蚁兽用它长长的舌头探寻蚁冢。它把那有黏性的长舌头伸进蚁冢，转动一圈，就舀起一大群蚂蚁。它能一口接一口不停地吃——每天能吃 30,000 只！它也吃白蚁和其他昆虫。

昆虫王国

地球上有多少种不同的昆虫？

昆虫是一种小生物，有三对足、一个由三个主要部分（头、胸和腹部）组成的身躯和一个坚硬的外壳，即外骨骼。昆虫是节肢动物，这意味着它们没有脊柱。大部分昆虫长着一对或两对翅膀和一对触角。世界上已知的昆虫有900,000种，昆虫学家（研究虫子的科学家）认为，尚未发现的还有几百万种（可能高达1000万种）。昆虫随处可见——乡下1平方英里（2.59平方千米）土地上昆虫的数量比全球人口的数量还要多。

昆虫可分为32目或32群。其中，甲虫（鞘翅目）数量最多，共有125个不同的家族和近500,000个不同的种类。实际上，地球上每四个动物里面就有一个属于某种甲虫。

昆虫是怎样长大的？

昆虫的成长要历经一个变形的过程，这意味着它们的身体会发生变化。甲虫、飞蛾、蝴蝶、黄蜂、蚂蚁、蜜蜂和苍蝇等昆虫要经历全变态。它们的生命周期都是从一颗卵开始。卵孵化成幼虫——比如毛虫、幼虫和蛆，幼虫觅食、蜕皮（蜕掉它的皮肤），然后变大。幼虫经过不活跃的蛹阶段——比如说包裹在一层茧中——以后，变成成虫，比如说蝴蝶或甲虫，成虫与幼虫看起来很不一样。还有一些昆虫不会经过全变态，而是在变成成虫的过程中经历缓慢的变化。这类昆虫包括蚜虫、蝉、叶蝉、蜻、草蛉、蟋蟀、螳螂、蟑螂、蠼螋

为什么地球上有这么多昆虫？

昆虫学家认为，地球上昆虫数量巨大是由于以下几个原因：外骨骼为它们提供保护，体积很小，以及大部分都会飞。这些特性帮助它们躲避敌人，飞到新环境中。因为它们体积很小，所以只需要少量的食物，而且在小小的缝隙中也能生存。昆虫在地球上已经生活了很长时间。其中，蟑螂最早出现于3亿年前，是地球上最古老的昆虫种类。

和蜻蜓。它们在变成成虫之前叫作蛹。蛹开始生长，大小慢慢发生变化，外皮一路脱落。蛹经过最后一次变形以后，就完全长成了成虫。

为什么蝴蝶和其他昆虫在花丛中飞来飞去？

蝴蝶和其他昆虫从一棵植物飞到另一棵植物上，以吸食花蕊中甜甜的花蜜——有时吸食花粉。花蜜中的糖分为昆虫提供能量，花粉中含有蛋白质、脂肪、

● 人类的眼睛只有一只小眼，而苍蝇和其他多种昆虫都长着复眼，复眼由成千上万个小眼组成

维生素和矿物质。在吸食的过程中，许许多多昆虫把花粉——花粉粘在它们的身体上——从一种植物的花上传播到另一种植物的花上。花粉是花儿的雄性生殖器官（花蕊是花的生殖器官）产生的细粉粒，只有传播到花儿的雌性生殖器官上，繁殖才能发生，种子才能形成。

为什么昆虫的眼睛里有成千上万个镜头？

蜜蜂、蜻蜓等大部分成年昆虫都有两只大大的复眼，每只复眼由几千个相互独立的小眼组成。它们对准不同的方向，从而为昆虫提供一个宽阔的视野。这些小眼还帮助昆虫看到物体的移动，能迅速捕捉猎物或者躲避危险。当你在家拍苍蝇时，你就能亲眼看到这一幕——我们几乎不可能抓住一只飞行中的昆虫！

蝴蝶和飞蛾翅膀上的斑点有什么作用？

蝴蝶和飞蛾翅膀上的大圆斑就像圆圆的大眼睛，是一种保护机制。当鸟儿或其他动物企图捕食一只飞蛾时，飞蛾便张开翅膀飞走。张开翅膀的动作打开了它的"眼睛"，从而让敌人产生困惑，以为它们攻击的是一种长着眼睛的大生物。

敌人产生犹豫，昆虫便能成功逃脱。

● 地球上有超过 3000 种热带竹节虫，它们当中有的是地球上的最大昆虫

有些昆虫利用奴隶来生存吗？

是的。蚂蚁是一种社会性昆虫，住在蚁穴或者地下洞室中，蚁穴或许能容纳 500,000 只蚂蚁。蚁室之间相互连通，并通过小小的通道通向地面。在蚁穴中，有用来储存食物的蚁室，有用来交配的蚁室，还有育幼室。蚁后产卵，为蚁群繁殖后代。蚁穴的修建防护工作由成千上万的工蚁完成，它们用上颚（靠近昆虫嘴巴的一对附属物）运来细小尘土，堆在蚁穴的出口处，形成一座蚁山。虽然大部分蚁群都自给自足，但是在美国西部有一种具有攻击性的红蚁，叫作悍蚁（Amazon ants），它们偷走其他蚂蚁的幼虫，作为自己的奴隶。悍蚁除了战斗，什么也不会，这些成为奴隶的蚂蚁为它们筑穴、觅食。悍蚁要完全依靠它们的奴隶才能生存下去。

地球上最大的昆虫是什么？

这取决于所谓的"大"指的是什么。生活在马来西亚西部的蚁是地球上长度最大的昆虫。它们能长到 22 英寸（56 厘米）长！蚁是竹节虫的近亲。

竹节虫因为长得的确很像有腿的棍子，所以有了这个名字。最大的竹节虫能长到 13 英寸（33 厘米）长。地球上大约有 3000 种热带竹节虫，其中有 10 种生活在北美洲。

提到最重的昆虫，就非巨沙螽（学名叫作巨型沙螽）莫属了，这是一种濒危昆虫，体重能达到 2.5 盎司（71 克）。由于尺寸原因，巨沙螽可能看起来比较残忍可怕，但它们其实毫无恶意。因为亚克提恩大兜虫看起来十分臃肿，所以也常被看作最大的昆虫，它们能长到 3.5 英寸（9 厘米）长，2 英寸（5 厘米）宽，1.5 英寸（4 厘米）高。

哪一种昆虫有时被称作"邪恶的掠夺者"？

螳螂是一种大型的食肉昆虫，生活在地球上的温暖地区。这些食肉昆虫——有时被称为"邪恶的掠夺者"——是少数能把头转过来从肩膀往后看，因此捕食十分高效的昆虫之一。螳螂在觅食的时候，会伪装成一种谦卑的姿态，仿佛屈下前肢在祈祷。它们的前肢迅速从身体伸出，抓捕猎物。螳螂几乎总是在猎物还活着的时候就开始享用，常常先吃掉它们的脖子，让它们尽快停止挣扎。各种各样的昆虫——其他螳螂、甲虫、蝴蝶、蟋蟀、蚱蜢——和蜘蛛都是螳螂的美味。它们也吃一些小树蛙、蜥蜴、老鼠、蜂鸟和其他筑巢的鸟儿。因为螳螂能减少破坏农场的害虫的数量，所以它们对农业工作者来说十分有用。

昆虫和蜘蛛有什么区别？

很多人把蜘蛛也看作一种昆虫，但实际上，它们属于一个单独的类别。蜘蛛是蛛形类动物的一个组成部分，其他的还包括螨虫、扁虱和蝎子。蛛形类动物和节肢动物是近亲，它们有着许多共同特征，但区别就在于蜘蛛没有触角。此外，蜘蛛有八条腿（昆虫有六条），身体分为两个部分（昆虫的身体分为三个部分）。

蜘蛛织网需要多长时间？

蜘蛛织网的速度各不相同，织出的网也各有特色。平均来说，一只蜘蛛要花差不多一个小时的时间才能打造出一张精美的丝网来，又称圆蛛网。圆蛛网由一系列同心的轮状轮廓组成，丝线从圆心向外延伸。许多品种的蜘蛛织的都是圆蛛网，圆蛛网在有露水的早晨最常见。

圆蛛网和其他蛛网的作用一样，供蜘蛛猎食昆虫。它能用最少的丝线覆盖最大的范围，所以是所有蛛网中效率最高的。与等量的钢铁和凯夫拉（一种芳纶纤维材料产品）相比，蛛丝的强度分别是它们的四倍和两倍。蛛丝的弹性非常好，能比原来拉长30%而不会断掉。此外，蜘蛛每天都要织出一张新的圆蛛网，以保持其黏性和猎捕昆虫的有效性。它一整天都在不停地修补蛛网上断掉的丝线。

蜘蛛如何处理它们的猎物？

所有的蜘蛛都是食肉动物。它们不吃植物，仅以昆虫、其他蜘蛛和无脊椎动物（没有脊椎的动物）等活生物为食。当蜘蛛在蛛网中捕捉到一只小虫以后，它不会立刻把虫子嚼掉。相反，它咬伤小虫，注入毒液，毒液能将小虫麻痹或者杀死小虫。然后，毒液把小虫身体内部变成液体。当毒液发挥作用时，蜘蛛吐出丝来把小虫包裹住。这个时候，蜘蛛可以饮用液体，也可以把被蛛丝缠住的小虫粘在网上，稍后再享用。

医生会把虫子用于医学治疗吗？

这听起来可能有点奇怪，但蛭和绿头苍蝇的蛆偶尔会用在医疗领域。人们用蛆吃掉已经死亡的组织，从而帮助消灭细菌、清洁伤口并促进伤口愈合。蛭能吸取人体多余的血液，它们的唾液中含有强大的血液稀释剂。

鱼和海洋生物

鱼在水下如何呼吸？

生物的存活离不开氧气，鱼也不例外。人类利用肺吸进氧气，鱼则依靠鳃呼吸。鱼鳃中布满了血管，血管从水中吸收氧气微粒。鱼用嘴巴吸入水，再通过鱼鳃喷射出来；在这一过程中，鱼鳃从水中吸收氧气，再传入血管。鱼的鳃不能在空气中吸取氧气，所以它们在干燥的陆地上无法呼吸。

有些鱼没有水也能生存吗？

是的，能存活一段时间。红树鳉每年都会离开水面，在腐烂的树枝和树干里生活几个月。这些长2英寸（5厘米）的鱼儿通常生活在位于美国佛罗里达州、拉丁美洲和加勒比海地区长满红树林的沼泽中，这里的泥地和被水淹没的螃蟹洞穴都是它们的家。当沼泽里的水干涸以后，红树鳉会暂时改变鳃的功能，来储存水和营养物，同时用皮肤排出氮。回到水中以后，立刻再变回去。红树鳉并不是唯一能离开水并短暂生存的鱼类。东南亚步行鲇的鳃能在水中呼吸，也能在空气中呼吸。东南亚的大型跳跳鱼在水中用鳃呼吸，在岸上则通过皮肤以及口腔末端和咽喉吸收氧气来呼吸。

鱼会飞吗？

生活在大西洋和太平洋暖水域中的飞鱼能张开并拍打它们的大型翼状鳍，在空中短距离飞行。在尾鳍的快速拍打和振动下，飞鱼能在空中滑翔30秒以上，最高时速至少高达每小时40英里（64千米）。飞鱼把振动着的尾巴插入水中，从而增加动力，延长"飞行"距离。当它们试图躲避青花鱼、海豚等天敌的猎捕或者避免与船发生碰撞时，我们能看到它们乘浪滑翔。

哪种海底生物能发电？

有些鱼能够发电来杀死猎物或者保护自己。电鳗是一种生活在南美洲的鱼，有着长长的虫状身体，最大能长到9英尺（2.75米）长，近50磅（22.7千克）重。电鳗沿着缓慢的水流漂浮，寻找食物。它需要呼吸空气，所以每隔几分钟就要浮出水面。它身上有由电板组成的器官，差不多和尾巴一样长，而

● 通常情况下，这种奇特的飞鱼利用它的长鳍，一次能冲出水面几百英尺

尾巴占了整个身体的大部分。电鳗没有牙齿，但它能发电击晕猎物，这很可能是为了避免享用美味时，嘴巴被不断挣扎的带刺的鱼扎伤。电鳗通过几次短暂的电击来攻击鱼儿，让它暂时麻痹，这样便可大快朵颐。电压从 300 到 600 伏特不等，足以把一个人击得晕头转向。

电鳐有两个特殊的肾脏形器官，能像电池一样产生并储存电流。一只大型大西洋电鳐能放射出 220 伏特左右的电压，这能帮助它在享用食物之前击晕它。除了击晕猎物以及驱除可能的天敌以外，电鳐还可能利用它们的放电器官进行交流。和电鳐一样，非洲电鲇能放射出高达 400 伏特的电压，用以自卫或觅食。生活在西非混浊水域中的象鼻鱼把它们放射出的电信号当作一种雷达，帮助它们安全"航行"和寻找食物。

哪种鱼能像气球一样膨胀？

刺鲀和河豚在大部分时间里与正常的鱼类并无两样。但是当受到其他鱼类的威胁或感觉到危险时，它们就会吞水，让自己的身体膨胀成一个球形——比正常体格要大上五倍。敌人见此情形便被吓跑，而且体积变大以后，敌人也很难吃得下。当它们察觉到危险消失以后，就会慢慢缩小。

哪种鱼在气泡中繁殖？

暹罗斗鱼生活在东南亚的泰国和柬埔寨的混浊水域中，它们的育卵方式十分特殊。雄鱼在树叶之间筑起一个由气泡组成的巢。为了产生气泡，雄鱼游到水面上，用嘴吸进氧气，再给它涂上一层唾沫，然后吐出气泡，气泡便在水面上粘在一起。雌鱼孵出卵以后，雄鱼用嘴接住它们，再把它们喷射到气泡巢中。雄鱼还要承担护巢工作，保护鱼卵不被其他鱼类吃掉。

大马哈鱼总会回到它的出生地吗？

是的，大马哈鱼最有名的就是它的生命周期。它出生于远离大海的小溪流中，在那里的淡水水域中度过生命的第一阶段。春季，大马哈鱼从小溪游到河流，有时要游过几百英里才能到达宽阔的海洋，它们在海洋中度过大部分的成年生活。到了该产卵的时候，大马哈鱼就洄游到出生地，在这里产卵并度过余生。大马哈鱼的身体富含油脂，这些油脂主要是在海洋中获得的。油脂为它们提供了洄游所需的能量。

哪种动物生活在空壳中？

和其他螃蟹不同，寄居蟹的外骨骼（外壳）比较柔软。它们脆弱的躯体需要得到保护，以避免受到海底坚硬物体的伤害，还要有一个能够躲避捕食者侵害的地方。为了生存，寄居蟹爬进废弃的贝壳中。它的身体十分灵活，能够扭曲，并钻进弧形的贝壳里面，只把爪子露出来。它就背着这个壳在海底移动。当身体长得比贝壳还要大的时候，它就搬进一个更大的贝壳里面。

珊瑚是植物还是动物？

两者都是。珊瑚由两种生物体组成，一种是动物，另一种是生活在动物体内的植物。动物部分是一种简单的生物，叫作珊瑚虫，珊瑚虫是一种有点像花朵的微型海葵。珊瑚虫的细胞内部生活着单细胞藻类。珊瑚虫需要藻类为其提供能量，回收养分。和大部分动物一样，珊瑚虫也有骨骼，但是它的骨骼由外皮形成，生长在外部，这一点又与哺乳动物和鱼类不同。这种"外骨骼"由一种坚硬的白垩色石灰岩组成，构成一层保护层，并给了珊瑚独特的形状。珊瑚虫建造出一种叫作珊瑚礁的大规模复杂结构，这在世界上 100 多个国家的暖水域中都能找到。

哪一种雄性海洋生物用育儿袋养育婴儿？

雄海马的腹部前面有一个用来哺育雌海马受精卵的育儿袋，育儿袋的功能与雌性哺乳动物的子宫十分相似。雌海马把 100 多个卵子存放到雄海马的育儿袋中。雄海马把精液射到里面，为这些卵子受精。受精卵在育儿袋的内壁长大，被一层液体包裹着，液体能提供养分和氧气。两到六周以后（取决

● 海马是和马长得非常像的鱼！它们也独一无二，这是因为在小海马能够自由游动以前，雄海马一直用育儿袋哺育它们

于海马的种类），卵孵化成功，雄海马就生下只有0.04英寸（1厘米）长的小海马。它们是动物世界唯一能够生育后代的雄性动物。

鼠海豚和海豚有什么区别？

乍一看，我们很难把鼠海豚与海豚区分开来。两者都是富有魅力的海洋生物，都以肉为食，还都属于同一目：鲸目。然而，它们在外形方面有着细微的差别：鼠海豚往往比海豚要小，也没有显眼的喙。海豚的牙齿呈锥形，而鼠海豚的牙齿呈铲状。海豚通常长着钩状或弯曲的背鳍，而鼠海豚的背鳍呈三角形（有些甚至没有背鳍）。正宗的海豚有30多种，包括宽吻海豚、长吻原海豚和斑点海豚等熟悉的物种。

爬行动物和两栖动物

为什么蜥蜴需要躺在阳光下获得能量？

蜥蜴是一种冷血的爬行动物，无法自动调节体温。为了使体温上升或下降，蜥蜴和其他爬行动物——比如蛇、乌龟和鳄鱼——常常需要移动到不同的地方。它们也利用一些别的活动来保持体温。例如，当热带强烈的阳光开始照耀大地，蜥蜴很可能躲到阴处或者跳进池塘中。同样，它们也可通过晒太阳来取暖。天热的时候，褶伞蜥和环颈蜥利用后肢奔跑，形成一阵风给自己降温。

另一种爬行动物，即鳄鱼，会在大热天张开嘴巴让自己凉快下来。鳄鱼嘴里的血管离皮肤表面很近，能散发热量。静静地躺着是鳄鱼用来暖身和消化食物的另一种方式。因为爬行动物属于冷血动物，所以只需要少量的食物便可生存，而小型哺乳动物和鸟类都属于温血动物，需要消耗大量的食物来保暖。

蜥蜴和蛇怎样闻气味？

蜥蜴和蛇利用舌头舔舐空气来闻气味。它们用舌头采集以空气分子形式存在的气味以后，再放入嘴中。舌头上的两个小叉子嵌入一个特殊器官的两个开口中，这一特殊器官叫作利鼻器，利鼻器分辨出分子的气味以后，把信息传到大脑。因为这个独特的器官，蜥蜴和蛇便有了灵敏的嗅觉，能帮助它们捕食，并寻找合适的伴侣。

哪一种蛇会筑巢哺育后代？

一般来说，蛇不怎么养育后代。但是雄眼镜王蛇和雌眼镜王蛇——世界上最大的毒蛇——却常常一起为它们的孩子寻找一个安全的"家"。四月里，雌眼镜王蛇用它巨大的身躯搜集来大量枯萎的树叶，筑好巢。然后，它产下20—50个卵，卵育期在60—80天之间。雌眼镜王蛇一直躺在巢中，直到卵即将孵化，这个时候，它在本能的驱使下离开孩子们，这样它就不会吃掉它们。这之后，雄眼镜王蛇一直守护着巢穴，直到小眼镜王蛇出生。

为什么蛇长着鳞状皮肤？

蛇的身体被鳞片覆盖着，鳞片帮助它们在树干、岩石、沙漠中的沙地等高温表面移动。坚硬的腹部鳞片能让它紧贴粗糙的树干，当需要移动的时候再分开。鳞片还能防水，从而让蛇的身体不会沾到水。鳞片由多层细胞组成。外层细胞已经死亡，它们保护着下层活细胞。蛇一年中会蜕皮好几次，外层的死皮脱落以后，就长出新的皮来。蛇在蜕皮之前行动迟缓、颜色变暗、眼神迷蒙。到了要蜕皮的时候，它会在岩石等粗糙的表面磨蹭以撕裂它的皮肤。然后，它从死皮中滑出来。蜕皮能帮助蛇生长，同时也带走身上的寄生虫和老化的皮肤。

鳄鱼是活的恐龙吗？

鳄目动物——一种有鳞的食肉爬行动物，包括鳄鱼、短吻鳄、凯门鳄和

🔵 这是一头美国短吻鳄。短吻鳄和鳄鱼有着诸多不同，但是通过鼻子最容易将它俩区分开。短吻鳄的鼻子比较宽，而鳄鱼的鼻子比较窄，呈 V 形

大鳄鱼——是祖龙的后代，祖龙在 2 亿年前与恐龙一起生活在地球上。今天的现代鳄鱼属于半水生食肉动物，自三叠纪时期以来，并没有发生多大改变。除鸟类以外，它们是现存的与恐龙亲缘关系最近的生物。

短吻鳄与鳄鱼有什么区别？

与鳄鱼相比，短吻鳄体积稍大，也更加笨重。一头野生短吻鳄能长到 13 英尺（3.9 米）长，600 磅（272 千克）重。除了大小不同，嘴巴是最容易将它们区分开的部位。鳄鱼的嘴巴长而窄，呈 V 形，短吻鳄的嘴巴比较宽阔，呈 U 形。有了这个宽嘴巴，短吻鳄能更好地嚼碎乌龟等猎物，乌龟是它的主要食物。鳄鱼上下颌差不多宽，所以它的牙齿相互交错，即使嘴巴紧闭，也沿下巴线露出。相对而言，短吻鳄的上颌比较宽，所以当它闭上嘴巴时，下颌的牙齿刚好融入上颌的接口处，很难察觉到。佛罗里达州南部是世界上唯一的鳄鱼和短吻鳄共同生活的地方。

蜥蜴与蝾螈有什么区别？

蜥蜴与蝾螈可能看起来一模一样，但实际上它俩有着天壤之别。蜥蜴是

爬行动物，而蝾螈是两栖动物。它们都属于冷血动物，依靠环境调节体温。它们同时也都是有着脊柱的脊椎动物。两栖动物需要生活在潮湿的环境中，皮肤光滑湿润，没有鳞片，脚趾粗短。蝾螈常见于森林里的树叶下面或者小溪里的岩石底下。蜥蜴生活在干燥炎热的环境中，皮肤干燥有鳞，长长的脚趾可用于攀爬，它们没有水也能生存很长一段时间。蝾螈的卵没有壳，必须产在潮湿的环境中。因为小蝾螈孵化以后，很快就长出鳃来，依靠水才能生存，所以许许多多的蝾螈卵需要完全在水下产出。这些水栖蝾螈会经历一个变形过程——从蝌蚪变成成年蝾螈，就像青蛙一样。蜥蜴的卵有壳，它们通常栖息在沙子里。刚孵化的小蜥蜴完全就是父母的缩小版，不会经历变化或变形。

青蛙如何发出洪亮的蛙鸣？

因为青蛙有着简单的声带，即在嘴巴底部有两个裂缝，所以它们能产生洪亮的呱呱声。这两个裂缝与所谓的声囊相连。当空气从肺部穿过声带，就发出声音来。声音的大小随着声囊的膨胀收缩而变化。青蛙的种类不同，它们发出的声音也不同——有多少种青蛙，就多少种蛙鸣！青蛙呱呱叫的目的和许多动物发声的目的一样：为了求偶和保护自己的领土免受其他雄性青蛙的入侵。

鸟类

鸟儿如何飞翔？

鸟儿和其他动物的最大区别就在于：羽毛。有了这些强大但轻盈的羽毛，再加上身体结构，鸟儿便能灵活、快速地飞翔。很多鸟儿的骨头都是中空的，因此它们的身体很轻，它们扇动翅膀的肌肉也极其发达。大致说来，鸟儿的飞行是靠拍打翅膀以及利用尾巴控制方向来实现的。它们的翅膀十分复杂精密，可以用多种方式来调节，以控制飞行的速度、角度、高度和方向。翅膀上较宽的底部（靠近身体的地方）提供支撑力，翅尖则推动鸟儿前进。鸟儿的身体构造尤其是翅膀的形状与结构，决定着它飞行的方式。有的鸟儿飞得很高，有的却一直在地面上方盘旋。有的鸟儿飞得很快，翅膀小幅度、飞快地拍打着，有的翅膀拍打得很慢，但很有力。

大大小小的生物

81

所有的鸟儿都会飞吗?

大部分鸟儿都会飞。它们在换毛或是老化的羽毛自然脱落时,才会暂时丧失飞行能力。然而,还有几种鸟儿不会飞行,包括非洲鸵鸟、美洲鸵,以及澳洲的鸸鹋、鹤鸵和食火鸡。南极圈的企鹅也没有飞行能力。它们的羽毛和保温层主要用于繁殖,但它们通过一种与众不同的方式来移动:利用鳍状翅膀,让光滑的身体在海洋上"飞行"。这些不会飞的鸟儿都长着翅膀,虽然它们可能是飞鸟的后代,但在几百年的进化过程中丧失了飞行能力。这可能是因为翅膀逐渐被弃用,也可能是因为它们生活在海岛上,与世隔绝,没有了天敌,

🔵 鸵鸟是地球上最大的鸟儿。虽然它们能用两条强壮的腿飞快地奔跑,但不能飞翔

因此不再需要飞行和躲避危险。还有一种可能是,食物变得充足以后,它们不再需要飞到很远的地方去觅食。

为什么鸟儿要飞到南方去过冬?

鸟儿迁徙——或定期从一个地方飞到另一个地方——有多种原因,包括温度、食物和水。许多种类的鸟儿在世界上一些特定的地方交配、筑巢。其中,大部分地方只有在一年中温暖的月份才会比较舒适,所以,当寒冷的天气降临以后,鸟儿就会迁徙到温暖的地区。它们有时要飞行几千英里。例如,在北半球的春季和夏季,美洲欧金鸻在加拿大北部和阿拉斯加繁殖后代,当秋季来临之际,它们就会往东南迁徙,飞到南美洲"过冬"——这个时候南半球是夏季——在这里,它们能找到充足的食物。当北半球的春季再次来临时,航向相反,欧金鸻飞回北方的栖息地,继续繁殖。

鸟儿为什么常常撞到窗户上？

　　鸟儿看东西的方式与哺乳动物不同，而窗户上的倒影可能看起来就像另一只鸟。大部分活跃在白天的鸟儿，头的两侧各有一只眼睛，这给了它们宽阔的视野，但缺乏深度知觉。春天，许许多多的鸟儿都表现出领地意识，当它们建立领地时，就变得积极好斗，驱赶入侵者。不幸的是，它们分辨不出自己在窗户（或者汽车玻璃）里的倒影，而且试图把倒影也驱逐出去。人们有时会装上遮雨篷和纱窗，以避免窗户上出现倒影，防止鸟儿撞到他们的家或办公室大楼。虽然鸟儿可能随时撞到玻璃上，但到了繁殖季节，这些行为的发生概率一般会降低。

为什么鸟儿的喙很重要？

　　喙对鸟儿的生存十分重要，它的大小、形状和颜色差别很大。喙是鸟儿用来采集和切割食物的"工具"。它们还用喙来清理身体、挠痒痒、采集筑巢的材料和保卫领土。雀和蜡嘴鸟等许许多多的鸟儿都有着强壮的锥形喙，用来把种子啄开。而以昆虫为食的鸟儿，它们的喙大多细长尖锐。啄木鸟的喙非常强韧，它的顶端有一个凿子，可在树上啄洞觅食或者筑巢。蜂鸟有着长长的管状喙，和饮料吸管很像，用于吸食花蜜。虽然这些鸟儿种类不同，但它们有一个共同的特性：没有喙，就无法生存。

鸟儿如何更换羽毛？

　　鸟儿通过换羽来更新羽毛，即定期脱掉旧的羽毛，长出新的羽毛来。虽然不同的鸟儿换羽的时间不同，但基本上一年都要换上 1 到 3 次。例如，雄性金翅雀暗淡的青黄色羽毛在春季会变成亮黄色。定期蜕换羽毛在动物王国里意义非凡。羽毛到一定时期就无法再生长，经过一年的正常磨损，可能会变薄、折断和褪色。换羽即用新的羽毛代替已经磨损的羽毛，提高了雄鸟对雌鸟的吸引力，这也是换羽常常发生在交配季节的原因。

鸟儿吃什么？

　　有些鸟儿主要以昆虫为食，而企鹅等则以海洋生物为食。海鸥等生活在海滩上的鸟儿以水生贝壳类动物为食，但它们同时还是食腐动物，常常食用人类丢弃的食物。有些鸟儿，比如鸭和鹅，它们漂浮在水面上，然后钻进或潜入水中吃海里、湖里和河里的植物。食肉鸟等则从空中猛冲下来，捕食老鼠、兔子等小型哺乳动物。有些鸟儿还会捕食同类，像鹰、老鹰等大型捕食鸟就是这样。乌鸦、樫鸟、喜鹊等以其他鸟类的蛋和雏鸟为食。每种鸟儿都在各自生活的范围里觅食，但也因此形成了有助于它们猎取食物的外形特征。有些鸟儿还养成了食用植物的习惯，这些植物包括藻类、地衣、草、药草、花蜜、树叶和树皮、蕨类、橡子、坚果、玉米、大米以及各种植物的种子。

哪种鸟儿被称为"食肉鸟"？

食肉鸟也称猛禽，是一种食肉鸟类，用脚而非喙捕食猎物。它们的视觉极其敏锐，喙锋利呈钩状，脚强壮有力并有锐利的钩爪。猎鹰、老鹰、鹰、鹞子、鹗、秃鹰等都在食肉鸟之列。大部分食肉鸟捕食活的猎物，包括爬行动物、昆虫、鱼、鸟、哺乳动物、软体动物和腐肉（腐烂的动物尸体）。一般而言，食肉鸟常常捕食重量是其自身重量12%—50%的猎物；然而，比较大的食肉鸟则会猎捕和自己一样重或者更重的动物。例如，秃鹰就曾抓捕一头重15到20磅（6.8—9千克）的幼年北美黑尾鹿。

鹰能看到两英里外的老鼠吗？

能！"鹰眼"这一说法来自于金雕，金雕的视力惊人，能看到两英里（3.2千米）外的一只兔子或者老鼠。对比一下，这只兔子如果放到四分之一英里

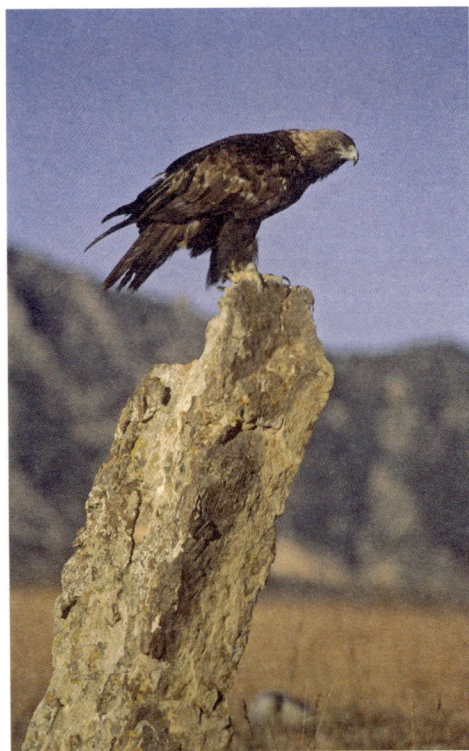
🦅 金雕是一种食肉鸟，也称猛禽，英语的猛禽一词就是"用爪子捕食"的意思

（0.4 千米）远的地方，人眼就看不到了。鹰作为猛禽的一种，它的眼睛天生就在日光下有着清晰的视觉，无论是清晨还是日暮。它的瞳孔不大，所以夜晚的视力并不好。鹰眼上方的骨嵴能保护它们不受日光伤害，同时帮助它们迅速捕食。

孔雀为什么会开屏？

这里的孔雀指的是一种雄性印度孔雀。平均来说，一只成年孔雀的尾部有 200 根羽毛，这些羽毛每年都会脱落，再长出新的羽毛来。当孔雀张开尾巴上长长的羽毛时，就会呈现出一个由光彩亮丽的蓝绿色羽毛组成的大扇子，羽毛上有着大大的"眼状斑点"。它们色彩斑斓，图案精美多样。这一情景吸引了雌孔雀，还可能促使它和雄孔雀一起繁殖后代。因为雄孔雀把"展示"羽毛作为交配仪式的一部分，所以这些装饰性的羽毛也称展示性羽毛。

蜂鸟的飞行速度有多快？

蜂鸟是一种非常小的鸟儿，约 4 英寸（10 厘米）长，有着长长的喙和舌头，能吸食管状花的花蜜。因为身躯轻盈——只有十分之一盎司（约2.83克）重，它们还是灵活的高空杂技演员。它们能朝着不同的方向飞翔，甚至可以倒着飞，时速高达每小时 60 英里（96.5 千米）。为了保持能量水平，一只蜂鸟每隔 15—20 分钟就要进食一次，每天可能要在 1000 朵花上采蜜。

植物

植物基础知识

植物和动物有何不同？

　　植物和动物几乎构成了地球上生物的全部。它们有很多相似之处。两者都由细胞组成，细胞是构成生命的基础，能产生控制生长与生命活动的化学物质。这些细胞在植物或动物体内常常形成特定的功能，不同的细胞分工不同。此外，它们的生命进程都需要空气、水和矿物质来维持。它们也都经历从出生到成长到繁殖再到死亡的生命周期。

　　但是，植物和动物有一个非常明显的差别：大部分植物无法移动，因而也不能去觅食。相反，它们会经历一个叫作光合作用的特殊过程。为了完成这一卓越的过程，植物利用来自阳光的能量、空气中一种叫作二氧化碳的气体、水和土壤中的矿物质，为自己制造食物。这是动物无法做到的，它们必须寻找食物，以植物或其他动物为食，从而获得生存所需的能量。

植物和动物之间是何种关系？

　　光合作用所产生的代谢产物是氧气，氧气是动物呼吸所需的气体。所以，没有植物，动物也无法生存。没有植物吸收周围的二氧化碳，过量的二氧化碳就会停留在空气中，吸收太阳的热量，导致地球平均温度出现不必要的上升。

苗圃里的肥料都有什么成分？

我们从花店和苗圃里买来的肥料，是氮、磷和钾的简单混合物，它们都是植物茁壮成长所需的矿物质。通常情况下，植物能在它所生长的土壤中吸收这些矿物质，通过根在水中汲取它们。但是，园丁、农民和其他植物种植者在这些自然矿物质中加入了一些养分，所以，植物能茂盛生长。

因此，植物至关重要，这不仅在于它为人类提供了大量的食物（还为许许多多供人类食用的动物提供营养），还在于它消耗二氧化碳，释放出氧气，从而优化空气质量。此外，植物还为人类提供了建造房屋所需的木材、制造服装所需的纤维和促进健康所需的药物。

植物如何获取养分？

绿色植物通过光合作用这一化学过程获取养分，光合作用利用阳光、二氧化碳和水制造单糖。单糖随后转换成淀粉、蛋白质或脂肪，为植物提供其完成生命进程与生长所需的一切能量。

一般而言，阳光（和二氧化碳）通过叶子表面进入植物体内。它们到达叶子内部特殊的食物加工细胞（细胞层）中。这些细胞都含有一种叫作叶绿素的绿色物质。叶绿素使植物呈现出绿色，并吸收光能，促进食物形成。叶子中层还有一种特殊细胞，它们构成植物的"运输"系统。一种叫作木质组织的管状细胞束把水和矿物质从植物根部一直传输到最外层的叶子上。另一方面，韧皮细胞把植物的食物供给——在水中溶解的糖——从叶子中的生产基地传送给其他各个细胞。

植物如何生长？

植物体内的特殊细胞会产生激素，激素是通知不同植物细胞执行某些活动的化学信使。植物激素承担多种功能，比如果实的发育、花瓣和叶子的枯萎，以及最重要的植物生长。例如，茎尖细胞、新生叶子和树皮能产生不同的生长激素，它们刺激植物细胞进行分裂或增大，从而实现繁殖。植物的生长模

式很好地说明了它们是如何与动物区别开的。虽然动物最终会发育成形（之后还能存活很长时间），但植物在整个生命周期中会持续生长。换言之，成熟的植物不会停止生长，反而会继续生长。

地球上有多少种不同的植物？

科学家们已经发现并描述过的植物超过 275,000 种，但是他们认为，尚未发现的还远不止这些。不同的植物，它们的大小和外表差别很大。有些植物非常小，只有在显微镜下面才能看见，比如单细胞海藻。还有一些植物庞大无比，一眼看不到顶，比如巨杉树。不同的植物差别很大，这是因为数百万年来，它们形成了不同的特征，以适应地球上不同的生活环境。

谁是"植物学之父"？

植物学是研究植物的科学。古希腊的泰奥弗拉斯托斯（Theophrastus，公元前 371 年—公元前 286 年）被誉为"植物学之父"或者说是植物学的创始人，著有《植物志》和《植物之生》。这两本书所包含的植物学知识非常丰富，直到 1800 年之后，植物学才有新发现。泰奥弗拉斯托斯是把农业实践（种植植物以获取食物）归入植物学的第一人。他还提出了植物生长理论，描写了植物结构是如何形成的。他发现并描述过的植物多达 550 种。泰奥弗拉斯托斯一生中的大部分时间都在希腊的雅典度过，在那里掌管着现存最古老的植物园。

所有的植物都有叶子吗？

大部分植物都有叶子，即使有些看起来并不像叶子。例如，草叶就是一种真正的叶子。蘑菇和其他真菌没有叶子，海藻和地衣也没有。海藻是一种藻类，它也没有花和根。作为一种水下植物，海藻通常利用它的吸附器依附在石头、贝壳和岩石上，吸附器是植物的一部分，外表和根很像。海藻和其他植物不同，后者利用根部获取食物，前者从它生长的水中吸收养分。

睡莲的叶子有何不同？

睡莲是一种浮叶型水生植物，它的花朵呈白色或粉色，体积硕大，芳香四溢，叶子浑圆扁平，漂浮在水面上。睡莲的叶子有着长长的茎，顶部是亮绿色的，底部是红色或紫色的。叶子下面含有气室；进入叶子下面的空气让它

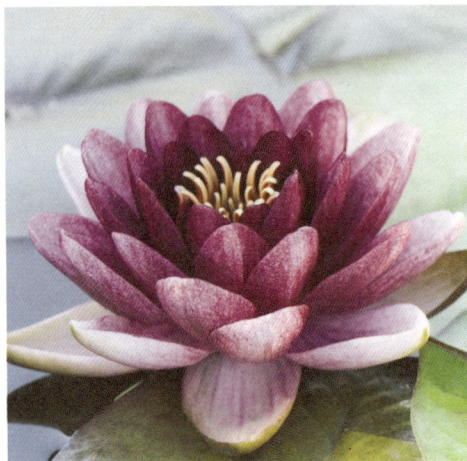
● 睡莲有着特殊的叶子，因而很容易漂浮在水面上

漂浮在水面上。叶子强壮的茎帮助它直立着生长在水面上——这有利于睡莲吸收阳光，保持生命力。

所有植物都有花吗？

不是。虽然世界上大部分植物都是显花植物——又称被子植物（在希腊语中是"脉管"和"种子"的意思），但还是有几百种植物不开花。种子植物不会开花——比如苏铁、银杏和松柏。例如，松柏是一种常见的裸子植物：它不开花，但长有能产生花粉或卵的球果。还有一些典型的例子，包括香柏、柏树、花旗松、松树、红杉和云杉。雄球果小而软，雌球果大而硬。风把雄球果的花粉吹到雌球果上。当卵被授粉，种子形成以后，球果的鳞片张开，喷射出种子。一旦种子生根，新的植物就生长出来。苔藓是另一种无花植物：虽然它们有时看似开着花儿，但其实形似花朵的这部分是长在小茎末端的装满孢子的小蒴果。

种子与生长

什么是种子？

一颗种子包含着创造新植物所需的一切物质。种子里含有培育幼芽的胚胎。它还含有足够的营养物，以满足植物第一阶段生长的需要——这些营养物要么包裹在胚胎外面，要么储存在一种叫作子叶的特殊内叶中。当条件成熟——例如，当它在水中浸泡了一段时间后，种子便会发芽。随着幼芽长出，茎和根也跟着生长。当植物能产生新的种子以继续繁殖时，它就达到了成熟状态。

种子如何长成植物？

一旦种子发育完全，它们便需要一个好的地方来生长。如果它们只落到亲本植株的下面，可能就要互相竞争，争夺阳光、水和矿物质。大部分植物需要在风、水或者昆虫及其他动物的帮助下，传播到条件更好的地方，从而生根发芽或者开始长成新的植物。针叶树、枫树等植物的种子，自己长有"翅膀"。蒲公英等植物的种子，有着由无数微小的毛毛组成的降落伞。因为这些特征，它们能被风带到很远的地方，有时落到能促进其生根发芽的地方。水把其他的种子带到适合生长的地方，例如，椰子坚硬且密不透水的外壳，能让它在海中漂流数英里，然后找到适合其生长的海滩。

有的时候，种子要等待很长时间，才能找到阳光、水分和温度都适合其生长的地方。大部分种子被坚硬的外荚保护着，这也是其能等待良久的天然条件。有些种子要等上几年，有些却能立刻生根发芽。但是，每一颗种荚里面都有一个植物幼体（或者胚胎）和胚乳，植物发芽以后，胚乳会为其提供初期生长所需的淀粉类食物。这之后，一颗细小的根开始扎进土壤，细嫩的绿叶从茎中抽出，面朝阳光。

动物会携带种子吗？

会，动物是重要的种子携带者。它们把种子从一个地方放到另一个地方，有时是放在嘴中（就像松鼠准备过冬时那样），有时是粘在毛皮或羽毛上。但是大多数时候，种子通过动物的消化系统得到传播。有些植物结出五颜六色、味道鲜美的果实，其实就是种子披着的肉质外衣，以便吸引饥肠辘辘的动物。当鸟儿、蝙蝠和熊等生物吃下浆果和其他果实时，它们常常把种子也囫囵吞下。种子在硬壳的保护下，经过动物的消化系统，却不会受到消化液的影响，几个小时以后就完好无损地出现在排泄物中。它们有时候落到离亲本植株很远，但更适合生长的地方。

哪种植物的种子在孩子们玩耍时得到传播？

这当然非蒲公英莫属！蒲公英其实是许许多多小花聚集在一起形成的一株植物。当它开出黄色的花朵以后，每朵小花都长出一粒种子来。种子通过毛茸茸的丝线与茎相连。孩子们摘下蒲公英，用嘴一吹——即使他们并没有许

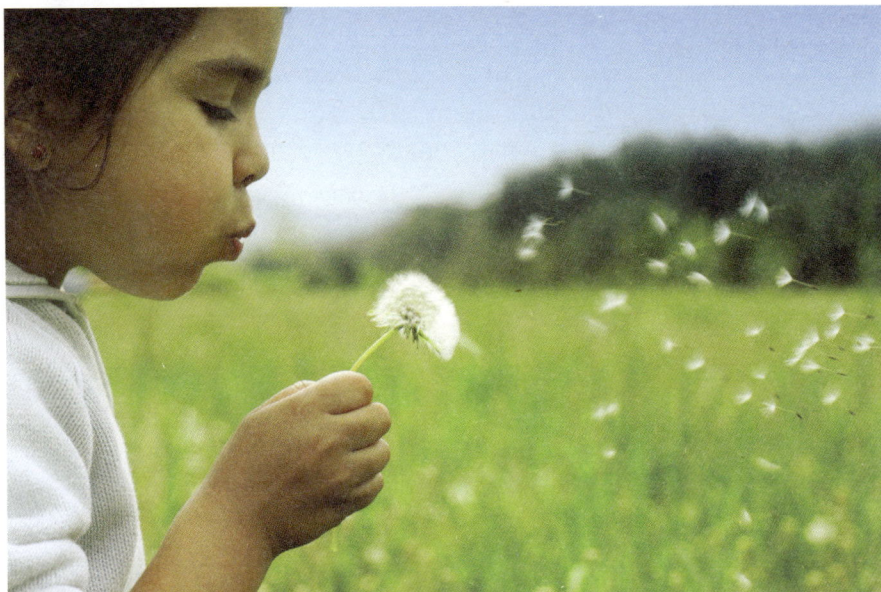

● 蒲公英被人们当作野草，但是它们有着聪明的生存技能。孩子们——甚至还有好多大人——忍不住把它们的种子从茎上吹开，帮助它们在草地上四处安家

愿，种子也会传播开来。这些种子像降落伞一样随风飘动——常常落到离亲本植株几英里远的地方，最后落到地面上，开始生根发芽。它们还是许多小鸟的美味，它的花粉也是蜜蜂重要的食物来源。

开花植物如何做种？

大部分花儿同时含有雄性生殖细胞和雌性生殖细胞。常见的花儿主要由四个部分组成：形似叶子的萼片外圈、萼片内部的花冠、雌性生殖器官和环绕着雌性生殖器官的雄性生殖器官。雄细胞产生于被称为雄蕊的结构中，然后附在花粉粒坚硬的外壳上。雌细胞或者幼株，形成于花朵的子房深处，附在被称为雌蕊的结构上。雄蕊的顶端又叫柱头，长而黏，是花粉附着的好地方。花粉到达柱头以后，一个小管从花粉粒中长出。雄细胞沿着花粉管移动，最后与雌性胚珠汇合。随后受精完成，种子开始长出来。

自花授粉和异花授粉有什么区别？

因为花既有雄性细胞，又有雌性细胞，所以有些花能通过自身繁殖——

> ### "芝麻开门"这一说法与芝麻的种子有关系吗？
>
> 当芝麻的种子成熟以后，它们就会喷射出来，所以"芝麻开门"这一短语可能就源自于这一现象。英语中的"芝麻"一词要追溯到阿拉伯语中的脂麻。人们认为，芝麻的种子是世界上最早的调味品之一，也是最早用作食用油的植物，早在公元前3000年就这么使用了。亚述神话最先记录了芝麻的使用，它写道，诸神在创造地球前的那个晚上饮用了芝麻酒。5000多年以前，中国人燃烧芝麻油以照明，还用它产生的烟灰制作墨块。今天，世界各地都用芝麻种子做食品和油料。在近东地区，芝麻籽油仍然是烹饪用脂肪的主要来源。

或者在同一植株上繁殖出另一种花来——这叫作自花授粉。还有一种方法叫作异花授粉，即一朵花的胚珠可能接受同一品种其他花朵的花粉授精而繁殖。风、水、昆虫和其他动物把一朵花的花粉传播到另一朵花上。通常情况下，异花授粉得到的植物品质较高：通过异花授粉产生的后代拥有两种亲本植株的遗传性状，从而很可能产生新特性，帮助它在多变的环境中生存下来。实际上，异花授粉好处良多，所以许多开花植物形成了多种避免自花授粉的方式。例如，在紫露草属植物的同一朵花朵中，当雄蕊释放出花粉粒时，雌蕊还没有做好接收的准备，所以，花粉粒必须传播到另一株紫露草上去寻找成熟的雌蕊。

有没有植物不从种子里长出来？

有的。并不是所有的植物都是种子植物。蕨类、藓类等通过孢子而非种子繁殖。与种子一样，孢子能在恶劣的环境中生存，并长成新的植物。然而，孢子不需要受精，也没有胚珠和胚乳。有些植物在没有孢子和种子的情况下，还能通过营养体生殖的方式进行繁殖，在这种方式下，新植物从一部分茎或根上长出来。

鳞茎、球茎和块茎有什么区别？

鳞茎、球茎和块茎是植物生长在地下的部位。它们的功能是储藏食物，从而为植物提供其生长、开花以及完成每年的生命周期所需的能量。鳞茎是一种地下茎叶，生长在保护层中，这一点和洋葱很像。它的中心是花朵发育的地方。鳞茎盘——一种浑圆扁平的多毛物质（早期的种子），位于鳞茎底部——把鳞茎合成一个整体。郁金香、黄水仙、百合、水仙和喇叭花都具鳞茎。球茎是一种地下茎。它也有着和鳞茎一样的保护层和茎盘，但并不生长在保护层中。相反，球茎是花茎生长的基础，有着坚实的纹理。番红花和剑兰都属于球茎。块茎是地下茎或地下根。它就像一颗土豆，有着坚韧的表皮和许许多多只"眼睛"，但没有茎盘。这些"眼睛"是生长点，植物最后从这里长出。大丽花、秋海棠和银莲花都是块茎植物。

芬芳美丽的花儿

花儿最早盛开在哪个时期？

苔藓和真菌很可能出现于 4 亿年前左右。但是大约 2 亿年前，地球上开始森林密布，出现了庞大的苏铁植物、针叶树木、巨型楔叶类植物和蕨类植物。但是，直到白垩纪中期的恐龙时期，即 1 亿年前左右，地球上才有了第一株开花植物。在这之前，大部分树木都是裸子植物或者球果植物。木兰花是地球上最古老的开花植物之一，和兰花一起出现于那个时候。花朵的出现带来了许许多多的昆虫，包括蝴蝶、蚂蚁、白蚁和蜜蜂。开花植物为它们提供食物，它们把花粉从一朵花传播到另一朵花，从而形成种子，使花儿代代繁衍。

一年生、多年生和二年生花卉，它们之间有什么区别？

一年生花卉只在一个生长季节内，完成发芽、开花、做种和死亡。矮牵牛、金盏花和罂粟生长广泛，都属于此类。大部分一年生花卉的花期只从春季持续到秋季，而且每年春天都要重新种植。因为多年生花卉能存活三季以上，所以是"永恒"植物。多年生花卉需要施肥，差不多三到五年就需要更替。玫瑰、郁金香等大部分多年生花卉，一年中只盛开一次，缤纷的花朵只持续几周。二年生花卉在第一年里长出茎和叶，等到越冬以后，在第二个生长季节开花然后死亡。毛地黄和蜀葵都是二年生花卉。

为什么色彩鲜艳的花儿如此多?

花儿鲜艳的色彩能吸引昆虫和其他动物，帮助它们把花粉从一朵花传播到另一朵花，从而实现繁殖。蝴蝶、蜜蜂和蜂鸟常被红、黄、橘、粉、蓝、紫等鲜艳的色彩吸引。花儿的香味是吸引动物帮助授粉的另一种方式，这在有飞蛾出没的夜晚更为明显。花的形状也能吸引传粉者。例如，蝴蝶喜欢花瓣扁平的花儿，那就像一个降落带，可以让它们停在上面。金银花、黄花菜、鼠尾草等管状花是少数能吸引蜂鸟的花儿，这是因为蜂鸟长长的喙很容易就能伸进花中采蜜。

🔵 每年我们都要在花园里种下一些花儿，这是因为它们属于一年生花卉，只能活到下一个冬天

是什么让植物每年在恰当的时间开花?

所有开花植物体内都存在一个机制，以确保其每年开花的时间恰到好处，不管是在春天还是在秋天。其中，大部分花儿都会对日照量有所反应，能够区分日照 16 小时与 8 小时的区别。萝卜、紫菀、矮牵牛、甜菜等植物只在日长夜短的条件下开花，而菊花、秋麒麟和猩猩木等则正好相反。

所有的花朵晚上都会闭合吗?

虽然许许多多的花儿都会在夜间闭合，但这并不包括所有的花儿。那些花瓣白天张开晚上闭合的植物是在对光和温度的改变做出反应。有些花儿 24 小时都盛开，比如萱草花。还有一些花儿，花瓣张开闭合的习惯与众不同。例如番红花、罂粟和牵牛花，白天里温度升高，花瓣就张开，温度下降，花瓣就闭合。紫茉莉的花儿在早晨闭合，到了下午 4 点左右再次张开。月光花、夜茉莉、夜来香、曼陀罗、夹竹桃和昙花，只在傍晚和夜间张开花瓣。有些植物还会对触摸产生反应，如果被手和嫩枝碰到，它们就会闭上叶子"装死"。例如，如果你碰到含羞草的话，它的叶子会合起来，茎也开始下垂。

　　花儿在夜间闭合花瓣，是为了保护花粉和体内其他的生殖器官不受到寒冷和雨水的伤害。另外，很多花儿在昆虫和鸟类的帮助下传粉，这些昆虫和鸟类常常活跃于白天，所以它们不用在夜间张开花瓣。然而，有些花儿——例如某些热带水果植物和各种各样的仙人掌以及相关的植物——是在夜间由蝙蝠传粉，所以它们的花瓣在晚上张开，白天闭合。

花儿能吃吗？

　　能，花儿可以食用或者用来装饰食物。花儿用于烹饪要追溯到古罗马时期以及中国、中东和印度的文化中。在维多利亚时代，维多利亚女王执政期间，食用花卉尤其流行。今天，许多餐厅大厨用花儿来装饰主菜，比如三色堇、紫罗兰、蒲公英、芝麻菜、豆瓣菜、丁香花、旱天莲和大蒜花就常常用来制作沙拉。事实上，你很可能在今晚的晚餐中吃到花儿。西兰花、菜花和洋蓟都属于花类。香料藏红花是番红花的雄蕊，常用来为米饭调味。酸豆是地中海地区一种灌木尚未盛开的花蕾。

世界上最大的花儿是什么花？

　　生活在印度尼西亚雨林中的大王花，是世界上最大的花儿，它的花径能长到 3 英尺（0.91 厘米）长，重量能达到 15 磅（6.8 千克）。大王花是一种寄生植物，没有叶子、根和茎，它依附在宿主植物上，以获取水和营养物。大王花盛开以后，散发出刺鼻的气味，和腐肉的臭味很像。虽然人类不愿靠近，但是这种奇怪的气味却能吸引昆虫帮它传粉。

● 生活在印度尼西亚的大王花虽然不是最漂亮的花儿，却是世界上最大的花儿

世界上最小的花是什么花？

　　无根萍是世界上最小的单株开花植物，属于浮萍科。它的

哪种开花植物能让你当船坐？

生活在南美洲的亚马孙大王莲被誉为"大水盘"，它有着硕大的叶片，叶径可达6—8英尺（1.8—2.4米），足以承受一个小孩的重量。大王莲在夜间开花，花朵大如餐盘。第一个晚上，它们还是白色的雌性花；到了第二个晚上，就变成粉色的雄性花。亚马孙河流域的甲壳虫和天蛾帮助它们传粉，它们的心皮——和婴儿的头差不多大——沉在水面下，发芽前会在泥里静静地待上四年之久。大王莲每年开花之前都长出很多新叶，在这之前的一段时间里，它们都处于睡眠状态。然而，大王莲的叶子却不是地球上最大的。棕榈树的叶子能长到65英尺（20米）长！

宽度只有三十二分之一英寸（约0.76毫米），差不多相当于一根针头的大小。无根萍呈浅蓝色，没有根，自由地漂浮在湖泊或池塘里，重约十九万分之一盎司（约0.15毫克），相当于两粒食用盐的重量。肉眼很难看清无根萍；实际上，差不多5000棵无根萍才能装满一根套管。然而，因为它们聚集生长，所以看起来就像蔓延整个水面的水藻。无根萍有着强大的繁殖能力，能在几个星期内迅速布满整个池塘。

所有花儿都有香味吗？

香气扑鼻的花儿会引来蜜蜂，和它们不同，腐肉花散发出一种动物腐尸的恶臭味，招来腐尸甲虫和各种各样的苍蝇，包括绿头苍蝇、食肉蝇和蠓虫。腐肉花生活在非洲，形似海星，花瓣周围有一圈绒毛，就像腐烂后的小动物尸体。

当它开花以后，散发出一股腐臭味，就像动物腐尸的气味。这种气味招来苍蝇，苍蝇采集花粉以后再飞走。有些腐肉花——比如欧洲和巴西的烟斗藤——把昆虫诱入黑暗的开口，开口通向其恶臭的内部，昆虫就被困在了里面。当它"放开"昆虫，昆虫身上涂满了新鲜的花粉，它们把这些花粉传播到不同的植物上。臭角菌是一种真菌，散发出粪便的臭味，吸引反吐丽蝇来帮它传播孢子。

有毒植物、食肉植物和其他奇花异草

什么是食肉植物？

食肉植物通过捕食昆虫、其他节肢动物、小青蛙和哺乳动物获取部分或大部分营养。（因为它们主要捕食昆虫，所以有时也被称为食虫动物。）和其他植物一样，食肉植物需要阳光、土壤和水才能生长。它们一般生长在土层很薄或者土壤贫瘠，尤其是含氮较少的地方，比如沼泽。今天，世界上有600多种食肉植物吸引和捕捉昆虫，产生消化酶，吸取昆虫身体的一部分作为自己的营养。

食肉植物如何消化它们的猎物？

食肉植物利用消化酶消化它们的猎物。大部分食肉植物都自己产生消化酶，这包括捕蝇草、捕虫堇、茅膏菜和多种猪笼草。消化酶帮助它们消化猎物。昆虫被消化以后，只剩下一片残骸。还有一些食肉植物无法独立产生消化酶，而要依赖细菌。被捕的昆虫腐烂以后，这些食肉植物就会吸取已经分解了的分子。瓶子草等许多植物同时利用自身的消化酶和利用细菌产生的消化酶。因为两种生物体都能受益于这一独特特性，所以这被称为共生关系：植物享用被细菌分解了的虫子汤，同时细菌有了舒适的生长地。在动物王国里，利用细菌消化并不陌生，例如，白蚁体内有帮助它们消化木头的细菌，人体内有帮助他们消化食物的大肠杆菌。

🔵 捕蝇草等植物变成了食肉植物，这是因为它们生活的土壤中缺乏其生长所需的营养

哪种植物能淹死小虫?

猪笼草能淹死小虫,小虫是被它色彩斑斓、形似花朵的花结吸引过来的。叶子末端的捕虫笼很像小水罐,上面有叶状"瓶盖",可防止雨水滴进来。昆虫们很喜欢那一圈环绕着猪笼草光滑边缘的花蜜。当它们落到边缘上,然后滑进去,被瓶底的液体——雨水、露水和消化酶的混合物——淹死,这种液体能迅速分解昆虫。除了昆虫以外,螨虫和蜘蛛也是它们的猎物,有时还有小青蛙。猪笼草分布在沼泽、热带稀树草原和森林地区,南从佛罗里达州到密西西比州,北从弗吉尼亚州到马里兰州,这些地方都有大量的昆虫。

神奇的撒丁岛眠蝇海芋是种什么花?

它是一种捕蝇花,生长在撒丁岛和科西嘉岛——地中海小岛——多岩石的土壤中。因为它闻起来和死马的味道很像,所以有时也被称为"死马海芋"。丽蝇被这漏斗状的花儿吸引而来,然后钻到它的茎部和漆黑的花房里。它们携带着其他植物的花粉,不知不觉就在花房底部为雌花授粉。因为花房里面布满硬毛,所以丽蝇无法逃脱,沦为阶下囚,直到硬毛上方的雄花开始释放花粉为止。随后,硬毛枯萎,丽蝇得以逃离,当它们飞走时,身上沾满了花粉。

捕蝇草真的会吃掉活苍蝇吗?

确实如此。捕蝇草是一种食肉植物,它们吸引、猎捕并杀死昆虫。然后消化、吸收昆虫的营养。捕蝇草的叶子张得很宽,上面有着短小坚硬的毛毛,又称刺毛。当刺毛被碰到变弯以后,叶子上的两片叶片立刻关闭,不管是什么物体都会被困在里面。这个"捕捉器"不到一秒就合了起来,抓住苍蝇和其他昆虫。当猎物被捕以后,形似手指的突出物(叫作纤毛)把比较大的昆虫困在里面。几分钟以后,捕捉器牢牢闭合,形成密封的空间,包住里面的消化液。这些消化液能帮助植物消化猎物。整个消化过程持续5到12天,到了快结束的时候,捕捉器重新吸收消化液并再次打开。于是昆虫的残骸就被风吹掉或者被雨水冲走。

植物如何自我防护?

因为植物无法移动以躲避危险,所以很多都形成了自身的防卫机制。今天的大多数植物都有一到两种防卫方式，包括毒素、形状（强壮的树枝、锋利的叶子、针尖或刺）、刺激物（毛、刺或能灼伤皮肤的油）和糟糕的味道（引起胃痛和腹泻）。这些都能帮助它们赶走捕食者（想把它们吃掉的动物），有时还能防止疾病入侵。例如，表皮附有蜡质的或坚硬的叶子能阻止很多细菌或真菌进入植物体内。此外，许多细菌和真菌依靠水才能生存、移动和繁殖。如果水在叶子上很快散发，那么致病病菌就很难侵入植物体内。

世界上有多少种有毒植物？

世界上有几千种植物的体内含有不同数量的有毒物质，能伤害动物和人。它们可能碰不得（比如毒葛和毒漆树），也可能吃不得（比如鹅膏菌或毒芹）。有的浑身上下都有毒，有的只是某个部分——比如种子、叶子、浆果和花朵——有毒。例如，大黄的叶片有毒，但茎没有毒。很多时候，这些毒性不足以对人类产生伤害，而且，有些有毒物质煮熟以后毒性就会消失。有些植物的毒性只对某些动物产生作用。例如，马或牛有时吃下洋葱会中毒，但人类却能广泛食用。有的人碰到毒葛或者毒橡树以后，皮肤会受伤，但有的人却不会，此外，山羊食用它们也不会产生任何副作用。

毒葛真的有毒吗？

"三片叶，勿去捏"是夏季露营时常听到的一句话。毒葛就是这种长着三片叶子的植物，它会损伤皮肤，但吞下去不会带来任何生命危险，除非你非常容易过敏。皮肤擦到毒葛以后通常会出现红疹。挠抓红疹不会感染身体上的其他部位（或者传染给别人），但是如果手上沾到漆酚油——一种黏黏的类似树脂的物质，能引起红疹——的话，就要另当别论了。还有一些能引起皮肤感染的常见植物，包括豆科攀缘植物、毒橡树、毒漆树、黑曜漆木和凌霄花。

● "三片叶，勿去捏"是一句让我们记住如何辨识毒葛的顺口溜

毒堇在古代如何用作毒药？

在古代，人们用小剂量的植物缓解疼痛，但中毒的风险很大。有一种叫作毒堇的植物在古代就被用来执行死刑。公元前329年，希腊哲学家苏格拉底被判处死刑，他饮下一杯用毒堇制成的毒药，结束了自己的生命。毒堇从欧洲引入北美洲，常被人们错当成一种美丽的园艺植物。它浑身上下都有毒，其中叶子和种子的毒性最大。它还属于野生胡萝卜属植物，生长在北美洲的路边和水道上。

荨麻如何引起刺痛？

有些荨麻长有微小、锋利的蛰毛，如果碰到的话，会扎进你的皮肤里面，同时注入一种叫作蚁酸的液体，引起刺痛，随后皮肤出现红肿和过敏。荨麻除了有着独特的防御机制能保护它们不被动物吃掉之外，在欧洲和北美洲的居民区还有着悠久的使用历史。茎上坚硬的纤维用来制衣服，叶子用作蔬菜。自古希腊以来，人们一直用荨麻治疗咳嗽、肺结核和关节炎，还用它促进头发的生长。

为什么仙人掌和沙漠植物有刺而无叶？

因为仙人掌生长在炎热干燥而且水资源匮乏的环境中，所以大部分仙人掌都没有叶子。体内储存的水能让它们存活很长一段时间；它们通过广泛的根系来储水，当下雨的时候，根就从土壤中汲取水分。普通的树叶表面有许多小开口（又称气孔），大量水分就从小开口中流失。这些水分的流失就叫作蒸腾作用，在高温情况下，水分流失还会加快。为了适应这种情况，仙人掌没有叶子，它在茎中储存水分，形成蜡质表层来维持水分，并长出刺来代替叶子。刺能为圆形或肋状的茎遮挡住沙漠上炽热的阳光。仙人掌也保护着沙漠上的动物，为它们提供阴凉。

为什么雨林中植物密布？

热带雨林——位于世界上热带低地地区的茂密森林——广泛分布在澳大利亚、印度尼西亚、印度、马来半岛、东印度群岛、中西非洲和中南美洲。热带雨林和世界上其他许多地区的森林不同，没有受到诸如冰期等全球气候变化的影响而中断生长，而是在一些地方连续生长了几百万年。在这期间，无数种动植物已经进化到能利用各种食物来源，并生活在雨林中的各个角落。

　　热带雨林中动植物物种的数量超过了世界上其他所有地区的总和，而且科学家们还在不断发现新的物种。因为雨林靠近赤道，所以这里气候温暖。之所以叫作"雨林"，是因为这里全年雨水丰富——降水量高达 160—400 英寸（4—10 米）。在如此理想的条件下，植物生长迅速。为了获得光合作用（雨林和其他绿色植物自身制造食物的过程）所需的阳光，雨林的树木都长得很高，有的高达 130 英尺（40 米）。它们的顶端形成一个巨大的华盖，遮住大部分地面，保护地面上的植物不会受到阳光曝晒和狂风吹打。几百万年以来，雨林为成千上万的植物提供营养物，这里的土壤贫瘠，因此树木的根普遍长得很浅，但是周围丰富的生命体为土壤表面带来有机物（已经分解的动植物尸体），足以滋养这些庞大的原始森林。

雨林里有哪些植物？

　　世界上超过三分之二的植物品种都分布在热带雨林里。雨林里植物密布，每一株植物扎根的空间都有限，但有着大量的雨水滋润，所以在这样的环境中，一些植物就高高地附生在大树上。这些附生植物有着多气孔的纤维状气生根，这些根从密集的雨水中获取水分，并汲取附属植物表面或者聚集在根系周围的植物残体中的矿物质。很多兰花和凤梨科植物都属于此类。还有一些植物也生长在这一独特的环境中，其中包括竹子——世界上生长速度最快的植物之一。竹子常见于亚洲雨林，每天增长 6—15 英寸（15—38 厘米），最终能长到 120 英尺（36.5 米）高。这里繁密的竹子和树木一般坚硬，是在热带建造房屋、筏子和大桥的原材料，也可用来制作垫子、帽子、捕鱼器、筷子和乐器。还有一些独特的植物是当地居民的食物来源，包括巴西坚果树、可可树、棕榈树、木棉树、橡胶树和被称作藤本植物的攀缘植物等。

植物能在冰雪中生长吗？

　　植物很难在世界上最冷的地区生存下去，这里几乎常年冰雪覆盖。北极苔原环绕在北极周围，在这里，生长季节在冰雪融化以后的春天，很短（50—60 天），花朵没有时间来做窝。即使在夏季，这儿也寒冷多风，只有一两个月能见到阳光。但是，很多植物已经适应了这种寒冷的环境：冬季气温

下降到零下 34 摄氏度，夏季平均气温在 2—12 摄氏度。实际上，北极圈和亚北极分布着近 1700 种植物，包括低矮灌木、莎草、驯鹿苔藓、苔类和草，400 多种开花植物，还有地衣。

紫虎耳等大部分植物的体积很小，常常在靠近地面的地方聚集生长，这能帮助它们抵挡住寒冷的气候与时速达到每小时 100 英里（161 千米）的大风。还有一些植物，比如北极番红花，它的茎、叶子和树皮上覆盖着一层绒毛，能帮助它抵御大风。北极罂粟等植物有着朝向阳光的杯状花朵，因此太阳光线能很容易地照射到花朵中心。这些植物的温度比周围的空气要高。高山钟花利用它储存的食物来取暖，从而产生足够的热量融化根系周围的冰雪。还有一些植物的颜色很深，因而能吸收更多的太阳热量。小小的叶子常常帮助植物锁住水分。高山火绒草等植物包裹着一层厚厚的绒毛，它们吸收热量并减少水分流失。地衣极其坚硬，它生长在裸露的岩石上，能经受住长时间的干旱和极端寒冷的气候。

地衣是什么？

人们认为，地衣是地球上最古老的生物之一，它的生长很特殊，由真菌和绿藻或者一种叫作蓝藻细菌的细菌组成。海藻或细菌生长在真菌的庇护之下，通过光合作用为真菌提供糖分（食物）。反过来，真菌帮助它们抵挡住阳光的照射，让它们不会因干涸而枯萎。这样，地衣就代表了地球上一种独特的生物共生关系。地衣还是一种耐寒植物，分布在极端环境中各种裸露的表面，包括岩石、树干、沙漠的沙地、贫瘠的土壤和活树皮。大部分地衣的生长速度很慢——常常一年增长不到 1 毫米。

蕨类、藓类和蘑菇

什么是蕨类植物？

蕨类植物最早出现于 3 亿 2500 万年前左右，是地球上一种古老的植物群，与藓类植物和苔类植物的关系最为密切。世界上有 12,000 多种蕨类植物，其中，许多生活在热带雨林等潮湿阴暗的热带地区。因为它们的体内有着静脉结构，能把水和养分传输到各个部位，所以又被称作维管植物。蕨类植物不开花不结果。它们通过孢子繁殖，孢子是一种微小的尘状微粒，一次能释放出几百颗，在风和水的帮助下得到传播。孢子常常产生于叶子底部。当孢子喷射出来以后，每一个都长成一种叫作叶状体的细小心形结构，叶状体的尖头产生精子细胞，凹口产生雌性细胞。一场大雨过后，精子脱离叶状体，游到雌性细胞身边，在这里雌性细胞完成受精。

蕨菜和蕨类植物有关系吗？

有。蕨菜是蕨类植物还未张开的嫩叶。它有着形似画轴的顶部或小提琴的顶端，故此得名。春天，蕨菜常常出现在美国东部地区餐馆的菜单上。很多蕨菜都长有可食用的嫩枝，枝上有着独特的纹理，但味道与芦笋有些相似。荚果蕨、欧洲蕨、皇家蕨、肉桂和王紫萁都属于蕨菜。

什么是藓类植物？

藓类植物是一种无根无茎又无叶的植物。因为没有真正的根，所以它们利用假根牢牢依附在土壤、岩石或者树皮上。它们沿着潮湿的地面蔓延，吸收空气中的水分和养分。和它的"堂兄妹"蕨类和苔类（有叶子的藓类）一样，藓类也是由孢子而非种子繁殖而来，并需要潮湿的环境。它们生长在柔软的垫状物或小小的块状物上，能像毯子一样沿着地面蔓延。

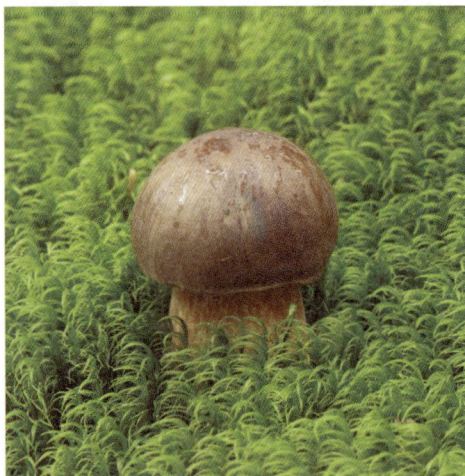

● 一棵牛肝菌菇（一种真菌）生长在一片茂密的绿色苔藓上

什么是真菌？

真菌既不是植物也不是动物，包括蘑菇、伞菌、霉菌和酵母。因为不含叶绿素（在植物体内制造食物的绿色化合物），所以真菌不能自己制造食物。为了生存，它们释放出消化酶，分解活的或者已经死亡的植物、动物或者其他真菌，并从中吸收养分。所有真菌都通过孢子繁殖。

许多蘑菇的孢子形成于菇帽的底部，从垂直板或者叫作菌褶的皮瓣中释放出来。鬼笔是从地下冒出来的一种高大的真菌，成熟以后散发出一种恶臭刺鼻的味道。它黏滑的身体被孢子覆盖，恶臭的味道招来苍蝇，苍蝇把孢子传播到森林里的其他地方。

为什么有些蘑菇被称为毒菌？

"毒菌"一词要追溯到中世纪，与毒蛤蟆有很大关联，被当成一种有毒物体。毒菌形似凳子，是一种有毒的真蘑菇，不可食用。例如，人们曾用一种鲜红的"蛤蟆菌"液体制成毒药杀死害虫。"蛤蟆菌"是一种毒性很大的蘑菇，今天仍能见到，而且要避免触碰。

什么是大马勃菌？

大马勃菌是一种可食用的蘑菇，生长在世界各地的草地、树林和田野里。它的体积很大，呈白色，就像一个掉到地上的浓奶油球。大马勃菌是世界上最大的蘑菇之一——它能长到一个篮球那么大，体重能达到 40 磅（20 千克）。当大马勃菌发育成熟时，它就开始出现细小的裂纹，露出白色的内部。几天以后，体内的孢子开始成熟，从菇帽顶端的孔中喷射出来。之后，大马勃菌开始腐烂，碰一下就会"噗"地变成一朵尘土云。

什么是檐状菌？

檐状菌是一种真菌，既生长在活着的树上，也长在死了的树上。它看起来很像一个坚硬的蘑菇，因为看起来像水平摆放的支架或者书架，所以有了檐状菌这个名字（有时也称层孔菌）。有些檐状菌生长得非常茂盛，从而可能加速树的死亡，在这之后的多年里，它们一直以这棵枯死的树木为食。

树

怎么才能判断一棵树的年龄？

科学家们通过研究一棵树就可以判断它的年龄。研究者把这一领域称为

"树木年代学","树木年代学"一词来源于一组希腊词汇的组合。科学家们有多种判断树龄的方式。首先，数树轮。树轮指一圈树枝在树干上同一高度生长。随着树木年龄的增长，树轮逐渐消失，但会留下痕迹。从下到上数这些树轮，就能判断出树的岁龄。有时候，科学家们把一种钻孔工具钻进树心来测量它的年龄。(钻孔工具呈 T 形，有着细长的空心闩，能插进树里，取出树心的样本。)他们计算出样本上的环数，以确定树龄，然后再把孔封起来，让树继续生长。如果把树砍倒，就可以看到树心上的圆环，这些圆环也叫年轮。最开始长出来的年轮的周长很短，随后每增加一圈，周长也会增加。每一圈代表一岁——研究人员从树心的最深处开始往外数，一直数到树皮处，就能确定出树龄来。

树的年轮还能告诉我们什么？

科学家们利用年轮还能判断出这棵树生活的地方经历了什么样的气候、发生过什么事情。每年树会形成一层细胞，这个细胞层交替呈现出一个宽大的浅色环（春季和初夏期间）和一个狭窄的深色环（冬季期间）。粗大的年轮意味着一个雨水充沛的生长良期。颜色较深的区域表明，由于缺乏养分、水分和阳光，树木长势不佳。还有一些标记透露出有关火灾、洪水、森林砍伐和虫灾的信息。

世界上什么树最高最大？

美洲杉是世界上体积最大、覆盖面积最大的树木之一。加利福尼亚的海岸红杉最高，而巨杉的覆盖范围最广，它的枝干比红杉的大很多。巨杉生活在加州中

🔵 在红杉林里抬头仰望，你会眼花缭乱。红杉是世界上最高的树之一，能活到几千岁

哪种树长在木桩上？

红树生活在海洋边缘淡水与盐水混合的河口地区。这些地区大多位于赤道附近的热带和亚热带气候区，包括佛罗里达沿海、中美洲、加勒比海、南美洲和非洲部分地区。红树有着蜡质叶片，根系复杂，从茎上分支出来，为大树提供支撑，大树看起来就像长在木桩上一样。树根之间受到保护的水域是鱼、螃蟹和鸟儿的繁殖地。枯萎的叶子落到水中，为动植物提供养分。红树能够防止土壤流失、拦截泥沙、减少浪潮的侵蚀，从而保护海岸线。

部海拔高度约为 6500 英尺（1981 米）的内华达山脉地区。它们有着 2000 到 3000 年的历史。最大的巨杉直径有 35 英尺（10.6 米）长，高约 300 英尺（91 米）。它们的树皮可达 4 英尺（1.2 米）厚！加利福尼亚州的巨杉国家公园里有很多这样的巨杉。例如，谢尔曼将军树是世界上最大的巨杉之一，高约 275 英尺（85 米）。

什么树的树干超过 2000 根？

生长在亚洲热带地区的印度榕树属于热带榕属植物或无花果属植物。随着其巨大的树冠向水平方向扩展，它的树根下沉，形成二级柱状支杆。一棵榕树经过多年生长以后能覆盖整个地区。在印度加尔各答的植物园里，有一棵被誉为"百年大树"的大榕树，它的树干数量超过 2000 根。它遭遇闪电袭击以后，生了一场大病，所以在 1925 年，它的中间部分被砍掉，以避免其余部分受到疾病的影响。但是，大树仍然保持生长，这就要归功于其复杂的根系。大榕树的年龄在 250 岁左右，覆盖面积超过 1.5 公顷（15,000 平方米）。

为什么叶子在秋天会变色？

当秋天来临，白天变短，温度下降，树叶的颜色也因此发生改变。随着白天的长度缩短，树叶不再产生叶绿素，而叶绿素能使树叶呈现出绿色。叶子中的其他色素，特别是黄色素随后便能显现出来。黄色在山杨、桦树、山核桃、柳树和黄杨树上最为常见。当树木准备过冬时，储存在叶子中的糖分形成

107

红色素，也称花青甙。山茱萸、红枫、银槭、橡树、漆树和黄樟都长着红色的叶子。

为什么有些树被称为落叶植物？

落叶树变成黄色、橘色和红色以后，便开始落叶。桦树、橡树和枫树等树的叶子宽大扁平，水分很容易流失。冬天，地面温度很低，有时还会结冰，它们很难从中吸收水分，所以它们的树叶便枯萎掉落。春天，叶和花重新抽出嫩芽，探出脑袋，到了夏天，便呈现出枝繁叶茂的景象。

橡树里真的生活着几百只野生动物吗？

橡树——有着宽阔的叶子，能遮蔽风雨，阻挡阳光——是 300 多种昆虫、鸟儿和哺乳动物的家园。它们的树皮上爬满各种各样的昆虫，包括蚂蚁、瓢虫、象鼻虫、黄蜂、榭蛾、毛毛虫和飞蛾。蓝鸟、蜂鸟、喜鹊、雀、麻雀、鸫鹟和啄木鸟以这些昆虫为食，并把巢筑在树枝上。橡树的橡子是老鼠、松鼠、花栗鼠、鹿、熊、狐狸、青蛙、鸫鹟、蓝鸟、乌鸦和火鸡的重要食物来源。橡树能活到 200 多岁，到了 70 岁以后，它们每年能产几千颗橡子。

冷杉和松树能告诉我们什么样的天气信息？

冷杉和松树都属于针叶树，有着高大笔直的树干和狭窄扁平的树叶或者锐利的尖针。针叶树的种子产生于干燥的木质雌球果中。在寒冷或潮湿的天气中，球果的鳞片紧紧闭合，防水的蜡状

🔵 不少人认为盆景树属于矮乔木，但实际上，它们就是普通的乔木和灌木，只是经过精心修剪，让它们看起来就像是自身的一个微缩版本

树脂层保护着里面的种子。当天气变得暖和干燥时，蜡质软化，球果张开鳞片，种子喷射出来。

什么是盆栽？

盆栽在汉语中意为"长在盆子里的树木"。它是一种在罐子、托盘或者餐盘里种植树木的特殊方法，这种方法最后得到一株经人工改造的矮乔木。盆栽用普通的乔木或灌木，比如说杜松或柏树，根经过修剪，枝丫用线绑上。这种艺术最早出现在公元前 200 年的中国，随后在 6 世纪和 7 世纪初被日本引进。

什么是果实？

果实是植物的一部分，它们在生长的过程中为新种子的生长提供滋养和保护。子房里的卵细胞经花粉受精以后，子房就会长成果实。有些植物的果实多汁，比如桃、梨、苹果、柠檬和橘子。坚果、豌，还有一些植物的果实则是一种干果（比如坚果和豌豆）。如果果实不被动物吃掉或被人采摘的话，它就会落到地面上，壳腐烂以后为土壤提供肥料，新种子再从这里长出来。

哪一种果树的果实最重？

生长在南亚的菠萝蜜树有着世界上最大的果实。它的果实直接从树干长出，可能会长到近 3 英尺（0.9 米）长，75 磅（34 千克）重。菠萝蜜树和它的近亲面包果树都属于桑科。在亚洲，菠萝蜜树的果实可以直接食用，也可以做成糖浆保存起来，它的种子还能煮了或烤了吃。

什么树结出的坚果最大？

海椰子是一种棕榈树，只生长在今天塞舌尔的两个岛上，它的种子 [每个重约 44 磅（20 千克）] 和坚果都是世界上最大的。它的坚果有时也称海底椰或塞舌尔坚果，需要 6—7 年的时间才能成熟，之后发芽又需要两年。当早期的探险家第一次发现这些坚果时，还以为它们是海底一种神奇的树的果实。16 世纪的欧洲贵族把它们用珠宝装饰以后，作为一种收藏品放在他们的私人画廊里。现在，海椰子已成为一种稀有保护物种。

椰子如何游泳？

椰子树生长在世界上的许多热带地区，包括印度尼西亚的沿海地区、菲律宾、印度、巴西和斯里兰卡。当椰子树长到4—5岁以后，开始开出雄花和雌花，然后结出果实来。椰子差不多在6个月以后完全长大，它们成熟以后便掉落到地面上。落下来的椰子很轻，能漂浮在水面上，于是被海浪卷走。这些"海豆子"随着洋流漂洋过海，直到漂到另一个海岸上，准备长出新的椰子树来。科学家们认为，这就是椰子树如此广泛地分布在世界各地的原因。

功能性植物与药用植物

什么植物用来制作亚麻制品？

亚麻是人类最早使用的纤维织物之一，用亚麻树的纤维纺织而成。亚麻纤维长在茎秆中，用手工取出。纤维首先从茎秆上分离出来，经过加工，然后纺成纱线，再纺织或编织成亚麻织品。不过，很久以前亚麻就被用于制作床单，至今仍用来制作桌布等家居用品和手帕等私人物品。今天，休闲裤、裙子、套装和夹克衫等常见服装都是用亚麻做成的。

棉花是怎样收割的？

棉花产自于开花的棉属植物，是用来制作衣服的重要植物纤维，它的种子榨出的油可用于烹饪，也可用来制造肥皂。现在人们可以用采摘机或剥离器等机器来收割棉花。这些采棉机器的主轴把籽棉从与茎相连的毛边上采摘下来。随后，小滚筒———系列环形橡胶垫——把籽棉从轴上分离开来，送到一个输送系统里。

传统的棉花剥离机利用装有交替棒和刷子的滚筒，把这些毛茸茸的白色棉铃从棉树上送到输送机中，棉铃里面含有种子和毛毛。收割好了以后，大部分棉花就被压成块状物，以便于储存。之后，棉花束被送到轧棉机中，轧棉机能把种子从棉铃中分离出来。

纸是由什么做成的？

在世界各地，人们利用多种植物原料来制造纸张，包括木浆、稻子、水生植物、竹子、棉花和亚麻衣物。古埃及人用沿尼罗河茂盛生长的芦苇来造纸。今天的纸浆纤维主要有两大来源：木质纸浆原木和再生纸制品。在商业化造纸过程中，企业把这两种木质纤维混合在一起，掺入水，再把它们捣碎成一张薄片。薄片干燥以后，被压平变成大卷纸，再切成不同的大小，就变成了纸制品。再生纸和再生纸制品能保护树木，降低造纸污染。

什么是芦荟？

芦荟形似仙人掌，属于百合科，广泛分布在马达加斯加岛和非洲大陆。此外，日本、加勒比海、地中海等地也有种植。世界各地的人们都用它那黏黏的胶状树液治病和美容。芦荟提取物可用来治疗便秘等消化问题，芦荟油用在润肤霜中，以保持皮肤柔软细腻，并治疗轻微的皮肤过敏问题。

牙膏中用到了海洋植物吗？

是的，同时还用在其他很多产品中。从海洋动植物中提取的物质常用来制作多种家用产品，包括冰淇淋、牙膏、肥料、汽油和化妆品。如果你阅读一些产品的标签，可能就会发现角叉菜胶和海藻酸盐这两个词。角叉菜胶是从红藻中提取的化合物，用来促进食物的稳定与定形。褐藻中所含的海藻酸盐可以让食物更加黏稠，更加柔滑，保质期更长。例如，人们用它来防止冰淇淋中形成冰晶。海藻酸盐和角叉菜胶常用在布丁、奶昔和冰淇淋中。硅藻的残余物（有硬壳的海藻）用于制作宠物垫材、化妆品和泳池过滤器。巨藻常用在筷子、牙膏和服装染料中。

🔵 长期以来，人们一直认为芦荟汁液有治疗功效

111

为什么人们在沙丘上种植滨草？

滨草是一种顽强的多年生草，常常种在流动的沙丘上，以增强其稳固性。在水的边缘和沙丘的前端之间，干沙一直处于变化与流动之中。只有少数植物能在这样多风的环境中扎根，滨草便是其中之一。它的块状根就在沙土表面下扩散开来，形成一个地下网，把沙土固定起来。这使得土壤稳固，沙丘也长得更高。

古老的香料有什么用途？

香料是经干燥和碾碎后的植物种子、果实、根或者树皮。香料在中东和远东地区的种植历史长达数个世纪，人们利用它杀灭细菌、为食物调味以及促进消化。在古代，香料是去除食物异味的一种方法，后来用于为食物保鲜。

香料是一种非常重要的商品。早在公元前 1000 年，一把小豆蔻就抵得上穷人一年的报酬，许多奴隶的价格也就相当于几杯子花椒。古希腊时期，香料贸易在地中海地区和远东地区之间十分发达。阿拉伯商人通过骆驼商队把肉桂、黑胡椒和生姜运到欧洲。在此期间，烹饪、药品以及香水、沐浴油和洗涤剂等奢侈品中都用到香料。在 15 和 16 世纪，英国探险家把香料带到新大陆。殖民地的家庭还尝试用一些罕见的香料来调味，包括辣椒、小豆蔻、小茴香、藏红花和姜黄（姜黄也被当作一种食物保鲜剂）。今天，大部分香料种植于中国、印度、中东、南美洲和北非的大种植园中，常常是通过手工采摘。

有没有濒临灭绝的植物？

有。科学家们称，在全球现有的 275,000 种蕨类植物、针叶树和开花植物中，至少有 34,000 种——或约八分之一——濒临灭绝。研究人员认为，由于许多植物种类尚未被发现，所以真实的数字其实远远大于此。就全世界来说，栖息地被破坏、城市扩张以及使用农药等现代农业技术是植物面临的最大威胁。因为过度采摘，稀有的兰花与仙人掌等植物已处于危险境地。此外，许多植物还遭到气候变化、疾病和山羊等食草动物的毁坏。

为什么雨林对地球的健康至关重要？

1800 年，世界上的雨林面积高达 71 亿英亩（0.29 亿平方千米）。如今——仅仅过去了 200 年多一点时间——只剩下不到一半。每天，全世界有超过 100,000 英亩（405 平方千米）的雨林遭到破坏，人类为获得珍贵的木材而砍伐树木，为扩张农业而开垦土地。虽然地球上雨林的覆盖面积只有 2%，但是雨林里茂密的植被对地球的健康至关重要。雨林破坏使得空气中的氧气含量减少、二氧化碳含量增多，从而威胁到地球健康。大气中过量的二氧化碳使得太阳热量难以反射到太空中，从而导致全球温度上升（也称温室效应）。反过来，全球气候变暖又带来重大气候变化。例如，冰川融化和海平面上升会给沿海地区带来洪水灾害。

雨林里的植物能产生天然化学物质，帮助抵御昆虫的侵害。科学家们已经学会如何利用这些植物（在不破坏雨林的情况下）制造出植物型杀虫剂，来喷洒在庄稼上。与人工合成化学物相比，这些天然杀虫剂的毒性要低得多。

人们利用雨林中的原料已经制成了许许多多的药物，其中包括四分之一的处方药，而且可能研发出更多的急救药品。人类能在不大面积破坏雨林的情况下，从雨林中获得化妆品和香水中所用的天然橡胶和香精油，以及用来编织制作家具的藤条等众多物品。此外，雨林能吸收大量水分。当雨林遭到破坏，这些地区的巨大降水量将无处吸收，从而导致大范围的洪水暴发。国际社会已经开始共同努力为雨林破坏者提供其他谋生方式，以保护地球上剩余的雨林。尽管如此，这些重要的森林仍然遭到高速破坏。

植物

世界各地的人们

人口众多

世界上有多少人？

2008 年，世界人口或者地球上的人类总数达到 66 亿。不同地区的人口增长率不同，但是，由于医学进步和农业生产能力的提高，20 世纪是世界人口增长最多的时期。2000 年，据估计，世界人口以每年 1.14% 的速度增长（或者大约增加 7500 万人），到 2050 年，世界人口总数有可能高达 92 亿！

为什么人们开始探险？

几百年来，冒险家们的脚步已经深入地球上的边远地区。他们旅行的原因多种多样：有的是为了寻找新的贸易地区；有的是为了征服某个地方，在那里定居、发展农业；有的想要传教；还有的希望获得名利财富。3500 多年前，新几内亚的波利尼西亚人开始了世界上最早的海洋航行之一。他们乘坐独木舟大小的小船在太平洋航行。大约这个时候，古埃及人把他们的大型商船队伍送到了埃及南部位于红海顶端的蓬特之地。航海家汉诺（Hanno）是最早的著名探险家之一。他生活在公元前 450 年的迦太基，因在非洲沿岸的海上探险而闻名于世。在公元前 1000 年左右，利夫·埃里克森（Leif Eriksson）和他的北欧探险家们一起，成为第一批穿越大西洋到达北美洲的欧洲人。这些早

> ### 世界上有多少孩子？
>
> 2000 年，每三个人中就有一个年龄在 15 岁以下，这就意味着世界上约有 18 亿孩子。

期的探险家利用古老的地图和夜晚星星的位置来导航——但他们常常迷路或者遭遇海难。经过探险家们几百年的反复尝试，出生于意大利的克里斯托弗·哥伦布在 1942 年从西班牙出发，希望找到通往中国的西方海上航线。与同一时期的其他欧洲人一样，哥伦布对南美洲、北美洲以及位于欧洲与印度之间的西印度群岛还一无所知。当他到达西印度群岛以后，他认为这里就是中国的一部分。

世界上哪里的人口增长最快？

从现在起到 2050 年，世界人口将增加 30 亿，其中亚洲人口增长约 20 亿，主要源于其现有的巨大人口规模和高生育率。未来 30 年是亚洲地区人口增长最集中的时期。在此期间，对世界总人口贡献率最大的 10 个国家为：印度、中国、巴基斯坦、尼日利亚、埃塞俄比亚、印度尼西亚、美国、孟加拉国、刚果民主共和国和伊朗。

世界上哪里的人寿命最长？

在全世界范围内，日本人的寿命最长。日本男性的平均寿命为 78 岁，女性则达到 85 岁左右。日本冲绳县的人口总数为一百万，其中有 900 名百岁老人，即年龄在 100 岁或 100 岁以上的人。科学家们认为，这是因为冲绳人的豆制品食用量居世界第一，此外，他们还吃各种各样富含抗氧化剂的蔬菜与水果。撒丁岛的山区小镇奥沃达人口总数仅为 1700，其中五分之一是百岁老人，数量仅次于冲绳。几百年来，奥沃达人与世隔绝，不同家族之间互相通婚，异姓通婚使得当地几乎没有遗传病。

哪里的人正遭受着疾病与贫穷的折磨？

疾病和贫穷属于全球性问题。世界上疾病率与贫穷率最高的国家主要位

● 世界人口正在飞速增长，有些城市人口高达数百万，比如说印度的新德里。在地球上的 66 亿人口中，超过三分之一生活在中国和印度

于撒哈拉以南的非洲地区和亚太地区。在这些地方，人们没有足够的食物、水和钱来维持生活。艾滋病和霍乱等疾病高发，前者削弱免疫系统，后者属于肠道感染。

语言和文化

什么是一个国家的文化？

文化由一个国家许许多多很复杂的内容构成——它的传统、信仰、艺术、音乐、服装、食物、假日、语言、家庭和婚姻的规则或法律、游戏、民间故事和神话。文化是一个国家或社会的"生活方式"，以及代代相传的共同生活的准则，包括价值体系、传统与信仰。虽然文化具有共性，但是不同的文化又形成了其特殊的方式来展现这些特性。例如，世界各地的人们都会相互交流，依靠食物和水维持生存，睡觉的时候都会做梦。但是，我们的语言不同、食物不同，梦的内容也不同。人类学家（研究不同文化及其如何形成的人）说，文化

117

至少由三部分组成：人们的思想、行为和制造出的产品。

为什么人们说不同的语言？

虽然有些动物也表现出与其他动物及人类交流的能力，但是，人类是地球上唯一通过语言这一声音符号系统实现交流的生物。虽然科学家们知道，在很久以前的史前时代人类就开始说话，但仍然无法确定它首次出现的确切时间。沙漠、山峰、海洋等把人们分成不同的群体，当他们形成各自的交流系统来反映其独特的生活方式时，不同的语言就产生了。当孩子们学会和周围的人一样去说话，这些新的语言便得到传递。

随着人们在世界各地定居，语言也跟着他们一起扩散到世界上的各个角落。随着时间的推移，他们的部分发音也发生改变，并形成新的词汇，以描述在遥远的大陆上发现的新事物与新情境。虽然这些新语言仍然保持着母语的一些特征，但慢慢地也发生了改变。现代英语与法语看起来是两种截然不同的语言，但是在很久之前，它们都源于共同的母语（印欧语）。有着共同母语的语言都属于同一"语系"。今天全世界共有 13 大语系，大部分语言都由它们演化而来。

哪种语言使用最广泛？

今天，全世界共有 6000 多种语言。一些大国要使用多种语言（印度有800 多种语言）。还有一些大国只有一种语言，但不同的地区会说不同的方言。在这两种情况中，国家通常会选定一种"官方"语言，供学校、大众媒体（比如电视）及政府使用。自然，汉语——世界上人口最多的国家所用的语言——是世界上说得最广泛的语言。西班牙语和英语的使用人口依次排在汉语之后。英语是最常见的国际语言，这意味着世界上说英语的地区数量最多。

为什么世界上有不同的宗教？它们是如何传播的？

早在人类初期，很多人都信仰一种力量，或崇拜比自己强大的人和物。这种信念就是宗教。在古代，信仰是理解自然界神奇之处的一种方式。例如，人们认为恶鬼是造成恶劣天气与疾病的元凶。古人认为，那些友好的幽灵，能帮助他们赢得战争，或者获得良好的收成，当他们向这些幽灵献祭或祷告时，就有了把握自己命运的方法。即使在今天，人们知道了雷电、火山爆发等现象的科学解释，但当遇到诸如生命的意义或者悲剧的根源等难以理解的事情时，仍然会从宗教中寻找答案。

　　虽然大部分宗教都有着共同的起源，即人类信仰强大力量的需要，但其中包含的理念、实践和传统却各不相同。很早以前，不同的群体——被沙漠、山峰和海洋分隔开——形成了符合其独特生活方式的特殊宗教信仰和信仰方式。例如，有些民族，像古希腊人，他们的宗教建立在信奉多神（又称多神论）的基础上，而有些民族，像犹太人，他们只信奉唯一的神（又称一神论）。人们建造宏伟的庙宇、神龛和教堂，来表达他们对神的尊重，信徒通过仪式、宗教经典、祷告及其他方式表达他们的信仰。随着文明的进步和长途旅行方式的改进，探险家、商人、移民和传教士把不同的宗教信仰带到世界上的其他地区。在传播过程中，它们常常变成不同的形式，能更好地适应不同地区的现实条件和人民的需要。世界上几个重要的宗教都发源于亚洲，然后传播到其他地区——中东的犹太教、基督教和伊斯兰教，印度的佛教、印度教和锡克教，中国的道教和儒教，日本的神道教。

世界上哪一种宗教流传最广？

　　今天，世界上大约有 4300 种宗教。全球近 75% 的人口都信仰 5 种最有影响力的宗教之一，基督教、佛教、印度教、伊斯兰教和犹太教。基督教在现代世界流传最广，有 21 亿信徒，它以耶稣基督的教义为基础，大约 2000 年前，耶稣基督在巴勒斯坦布道。伊斯兰教拥有 13 亿信徒，是全球第二大宗教。

城市生活

城市圈、城市和大都市带有什么区别？

　　城市圈由一个核心城市和附近的社区共同组成，从而变成比一个城市更大的居住区。一切城市居住区都叫城市，它比城镇要大，有着自己的政府和其他公共服务，能独立发挥作用。大都市带指的是人口超过 1000 万的多城市聚集区。

哪个城市最大？

世界上很多城市都很"大"，这意味着它们的人口都超过 1000 万。根据 2005 年的估算，日本东京是全球最大的城市，人口总数达 3320 万。

哪个城市最小？

沙特阿拉伯的佛达尼亚市很可能是世界上最小的城市：它只有一个警察局、一所学校、一家超市、一座加油站、一个健康中心和差不多 10 座住宅。根据《吉尼斯世界纪录大全》的记载，克罗地亚的胡姆（Hum）是世界上最小的城镇，只有 23 位居民。这个小镇崛起于中世纪，一面被高塔和城墙围住，另一面被住宅的外墙封闭起来。

世界上最大的工厂在哪里？

工厂也称制造工厂，是一种大型建筑物，工人在这里生产并安装各种类型的实用物体，或者操作机器来制造它们，包括飞机、汽车、鞋子、服装、家用电器——甚至还有巧克力。今天的工厂通常都有大型车间，放置着用于流水线生产的重型设备。大部分工业城市——像中国的上海、韩国的首尔、密苏里的圣路易斯和密歇根的底特律——都建有工厂。美国宾夕法尼亚的好时公司有世界上最大的巧克力工厂，每年生产 10 亿磅（4.5 亿千克）巧克力。大城市里的回收工厂回收数百万用过的铝制罐、塑料瓶和玻璃容器，并生产出新的来。世界上最大塑料瓶回收工厂坐落在美国南卡罗来纳州的斯帕坦堡市。

核能如何保障一个城市的运行？

通常情况下，我们通过燃烧石油、天然气、煤或者木头等来获得热能。大批量的热能可以用来加热水，随后产生的水蒸气能驱动发电机，为城市供电。燃料燃烧（氧化）是一种化学反应，把一种形式的能量转换成另一种形式：重组燃料和氧气中的元素，形成灰、烟、废气和热量等物质。

核裂变反应产生热量的方式不同：它让元素发生自我裂变，变成质量较小的废弃产物，释放出巨大的能量。铀和钚等重元素的最小物质粒子——原子，为核反应提供燃料。原子核位于原子中心，它由更小的粒子——质子和中子——组成。一股强大的力量把原子核聚集在一起，原子核分解以后，将这股

🔵 伦敦地铁系统的轨道全长超过 250 英里（400 千米），每天为 300 万人提供服务

力量释放出来。当高速移动的中子撞击燃料原子的核子，把它们分解得更小时，核反应就开始了。这些反应反过来又释放出更多中子，中子分解更多的燃料核。所有运动释放出巨大的热量，这些热量可以用来制造水蒸气，从而驱动发电机。

为什么核能很危险？

由裂变产生的核能拥有这样的优点，即只需要很少的燃料便可产生大量能量。［2 磅（0.9 千克）核燃料可产生 650 万磅（295 万千克）煤才能产生的能量！］富有挑战性的一点在于，整个过程必须十分小心地控制着。（在核反应堆中，吸收中子的控制棒在反应堆的核心不断进出，以控制反应过程。）倘若不加以控制，核反应堆中的压力就会加大。如果压力不断加大，放射性气体很可能会随着蒸汽释放出来。这就会引起类似于 1986 年苏联切尔诺贝利核电站的事故，它导致的核污染至今仍然存在。

一个不加以控制的核反应，会将有害的放射性物质（比如能引起甲状腺癌的碘同位素）释放到环境中。这种核裂变的副产物，是与核能息息相关的问题。核反应堆被一层层厚厚的钢和混凝土包裹住，以防止放射物泄漏。此外，因为剩余的核燃料具有高度的放射性，所以必须远离人群，精心储存，直到

121

核能如今满足着全球大约 15% 的能量需求

几十年或者几百年以后，才能恢复其安全性。危险废料的运输与储存，是核能的另一个挑战。今天，人们将用过的燃料封存在安全容器中或者埋藏在地底下。

我们获得核能的过程叫作裂变，在裂变过程中，原子核分裂产生大量的能量与热量。但是聚变也能产生核能，在核聚变过程中，原子核相互聚集。科学家们仍在致力于制造出一个令人满意的核聚变反应堆。太阳通过氢气的核聚变反应，产生大量的能量和热量。

农场生活

我们的食物从哪里来？

在工业化国家，人们吃着来自于世界各地的食物。这些国家有经济能力，购买通过飞机或船舶从遥远的地方运来的食物。这里有着各种各样来自全球各个角落的罐装和包装食品。甚至水果、蔬菜、鱼肉等新鲜食物，也可以利用冷藏船横穿大洋远渡而来。所以那些曾经罕见的食物，现在几乎一年四季都能吃到，它们来自于气候与季节完全不同的地方。这意味着你嘴里的芦笋和草莓可能生长在附近——或者地球的另一端！今天，当你看着碗橱时，就像在做一次环球旅行：你能喝到印度的茶、巴西的咖啡，吃到意大利的橄榄油等等。过去，人们只能吃到自家农场栽种的或从当地市场买来的食物。不过的确，发展中国家的许多人至今还是这种生活状态。

联合收割机怎样帮助农民？

联合收割机能节约农民的时间和劳动力。现代机械出现以前，收割农作物是个艰苦的过程。采集与收割成熟植物都要靠手工完成。农民使用锋利的长柄大镰刀和弯镰刀，割下小麦等粮食作物。即使速度最快的收割者，一天也只能完成三分之一英亩（1349 平方米）的收割工作。因为雨水能浇毁收割好的小麦，所以扎捆工迅速把它们扎成捆，这样如果雷雨到来，也能安全储存。

从前，农民使用人工和简单的木制工具把谷种从茎秆上分离下来。但在 1786 年，出现了一种代替人力脱粒机的机械打谷机，小麦在两个滚筒间摩擦以后，便从茎秆上分离开来。1840 年左右，人们又发明了一种收割机，它的旋转砂轮把谷物的茎秆压到锋利的刀片下，刀片再把它们割下。今天，一种叫作联合收割机的农业机械也有相似的功能。这些机械效率很高，集收割、收集和打谷于一身。一台机械不到一小时便能收割 2 公顷庄稼。

最早的挤奶机是谁发明的？

据报道，公元前 300 年左右，古埃及出现了原始的挤奶机，人们把空心麦秆插入奶牛的乳头来挤奶。美国发明家在 19 世纪 60 年代左右找到了更加高效的挤奶方式，但是在这之前，人工挤奶一直很流行。1860 年，李·科尔文（Lee Colvin）发明了第一个手持泵设备。1879 年，安娜·鲍德温（Anna Baldwin）申请到了一种挤奶机的专利，这种挤奶机有一个很大的橡胶杯，橡胶杯一头连着牛的乳房，一头连着泵杆和桶。动一下泵杆，牛奶便从牛的乳房挤出，流到桶里面。鲍德温的发明是美国最早的专利之一，但没有获得成功。和当时其他的挤奶机一样，她的挤奶机也不断地挤压牛的乳房，伤害到奶牛脆弱的乳腺组织，使得它们踢起脚来。这些想法为几十年以后成功的挤奶机的出现，奠定了基础，今天的挤奶机利用计

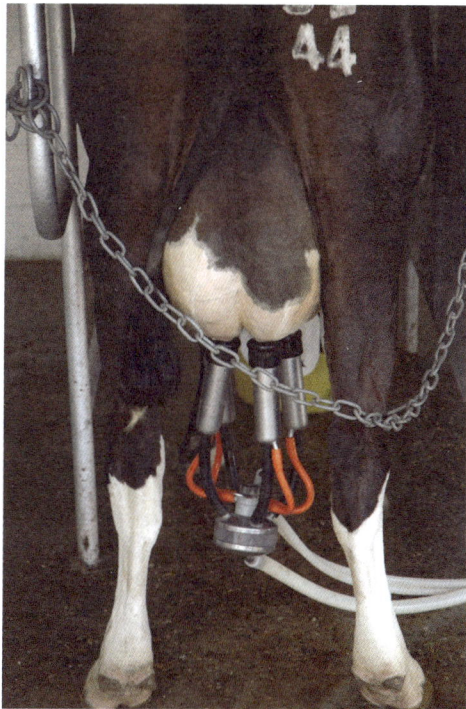
🔵 农民过去常常用手挤奶，但现在大部分乳牛场都使用这种挤奶机

算机化的真空挤奶器来挤奶。

什么是条播机？

条播机是一种帮助农民把种子播进土里，再把土覆盖上的设备。它是英国农民杰思罗·塔尔（Jethro Tull）于 1701 年发明出来的，能让农民以特定的速度，把种子播进土里，种子的深浅一样，每行之间的距离也一样。在这之前，农民用手随意把种子撒到地面上，种子落到哪儿就长在哪儿。有了条播机，农民便能控制农作物的生长，能减少浪费。除了条播机，塔尔还发明了包括马车锄和一种改进的犁在内的几种工具。虽然今天已经有了更加复杂的机械，而且与过去的机器相比，它们能帮助农民完成更大面积的耕作，但是条播机也仍在使用。

风车有什么用途？

风车是一种外表形似巨型风火轮的机械装置，自古以来，人们一直利用它发电和磨麦子。利用风车驱动机械装置，便能把小麦磨成粉，把玉米磨成玉米片。风车还能驱动锯木材的工具和制造出油、纸、香料、粉笔和陶器等常见家居用品的工具。

今天，在多风的山坡上，矗立着许许多多用来发电的巨型风车——它们的叶片有 60 米长。因为这些斜叶片都绑在一个轴上，所以在风力的推动下，它们便转动起来。转动的轴驱动发电机，发电机产生电能。它们有时被称为风力发电机或风力发电场。

为什么农作物要喷洒农药？

农民和州政府使用化学农药，以防止农作物在生长过程中受到害虫、杂草和真菌性病害的危害。他们在农作物的储存过程中，也会喷洒农药，避免田鼠、老鼠和昆虫糟蹋粮食。虽然这些行为旨在保护人类健康，并为超市供应各种各样的水果和蔬菜，但它们也会给人类、野生动植物和环境带来伤害。这也是为什么有些地区对化学农药的出售和使用有着严格的控制。

什么是有机农业？

虽然今天大部分农场都使用化学药剂来控制杂草和虫害，增加蔬菜、牛

奶或者蛋类的供应，但是有一些农场主选择不用化学药剂来经营他们的农场。有机农场主认为，很多农场主使用的化学药剂会损害到环境和食用这些食物的人，他们觉得，天然肥料与一些虫害防治的方法能达到与化学药剂同样的效果，而且更加健康。

20世纪30年代，一位名叫艾伯特·霍华德（Albert Howard）的英国农场主与科学家开始用有机农业代替现代化学方法。他的想法传到世界各地，并在20世纪40年代被美国采用。有机农业有一个基本原理，即专注于用牛粪等天然肥料让土壤保持肥沃。植物在这种肥沃的土壤中能生长得更加茂盛，也能更好地抵御病虫害。他们还通过放置捕虫器或者引进益虫的方法消灭害虫，这些益虫会捕食那些损害农作物的害虫。在一些极端情况下，他们需要使用农药，但为了保持合格的美国有机农场主的身份，他们要用植物型杀虫剂（用植物制成的杀虫剂），而不是合成化学药剂或人工化学药剂。

有机农业带来的污染比较少吗?

是的。有机农场主还尝试使用人力而不是以汽油为燃料的交通工具来完成更多的任务，从而减少燃料的使用，减少污染。饲养奶牛或鸡等家畜的有机农场用天然食品做饲料，从而避免使用会带来污染的化学药剂与生长激素，这些化学药剂和生长激素能提高奶产量与蛋产量。有些有机农场主还让家畜在一个广阔的空间里自由漫步（人们用"自由放养"描述这些动物），而不是把它们整日关在可调节气温的狭小围栏里。

什么是养鱼场?

养鱼场是一种商业机构，它生产有限数量的鱼，出售给饭店和超市。这一商业被称为水产业，包括养殖鱼、虾、贝类和海藻。鱼既能在自然环境中生长，比如池塘、湖泊、河流和小溪，也能在人工环境中生长，像贮水池、水池和特殊的笼子。世界各地的养鱼场满足着全世界一半以上的食用鱼供应。

农场动物能被克隆吗?

苏格兰爱丁堡市罗斯林研究所的一组科学家宣布了小羊多莉的诞生，多莉是世界上第一只成年哺乳动物的克隆品（原样复制品）。创造多莉的过程被称为体细胞核移植，以一只羊体内的卵细胞为开始。科学家们破坏了卵细胞的

公鸡是成年的雄性鸡。很早以前，当人们还没有开始养鸡时，它们就生长在野外，那个时候，公鸡通过打鸣呼唤母鸡来交配。因为这些响亮的啼叫引来母鸡的同时，也引来了敌人，所以也给它们自己带来麻烦。因此，为了不被吃掉，它们开始差不多只在难以被察觉的时候打鸣，像光线昏暗的黎明或黄昏。今天的公鸡还在继续打鸣，基本上是在清晨或者傍晚。但是，因为黎明时分周围没有什么别的活动和噪声来分散你的注意力，所以通常这个时候打鸣声最引人注意。

细胞核以后，把从另一只羊的细胞内提取出的细胞核注射到这个卵细胞里面。在微量的电刺激下，捐赠的细胞核融于卵细胞，它们形成的新细胞开始分裂。科学家们随后把这一群细胞植入提供卵细胞的羊的子宫内，5个月以后，多莉出生了——和提供细胞核的羊长得一模一样，而不像怀它的羊。虽然克隆哺乳动物充满争议，但是有些科学家认为，克隆农场动物对畜牧业农民大有好处，他们可以利用这种技术，只饲养那些能产最多的奶和最好的皮毛的高品质动物。

奶牛怎么能产出这么多的牛奶？

和所有哺乳动物一样，奶牛也分泌出乳汁来喂养小奶牛。如果小牛定期吃奶的话，母牛的乳腺就会分泌出足够的乳汁，以满足小牛所有的食物需求。慢慢地，随着小牛吃的草和其他食物变多，吃奶就会变少。反过来，母牛分泌出的乳汁也越来越少，直到最后小牛完全不再吃奶。

但是定期给奶牛挤奶——每天两到三次，奶牛场主就可以让奶牛继续产奶。有些品种的奶牛尤其善于产奶，日产奶量达18—27品脱（大约2—3加仑或10—15升）。奶牛圆圆的大乳房长在身子下面，共有四个乳头，通过挤压可以释放出储存在里面的牛奶。过去人们靠手工挤奶，而现代奶牛场的挤奶工作通过装有抽吸软管的机器完成，它们的速度更快，成本也更低。罐车每天从奶牛场收集牛奶，把它们送到加工厂，在那里，牛奶经过巴氏消毒（变成无菌的），用来制作奶酪、黄油和冰淇淋等乳制品。

为什么奶牛整天都站在地里进食？

为了每天产出 4 加仑（15.14 升）或者更多的牛奶，奶牛不得不吃下大量的食物。奶牛为了产奶，需要吃下额外的食物以提供额外的卡路里。一头大型奶牛每天很可能吃下 150 磅（大约 68 千克）的草，此外，咀嚼它们需要大量的时间。

奶牛的胃很特殊，使它们吃起东西来很慢。人的胃只有一个室，而奶牛的胃有四个室。当奶牛吃下一口草时，它不咀嚼就立刻吞下。食物进入第一个室即瘤胃（有着这种胃的动物被称为反刍动物）后，和里面的液体混合，形成柔软的物质。当奶牛休息时，这些糊状草又反刍或反流上来。随着这些"反刍的食物"流经其他几个室，它们便被完全咀嚼、吞下和消化掉。一头奶牛每天要花将近 9 个小时来咀嚼反刍的食物。科学家们认为，当牛等动物生活在野外时，它们不得不在捕食者攻击之前，匆忙吃下草。它们特殊的胃能让它们把食物储存起来，以便之后躲起来或脱离危险时再咀嚼消化。山羊、绵羊、骆驼和羚羊也都是反刍动物。

为什么马站着睡觉？

马站着睡觉有很多原因。它们的腿可以固定站在一个地方，这样便能睡着而不会摔倒。因为马是被捕食者，所以它们躺在地上睡觉会觉得很不放心，它们基本上都是在白天睡觉，不在晚上睡觉，因为晚上捕食者会出来觅食。马有笔直的背部，所以不能迅速爬起来。如果捕食者靠近，而马正睡在地上，那

为什么苍蝇喜欢粪便？

苍蝇喜欢动物的粪便——比如狗粪、猫粪、牛粪或者马粪，这是因为这些温暖潮湿的地方是产卵的理想场所，还在幼虫变成蛹的过程中，为它们提供食物。苍蝇落到粪堆上寻找令人垂涎的细菌，这些细菌能让它们饱餐一顿。虽然这听起来很恶心，但是苍蝇的工作就是寻找致病菌，然后吃掉它们。然而，因为吸引它们的都是粪便和腐肉，所以苍蝇常常携带着痢疾、伤寒症和霍乱等疾病。

🔵 猪喜欢在泥里打滚，这是为了保护自己的皮肤免受太阳和昆虫的伤害，而不是因为它们是肮脏的动物

么它很可能不能立刻爬起来逃走。然而，马偶尔会在白天躺下来打个盹儿，让腿休息一会儿。当马成群结队的时候，它们常常在休息时轮流保护着彼此，此时一匹马站在其他熟睡的马身边。

猪为什么这么脏？

因为猪几乎什么东西都吃，所以人们习惯上用农场的剩饭菜和废弃物喂养它们。这种不好看的食物——通常被称为半流质——可能包括农场家庭剩下的食物残渣，或者在黄油、奶酪乃至啤酒的生产过程中产生的无用副产品。猪是天生的觅食者，当它们身处野外时，常用嘴拱起树根或翻土寻找食物。农场用低矮的槽给猪喂食，但是因为它们的大嘴和觅食习惯，吃相还是很不雅。除了脏这个名声外，猪还通常被圈养在靠近农场建筑物的围栏或猪栏里，这样喂起食来也快速方便。猪——和它们的脏乱——只被限制在很小的范围内，不像牛和羊，它们能在牧场里自由漫步。因为人们养猪主要是为了它们的肉和脂肪，所以喂给它们大量的食物，它们大部分时间也都在吃。小猪出生时只有几磅重，但不到一年，就能长到 200 多磅（90 千克）。

政治与国家

国家

世界上有多少个国家？

今天，全世界大约有 193 个国家。但是因为国际政治格局不断改变，所以国家的数量也在不断变化着。

哪个国家最大？

俄罗斯是世界上最大的国家，国土面积约为 1707 万平方千米，横跨欧亚两大洲。加拿大是世界上第二大国家，但比俄罗斯小得多，它的国土面积约为 998 万平方千米。

哪个国家最小？

梵蒂冈是世界上最小的国家。它坐落在意大利的罗马城，面积为 0.44 平方千米。梵蒂冈是罗马天主教会最高权力机构的所在地，这里还是教皇——教会最高领袖——的家。

教皇名义上统治着梵蒂冈的 850 个居民，但实际上，州长和议会管理着整个国家。梵蒂冈有自己独立的货币、邮票、国旗和外交使节团。摩纳哥的国土面积大约 2 平方千米，是世界上第二小的国家。

历史学家至今仍在争论这一问题。亚特兰蒂斯是一个海岛的名字,据传它在很早以前就沉陷了,那里曾经诞生过伟大的文明。很多故事和宗教都提到过亚特兰蒂斯城,公元前360年,杰出的哲学家柏拉图在《克里提亚斯》一书中,写到了一个伟大的高度发达的大陆,但沉没了。柏拉图认为,亚特兰蒂斯坐落在大西洋上,差不多有利比亚和亚洲加起来那么大,有着强大的军队,军队装配着战车。虽然历史学家认为大西洋上并不存在这样的岛屿,但一座火山岛曾在公元前1645年爆发。火山岛的中心——今天被称为圣托里尼岛(Santorini)或锡拉岛(Thera)——沉没了。该岛的发掘结果展现了一个可能为亚特兰蒂斯的发达文明。考古学家已经发现这座城市里一座复杂的多层建筑物,建筑物里有壁画、家具、石器与铜器以及一个精心设计的排水系统。

国家是如何形成的?

国家通常由一个存在某些共性且成员之间相互认可的团体组成。人们可能因为共同的种族、宗教、语言、历史或者文化而产生国家的归属感。因为其独特性,这一团体认为国家应当实现独立的自我管理。这种身份认同感和对团体的忠诚度是国家崛起的主要条件。一些国家疆域辽阔,有着复杂的征战历史,从而成为许许多多不同团体的共同家园,这些团体都有着各自的信仰、语言和习俗。团体间的差异性常常妨碍他们的相处。如果某些团体把自己的利益置于国家利益之上,那么国家的力量就会被削弱。但是,如果存在接受和合作的精神,国家在许许多多不同团体的不同理念和文化的作用下,也能变得丰富多彩。

什么是"内陆"国家?

内陆国家没有海岸线,这意味着它不与海或洋直接相通。截至2007年,世界上共有44个内陆国家。非洲有15个,亚洲有12个,欧洲有15个,南美洲有2个。哈萨克斯坦是世界上最大的内陆国,同时也是世界第9大国,国土面积为265万平方千米。世界上还有两个国家属于双重内陆国家,这意味着它们被内陆国家所包围，这两个双重内陆国家是列支敦士登公国和乌兹别克斯坦。

每个国家都有自己的国旗吗？

每个国家都有国旗。旗帜的历史要追溯到公元前 1000 年左右，当时古埃及人用一种原始的旗帜——有些用木头或金属制成——来识别自己并向他方发出信号。船只开始在海上用旗帜向彼此或海港发出信号，常常是在通知对方，船上有患病船员。今天，我们仍利用旗帜让水手们知道大海上的天气状况。军队仍利用旗帜集结部队。在古代战争期间，斩获敌军的旗帜被视作一种荣耀。今天，国旗最常见的用途是作为国家身份的象征，而这在 18 世纪就已经达成了共识。当新大陆被发现以后——例如，当珠穆朗玛峰和月球被征服时——探险家们高举本国旗帜，显示他们是踏上这些处女地的第一人。

战争

为什么会爆发战争？

自有历史记载以来，战争就不曾中断，而它们的历史绝对比这要早。当一个团体（侵略者）欲把自己的意愿强加给另一个团体而引起这个团体的反抗时，战争就爆发了。人们之间的差异性或者一个团体企图通过控制另一个团体的土地来增加自己的力量或财富，是引发战争的主要原因。侵略者常常认为自己比他们想控制的团体优越：他们认为，与他们想要征服的对象相比，他们的宗教、文化或者种族都更胜一筹。这种优越感让他们觉得，掠夺土地、财富乃至"低等"团体的生命或者按照他们的方式施加统治都是可以接受的。

因为不同的国家可能有着截然不同的政府、宗教、习俗和意识形态（思维方式），所以国家间存在分歧毫不令人意外。但是，国家在出现战争这样的毁灭性结果之前，通常要尽最大的努力通过讨论和磋商——所谓的外交程序——来解决争端。外交失败往往导致战争的爆发。因为科技已经让我们制造出了强大的杀伤性武器，这些武器能带来毁灭性的战争，所以我们现在有了始终以维护国家间的和平为宗旨的国际组织。

● 几个世纪以前，当战争主要是刀剑相向时，士兵们常常身穿盔甲。然而，这些金属盔甲无法抵挡今天的子弹

为什么士兵以前身披盔甲？

自古以来，军人在战争期间就会穿着特殊的服装或盔甲来保护自己。人们用皮革、木头、贝壳乃至芦苇等坚硬的材料，为士兵提供抗击敌军利箭的额外保护。大约 3500 年前，中东的战士开始用金属制作盔甲。到了约 1000 年以后的古希腊时期，士兵把大块金属戴在胸部和背部，穿着护胫，戴着金属头盔，还携带着金属盾牌。

不久，士兵就有了铠装，这是一种把金属条和金属片连在一起做成的盔甲。随后又出现了锁子甲，锁子甲是一种金属布。锁子甲用许多小金属环连在一起做成，比金属板灵活得多，但无法抵御长矛等大型武器的威力。因此在 14 世纪左右，用钢板做成的盔甲套装出现，用铰链连接在膝盖和胳膊肘处。有了这个套装，士兵从头到脚全副武装，头上的金属头盔能遮住他们的脸、头和脖子。士兵通过面甲上的小缝隙或者开口来观察和呼吸，面甲是一种可移动的金属盖，能掀起来。只有重要的或者有钱的士兵，才穿得起这种精心制作的盔甲。盔甲套装太过沉重，士兵穿着它们无法灵活移动；当他们骑马征战时，最常穿这种盔甲。甚至马儿有时也穿着盔甲。

随着战争方式与武器的变化，笨重的盔甲不再实用。能让士兵迅速轻松地移动变得更加重要。今天的士兵通常身穿布制服和防弹衣，头戴钢盔。但是盔甲还应用在坦克、舰艇和直升机等战争交通工具上。警察身上的防弹背心也是一种盔甲。

事物的工作原理

概述

发明和发现有什么区别?

发明指的是地球上不存在而由人类制造出来的某种事物,包括条款、装置、工序、机器和玩具——从阿斯特罗特夫尼龙草皮到拉链。发现指的是地球上存在而人类未知或尚未"发现"的事物,比如说外太空的黑洞。发明与发现的实现常常需要以一种新方式将已有的科技融合在一起,这可能要历时几个世纪。它们的出现通常是为了满足人类的需要,比如说发明药物来治病;或者出于发明家希望更加高效地完成某项任务的愿望,比如说工具或机器;或者甚至源于偶然,像紧身衣就是这样。有的发明或发现属于个人成就,有的则属于团队成果。有时,同一种发明由不同的人在同一时间独自完成。个别情况下,不同的人在同一天发明出一模一样的东西。

什么是工业革命?

工业革命时期,不同社会都将其关注点从农业转移到大规模生产和工业上来,所以这是一个彻底变革的时代。它开始于 18 世纪的英国,到 19 世纪早期已经蔓延到西欧和美国。制造业中蒸汽机的引进,标志着工业革命的开始。随着发明家制造出取代人力的新机器,农业、纺织和金属制造业、交通、经济政策和社会结构都发生了翻天覆地的变化。到 18 世纪晚期，大部分成品通过先进的机械设备大批量生产出来——它们之前都是利用人力或简单的机器制造而成。人们建造工厂以放置新机器，人口也随之由农村地区向城市地区转移。

什么是诺贝尔奖？

诺贝尔奖是最著名的国际科学奖项。它分设化学、物理和生理学或医学三个奖项，每年授予在这些领域做出了重大贡献的人。该奖项由瑞典化学家和实业家阿尔弗雷德·诺贝尔设立，诺贝尔发明炸药以后获得了巨大财富，并留下了许多财富作为该奖项的基金。自 1901 年以来，诺贝尔奖已经授予来自于世界各地的先生们和女士们，奖励他们在这三个科学领域以及文学与和平领域做出的发明与发现。包括伊凡·巴甫洛夫（1904 年）、阿尔伯特·爱因斯坦（1921 年）和莱纳斯·鲍林（1954 年）在内的著名科学家和发明家，都获得过诺贝尔奖。从 1901 年到 2008 年间，共有 500 名科学家获得诺贝尔奖，其中，女性科学家有 11 人。在她们中，玛丽·居里是唯一在不同领域获得了两次诺贝尔科学奖的人：1903 年获得物理学奖，1911 年获得化学奖。

建筑

钢铁怎样应用到摩天大楼中？

摩天大楼是一种高大的多层建筑，由钢铁建成，钢铁比砖、石头等其他建筑材料要结实得多，也轻得多。19 世纪晚期，钢铁生产开始普及，建筑师尝试把钢铁铸成长而细的大梁。第一座摩天大楼出现在 19 世纪 80 年代的美国，它使用的材料就是用钢梁做成的立柱和水平梁。有了这一支架，建筑物便能建到十几层之高。设计师用捆绑钢管取代重梁以后，摩天大楼的高度又增加了一大截。芝加哥西尔斯大厦等简体建筑的大部分支撑力来自于外墙中由钢柱和大梁组成的坚硬的网状结构。因为重量较轻的部分所需的支撑力较小，所以建筑师能增加更多的重量。额外的横梁可以呈对角放置以增加其支撑力，但几乎不会增加额外重量。横梁和支柱用螺栓拴住，四面都有焊接，这样起风时大楼就不会整体四处摇晃。

世界上最高的建筑是什么？

阿拉伯酋长联合国的哈利法塔，以 2064 英尺（629 米）的高度成为世界上最高的摩天大楼。早在 2009 年，坐落在中国台湾省台北市信义区的台北 101 大厦是全球已建成的建筑物中最高的。101 大厦建成于 2003 年，共 101 层，高 1671 英尺（509 米），超过了当时世界上最高的建筑物——马来西亚吉隆坡的双子塔。位于伊利诺伊州芝加哥市的西尔斯大厦是世界第三高楼，人们能在这里生活和工作。它由西尔斯罗巴克公司于 1970 年开始修建，于 1974 年建成，共 110 层，高 1450 英尺（442

🔵 阿拉伯联合酋长国的哈里法塔，成为世界上最高的摩天大楼

米）。[如果算上天线的话，得有 1730 英尺（442 米）高。] 坐落在加拿大多伦多的加拿大国家电视塔也是一座高层建筑（尽管并不做生活与工作之用）。这座传输塔建于 1976 年，高 1815 英尺（553 米）。

升降电梯是如何工作的？

升降电梯把乘客和货物从一层楼运送到另一层楼，对于摩天大楼等高层建筑物来说，十分重要。供人们乘坐的升降电梯的轿厢与护栏相连，护栏安装在一个叫作垂直通道的长长的空间通道里。电梯依靠钢索移动，钢索系在一个能维持其平衡的大型重物上。当升降电梯在楼层之间升降时，电动机控制着钢索的升降，从而改变轿厢的方向和重量。（通常情况下，电梯里都标有显示轿厢载重限制的数字；如果轿厢的重量超过平衡它的重量，电动机就无法运转。）

为什么它们被称为摩天大楼？

有些建筑物之所以被称为摩天大楼，是因为它们高耸入云，内部建有支撑其楼层与墙体的钢铁框架。施工人员在弄清如何建造这种框架之前，用石头或砖块砌成的墙壁来承担建筑物的重量，如果建筑物建得过高，它们便无力承担。高层建筑如果用石头或砖块作为主要材料，它的底层就要筑有厚厚的墙壁，以支撑墙体和较高的楼层。厚厚的墙壁浪费了很多有用空间。因为城市土地有限，所以施工人员尝试用其他材料和施工方法建造出实用性更高的大楼。1885 年，威廉·勒巴隆·詹尼（William Le Baron Jenny）终于在芝加哥建成了世界上第一座摩天大楼。虽然这座家庭保险公司的大楼只有十几层，在今天看来很矮，但它是最早利用内部钢框架来支撑整座大楼的建筑物。从那以后，高楼大厦拔地而起，直插云霄。在这之后，仅仅过去 30 年，人们便建造出了 60 层高的大楼。

最早启用的升降电梯的安全性不是特别好，这是因为一旦钢索断掉，靠重力拉动的轿厢就会轰然坠落。但是，电梯中很快加装了安全装置，以防止这类事故的发生。[美国发明家伊莱沙·奥的斯（Elisha Otis）在 1853 年发明了第一座"安全"升降电梯。]轿厢系上了额外的绳索，护栏也用坚硬的金属钳夹紧，即使主缆断掉，电梯也不会滑落。还有一些安全装置能在门打开的情况下，阻止升降电梯继续运行或者运行过快。有了垂直通道中的自动开关，电梯能快速通过非停靠层，到了停靠层时便减速停止，开门让乘客上下。因为长度过长的升降电梯实用性并不高，所以一些大楼有多组升降电梯，有的负责运送乘客上楼，有的为较高的楼层服务。

自动扶梯是如何工作的？

自动扶梯是一组移动台阶，把人从一层楼运送到另一层楼，常出现在百货商店、机场或其他公共场所。台阶下面有一条绕着轮子转动的连续传送带。台阶与两侧的传送带和一条中心传送带相连，传送带由电力驱动。扶梯两边的移动扶手以同样的方式运行，并与台阶移动的速度保持一致。扶梯顶端和末端的台阶能折叠放平，以便在地面下运行，绕传送带环转以后，再次打开并运行。同一组台阶可根据传送带被驱动的方向上下移动。

地面交通

缆车如何停止和行驶？

　　缆车也被称为"无尽的索道"，由安德鲁·史密斯·海里戴（Andrew S. Hallidie）发明，并于 1873 年在加利福尼亚州的旧金山投入使用。有了缆绳，缆车才能行驶，缆绳在一个通道上连续运转，通道位于铺设在街道下方的轨道之间。缆绳由中心站控制，通常以每小时 9 英里（14.5 千米）左右的速度运转。每辆缆车的底部都有一个叫作电缆夹的附件。当缆车的开动者拉动控制杆，电缆夹就会夹紧移动的缆绳，并随之一起移动。当他放下控制杆，电缆夹就从缆绳上松开，启用刹车，缆车便停止移动。

谁发明了汽车？

　　汽车的历史十分复杂，要追溯到 15 世纪，当时意大利发明家和工程师列奥纳多·达·芬奇正为交通工具制作设计图并制造模型。然而，因为卡尔·奔驰和戈特利布·戴姆勒最先让人们开上汽车，所以他们被誉为汽油驱动汽车的发明者。奔驰和戴姆勒都是 19 世纪的德国工程师，但他们互不知晓对方的工作，并各自完成了自己的发明。他们都利用小型内燃机来驱动汽车。1885 年，奔驰制造出三轮车，三轮车由耕作机舵柄（耕作机是一种用来翻土的农业工具）控制着。1887 年，戴姆勒发明出四轮汽车。

最早的蒸汽驱动车和汽油驱动车分别是什么样子？

　　在奔驰和戴姆勒之前，还有更早的机动式车辆，这包括尼古拉斯·约瑟夫·屈尼奥（Nicolas Joseph Cugnot）发明的蒸汽驱动装置。1769年，这个法国发明家开着他的小车在巴黎街道上以每小时 2.5 英里（4 千米）的速度行驶着。英国发明家和采矿工程师理查德·特里希维克（Richard Trevithick）也发明了一种能承载 8 名乘客的蒸汽机车，并于 1801 年在英国

137

● 不少人希望电动汽车能帮助减少污染，并降低美国对石油进口的依赖

的坎伯恩首次驾驶。1826 年，伦敦人塞缪尔·布朗（Samuel Brown）制造出第一辆具有实用性的四马力汽油机车。1862 年，比利时工程师艾蒂安·雷纳尔（J. J. Etienne Lenoire）发明出一辆装有内燃机并以液态烃为燃料的汽车，但是直到 1863 年 9 月，这辆汽车才开始上路试驾，它在三个小时内行驶了 12 英里（19.3 千米）。

电动汽车是如何工作的？

电动汽车看起来与汽车一模一样。它没有排气管和油箱，但总体结构与汽车基本相同。电动汽车没有巨大的引擎，而是通过电动机把储存在电池里的电能转化成机械能。电动汽车使用不同组合的动力生成装置——太阳能板、制动发电设备、驱动发电机的内燃机和燃料电池——以及储存装置。

人们最早在什么时候驾驶电动汽车？

在 19 世纪的最后十年间，电动汽车开始在美国各大城市异常流行。人们已经熟悉了电动手推车和铁路，科技的发展也带来了大大小小的发动机和电池。一款叫作爱迪生电池的镍铁电池成为电动汽车的首选电源。到 1900 年，电动车已经成为最受欢迎的汽车。那一年，美国共售出了 4200 辆汽车，其中 38% 是电力驱动车，22% 是汽油驱动车，40% 是蒸汽驱动车。到 1911 年，汽车启动马达淘汰了手摇汽油车，与此同时，亨利·福特已经开始大规模生产 T 型车。到 1924 年，美国全国汽车展上没有了电动汽车的身影，彼时，斯坦利蒸汽汽车也被弃用。

因为"清洁空气"法案的出台、20 世纪 70 年代的能源危机以及对环境状况的担忧，汽车制造商再次推广纯电动汽车和混合动力汽车。混合动力汽车的驱动系统有两个或两个以上的动力源，比如说一个汽油发动机与一个电动机。因派克特是美国通用公司出产的一款电动车。日本本田汽车公司有两款混合动力汽车：因赛特和思域轿车。1997 年，丰田普锐斯在日本首次上市，成为第一款量产的混合动力汽车。据美国环境保护署称，普锐斯 2008 款是在美国销售的最省油的汽车。基于以上原因，电动汽车与混合动力汽车可能成为未来的一种新趋势，从而最终取代纯汽油汽车。

桥梁有哪些类型？它们如何起作用？

美国共有超过 50 万座桥梁，它们帮助人们穿越山谷、溪流与铁路。桥梁主要有四种类型：梁式桥、拱桥、吊桥和悬臂桥。梁式桥是最简单也是最常见的一种桥梁，由笔直的板梁或大梁承载着路基的重量。它的跨度相对较短［通常不会超过 250 英尺（76 米）］，负重由支柱或支墩承载。拱桥通常由钢材或混凝土建造而成，呈拱形，依靠两端的承受轴向外推挤。它的跨度能达到800 英尺（244 米）。吊桥的路基悬挂在钢索上，钢索固定在河岸上，承受着大量负载。吊桥在桥中墩的情况下，能横跨很长的距离——2000 到 7000 英尺（610 到 2134 米）。悬臂桥是用悬臂建成的桥梁，悬臂向水平方向延伸，重量仅由一端承载。悬臂很可能只是简支梁；然而，用来承载公路或铁路交通的大型悬臂桥则依靠桁架支撑，桁架是一种相互连接的梁架，用结构钢建成。

世界上最长的桥梁在哪里？

庞恰特雷恩湖长堤是美国乃至全世界最长的桥梁，由两座平行的桥梁组成，位于路易斯安那州的新奥尔良市附近。大桥的辅道横跨 23.87 英里（38.42 千米）的水域，由超过 9000 根混凝土非金属桩支撑。辅道南端位于路易斯安那州的梅泰里市（Metairie，位于新奥尔良市的郊区），北端位于路易斯安那州的曼德维尔市。

纽约市的韦拉扎诺海峡大桥是美国最大的吊桥（一种主要承重构件悬挂在悬索上的桥梁）。它全长 4260 英尺（1298 米）。大桥两端分别起自历史名迹布鲁克林的汉弥尔顿堡和史泰登岛的沃兹沃斯堡，一个多世纪以来，这

139

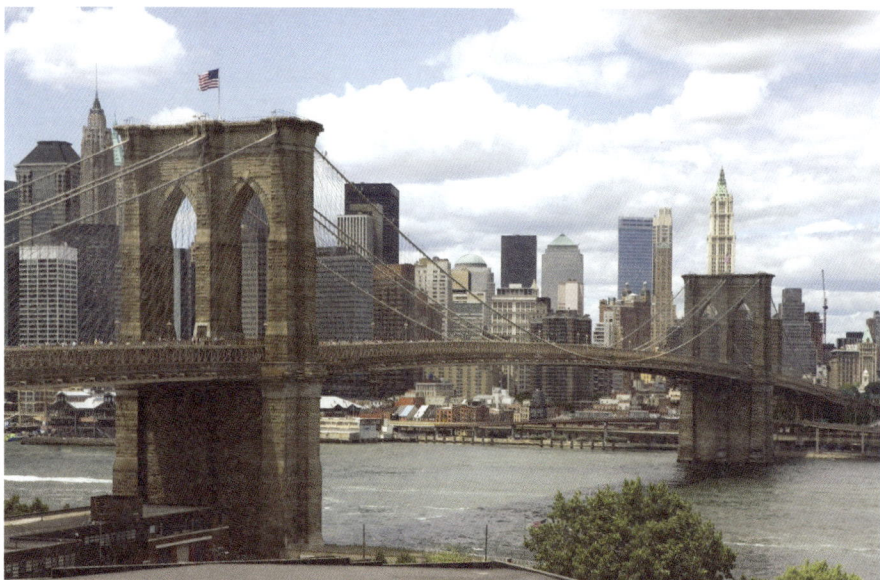

● 纽约的布鲁克林大桥是一座历史性的大桥，建于 1883 年，今天仍承载着大量交通

两座堡垒始终守卫着位于纽约湾海峡的纽约港。大桥以乔凡尼·达·韦拉札诺（Giovanni da Verrazano）的名字命名，韦拉札诺在 1524 年成为航行到纽约港的第一个欧洲探险家。旧金山的金门大桥是美国第二大吊桥，全长4200 英尺（1219 米）。紧随其后的是密歇根的麦基诺海峡大桥，它连接着该州的上下半岛。它的绰号为《巨无霸》，跨度为 3800 英尺（1158 米）。

日本、丹麦、中国和英国等国也建有长长的吊桥。例如，明石海峡大桥在日本又被称为珍珠大桥，是世界上最长的吊桥，主跨度为 6532 英尺（1991 米）。它只比前世界纪录的保持者东大桥长四分之一英里（0.45 千米）左右，东大桥位于丹麦，同样在 1998 年正式通车。

布鲁克林大桥是谁修建的？

1855 年，在德国出生的美国工程师约翰·罗布林（John A. Roebling）建造了世界上第一座真正意义上的现代吊桥。大桥的特征包括：桥塔支撑着大量钢索；路基悬挂在主钢索上。1867 年，罗布林担负了建造布鲁克林大桥这一伟大的任务。在他的设计方案中，他提出了一个革命性的想法，即用钢丝索代替弹性较差的铁索。大桥动工不久，罗布林便在一次事故中压碎了脚，患破

什么是"吻桥"？

"吻桥"是有顶和木制边缘的廊桥。之所以称作"吻桥"，是因为从大桥外面看不到桥内的人，大桥便成了很好的接吻私密场所。"吻桥"始建于19世纪，工程师为了保护大桥不被风雨侵蚀而为它们设计了覆盖物。从1805年到20世纪早期，美国共建成了10,000多座廊桥。到1980年1月，这些廊桥仅剩893座，其中光宾夕法尼亚州就有231座，该州也是第一座吊桥诞生的地方。

伤风去世，他的儿子华盛顿·罗布林（Washington A. Roebling）接手了建桥工作。14年后，也就是1883年，大桥最终落成。它是当时世界上最长的吊桥，横跨东河，连接着纽约的曼哈顿和布鲁克林。大桥的中心跨度为1595英尺（486米），石塔矗立在水面276英尺（841米）之上。今天，布鲁克林大桥是美国最负盛名的土木工程成就之一。

隧道是如何建成的？

隧道要么贯通大山，要么潜入海洋，为汽车与火车、水与污水以及电力线路与通信线路提供了空间。虽然隧道已经存在了几千年——罗马工程师建造出了古代世界最广泛的隧道网络，但今天的技术使其不断完善。为了修建一条稳固的隧道，工程师利用特殊的工具和设备，掘通土层或进行开凿工作。如果地面不稳定的话，工程师在挖掘隧道时就会在四周为其提供支护。他们常常使用隧道盾构进行支护工作，隧道盾构呈柱状，由隧道掘进设备向前推进，为隧道顶部提供超前支护。遇到坚硬的山石时，工程师使用巨大的岩石破碎装置来开山破洞，这种岩石破碎装置也称隧道掘进设备。一旦隧道有了稳固的结构，工程师就会进行最后的修整工作，例如修建道路和安装隧道灯。如果施工人员在水下工作，他们常常把预制隧道段滑动到固定位置，使其下沉，然后与其他部分相连接。

过山车是如何运行的？

过山车的工作原理相当于自行车在小山中滑行。当你向山顶骑行时，你

141

使劲蹬脚踏板以到达那里。然后，滑行的时候，你的双脚离开脚踏板，车子滑到山底。如果斜坡够陡的话，下降速度就会非常快。相似地，过山车只在一开始被推力推上第一个"山丘"。当它越过"山丘"的最高点时，过山车自身的重量被重力往下拉，为车子的整体运行提供动力。车子与轨道之间并无绳索相连。过山车的潜能（储能）向动能（实现运动的能量）转变，推动它前进，时速常常达到每小时 60 英里（96.5 千米）。转轮引导着轨道上的过山车，摩擦轮掌控着它在轨道一侧的运行情况。末端的一组轮子能让车子即使倒置也不会离开轨道。当旅程结束时，空气制动器让车子停下。

高空翱翔

飞机是如何飞行的？

飞机的飞行依赖于一套复杂的空气动力学原理——这一理论用来解释空气的运动和在空气中运行的物体的运动情况。飞机的引擎为其提供动力。小型飞机一般使用活塞发动机，活塞发动机转动螺旋桨，螺旋桨推动飞机在空气中前进，就像船舶的螺旋桨推动它在水中前进。但是大型飞机使用的是喷气发动机，燃料的燃烧为其提供动力。喷气发动机喷射出大量空气，这些空气推动飞机前进与上升。为了保持飞行，飞机必须处于不断运动之中——它的机翼滑过奔涌的空气以产生升力，气流也要为飞机提供动力。飞机在起飞时为了获得足够的升力升入空中，先要在地面高速滑行。

机翼的形状能让飞机升入空中，并且不会掉下来。机翼下表面平整，上表面弯曲。当飞机引擎推动飞机向前时，空气分散开来，环绕机翼流动。由于上翼面弯曲幅度较大，而下翼面平整，上翼面气流的速度大于下翼面气流的速度。与下翼面的空气相比，上翼面快速流动的空气更稀薄，压力较小，从而推动机翼的上升。机翼的这种形状产生了不均匀的空气压力，创造出一种叫作升力的力量，从而实现飞机的飞行。

飞行员如何驾驶飞机？

气流的力量控制着飞机的行驶。这是通过一个可移动的襟翼系统实现的——工作原理与船舵极为相似，襟翼位于机翼和机尾上。当调好角度以后，它们就阻碍流动的空气，流动的空气又反过来向后推，飞机得以转向或倾斜。例如，为了让飞机向下飞行，飞行员把后缘机翼调低，让气流引导机头向下。飞机转向则须改变襟翼和尾舵的方向。

莱特兄弟是谁?

来自美国的威尔伯·莱特和奥威尔·莱特，即莱特兄弟，是最早成功制造和驾驶飞机的人。莱特兄弟在他们的家乡——俄亥俄州的代顿市（Dayton）——经营着一家自行车商店，两人很小的时候就对力学很感兴趣。中学毕业以后，兄弟俩一起经商，

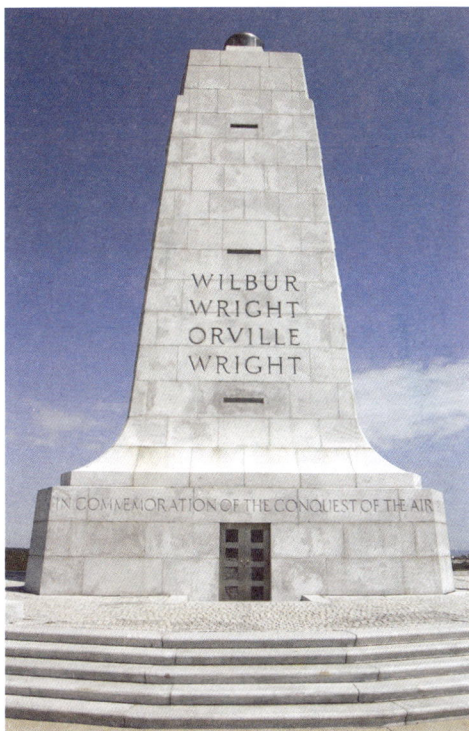

🔵 在北卡罗来纳州的斩魔山上，矗立着一座高 60 英尺（18 米）的纪念碑，它建于 1932 年，用来纪念莱特兄弟历史性的飞行试验

与此同时，因为对航空的兴趣，他们开始在工作之余尝试制造滑翔机。兄弟俩查阅了全国的天气预报，以便找到一个进行飞行试验的最佳场地。他们认定北卡罗来纳州的基蒂霍克（Kitty Hawk）是个理想的地点。所以，1900 年和 1901 年，他们在一个叫作斩魔山（Kill Devil Hills）的狭窄沙地上试飞了第一架滑翔机。回到俄亥俄州的自行车商店以后，他们建造了一个小风洞，在小风洞里尝试用模型机翼确定气压。

莱特兄弟利用他们的实验设计制造出了一架飞机，并于 1903 年在基蒂霍克试飞。同年 12 月 17 日，他们驾驶一架由动力驱使、比空气重的机器，完成了全球首次飞行。奥威尔驾驶着飞机在空中飞行了 12 秒，行驶了 120 英尺（36.5 米）远。兄弟俩那一天共飞行了四次，其中，威尔伯完成了一次最长的飞行：时长 59 秒，距离超过 850 英尺（259 米）。媒体当时并没有怎么关注他们的努力，直到 1908 年，他们与作战部签署了一份制造第一架军

143

用飞机的合同以后，情况才开始发生改变。第二年，他们创立了美国莱特公司，制造飞机。

什么是超音速飞机？

与亚音速飞机或者商业飞机这类普通飞机相比，超音速飞机在形状上有着很大不同。它通常形似飞镖，有着细长的机头与机翼，机翼贴近机身。细长的形状能减少飞机穿过空气时引起的摩擦力。紧挨在一起的机翼还能承受飞机制造出的冲击波，这是保持飞机控制的必要条件。虽然超音速飞机的机翼特殊，不能像普通飞机的机翼那样提供巨大的升力，但是通过高速飞行，便能获得起飞与降落所需的升力。

直升机是如何飞行的？

虽然直升机不像飞机有机翼，但它利用同样的升力原理在空中上升和旋转。直升机顶部的旋翼形似螺旋桨，它的旋翼做得就像飞机的机翼——下表面平整，上表面浑圆，同样也可以调节。和飞机划过空气向前冲以获得足够的升力飞起来不同，直升机仅仅移动旋翼的桨叶（3到6片），桨叶与中心轴相连，中心轴由引擎驱动。桨叶划过足够的空气——使得周围的气压发生改变，从而产生升力——以成功飞行。调节桨叶的角度能控制直升机的升力和飞行方式。因为旋翼的角度也可调节，所以与飞机相比，直升机的灵活性更高：除了向上、向下和向前飞行，它还能向后飞行，能在空中旋停。

水中高速公路

船是怎么浮起来的？

物体自身的重量把船拉入水中。它排开水或者把水推向两侧。但是，如果物体的密度（物体每单位体积内的质量）比排开的水的密度要小，它就会漂起来。这一原理很好地解释了为什么笨重的木筏能漂浮在水面上，而小石子却沉到水底：木筏的重量分布在一个很大的范围内，而石子的重量十分集中。

船是空心的，它的漂浮也是基于这一原理。里面的空气让它们的密度比看起来的要小。但是如果用来装载重物的货船负荷太大，进入船内的空气就会减少。这类船只必须留意载重标准，并在船体上标注载重线，以显示其安全行驶的最低水面高度。船航行的水体不同，载重标准也不同：在咸水与冷水中行驶时，由于咸水的密度大于淡水的密度，冷水的密度大于暖水的密度，船只可以装载更多的重物。

船在水中航行时如何获得驱动力？

船获得驱动力才能在水中航行。小型船只的驱动力可由人提供，他们划着桨前行。但是肌肉力量无法让船快速或远距离行驶。人们还能利用风推动帆船航行。但是对于需要远距离航行的大型船只来说，发动机是最可靠的动力来源。

汽油机、柴油机和蒸汽机可以适应不同大小的船只。一些发动机甚至还用核能驱动，核潜艇的发动机就是如此。发动机转动船的螺旋桨，螺旋桨有着巨大的桨叶，桨叶绕中心轴旋转。桨叶把水向后推动，被搅动的水产生反作用力，船便向前航行。转动的螺旋桨使得前方区域的水压降低，从而吸着它们向前移动，与此同时，和它们相连的船只也向前行驶。根据这一运动原理，螺旋桨也能驱动飞机。船只的航行由船舵控制，船舵是一块平直的可移动木板或金属，安装在船尾上。当转动船舵，它便改变了四周水的方向，水的反作用力使得船尾改变方向，慢慢地，整个船也都改变了方向。

潜艇如何下潜上浮？

潜艇的艇体构造独特。坚硬的外壳下面是巨大的压载水舱，压载水舱包围着它的操纵系统。水舱可以装满，也可以排空，从而帮助潜艇下潜与上浮。

当潜艇在水面航行时，它的压载水舱装满空气，使得潜艇的密度小于它所排空的海水的密度，潜艇便漂浮起来。但是，当潜艇需要下沉到水底时，它的压载水舱就会装满海水。水舱装满水以后，潜艇下沉；潜艇的密度与周围水的密度相同时，它就能在水底行驶。螺旋桨在发动机的驱动下推动潜艇的航行（艇体呈流线型，能最大限度地降低水的阻力），潜艇两侧的旋转鳍（叫作水平舵）控制着它的上浮下沉。当潜艇需要回到水面上时，舱内的压缩空气就被吹

145

● 潜艇装满或排空压载水舱以实现下潜上浮

输进压载水舱中。空气排空海水,潜艇在水平舵的帮助下开始上升。一旦它的重量小于所排空的水的重量,潜艇便能在水面漂浮。

潜艇驾驶员在水底怎么知道潜艇的行驶路线?

如果潜艇离水面不是太远的话,驾驶员就用潜望镜操纵潜艇的行驶方向。这一高高的管状可旋转工具能伸出水面观察周围的环境,并利用内部一系列的镜面和镜头传送图像。除此之外,潜艇还利用声呐(声波)对周围的环境进行回声测探。声呐发射出的声波遇到物体或洋底就会反射回来;根据声波反射回来所需的时间,便能确定物体的距离。这些回声随后被转换成电信号,呈现在一个类似飞机雷达屏幕的显示屏上,以图片的形式——类似于机场的雷达屏幕——显示出附近海域的情况。

通信与电子设备

报纸是怎么制造出来的?

人们常常通过阅读报纸了解目前或新近发生的大事。好的新闻故事发生时,记者很快就被派到现场,尽可能多地收集情报,摄影师拍下能增加视觉信息的照片。回到报社以后,记者把新闻故事敲进电脑里,摄影师在暗室把胶卷洗成照片。

　　他们把照片存入装有扫描仪的电脑中。现在，越来越多的摄影师使用数码相机，这就意味着他们拍摄的照片不需要第一时间打印到纸上。它们自动生成数字或电脑可用的格式，能像电子邮件或其他电子文件那样，通过手机数据线或者卫星传送。一旦照片生成数字格式以后，工作人员就把需要印刷的新闻故事和配图排版在一起。新闻故事很可能要占据报纸的一个或者多个版面。设计人员在电脑屏幕上把整张报纸的文字和配图编排成具有视觉吸引力的易读版面，然后把它们印刷到一张张透明膜上。

　　接下来，工作人员把印有相应版面的透明膜铺在一张感光金属板上。当一束明亮的光线照射过来，有字母和图片的阴影部分就会印到金属板上。经过酸溶液的浸泡以后，阴影部分便永久刻在了金属板上，而金属板的有些地方则被侵蚀掉。剩下来的就是和印有报纸内容的透明膜完全相同的副本，它的文字和图片以凹槽的形式出现在金属板上。

　　现在就可以把报纸的页面印刷到纸上了。首先，把金属板缠绕在电动印刷机的滚筒上，再涂上墨水。擦拭干净以后，墨水仍旧留在凹槽中。当滚筒压过（大滚筒上的）纸张，纸张被压入凹槽，完美的印刷页面便出现了。报纸的每个页面都要经过这一过程。正如你能想象的，印刷厂规模巨大，有些印刷机有三层楼那么高。这些昂贵的机器（价值几千万美元）每个小时所印刷和分类的报纸达到 7 万份。印刷机完成这些工作以后，报纸就被扎成捆，等待第二天送往家家户户和报摊。

什么是角帖书？

　　角帖书是一种有柄的平面木板，15 世纪—18 世纪英美国家的学生们在课堂上使用。他们把纸张粘在木板上。角帖书上印有字母、祈祷文（《民数记》里一段特殊的祈祷文）、主祷文和罗马数字。为了保护纸张，整块木板被一片用动物的角制成的透明薄片覆盖着，这在当时非常稀有，也非常昂贵。早在 1442 年，英国就有了角帖书，到了 16 世纪，角帖书成为英国学校的一种标准装备。1800 年左右，随着书籍的生产成本大大降低，角帖书便被淘汰了。

电脑和电动印刷机出现之前，印刷工作是如何进行的？

　　电脑和电动印刷机出现以前，人们利用手工完成印刷工作，他们把刻有字母和数字的木块蘸到墨水里面再印到纸上。历史学家认为，这种印刷方法最早出现在公元 700 年左右的中国。手动印刷机——有着可移动的铅字或字母——最早使用于 14 世纪的欧洲。1455 年，约翰内斯·古登堡在今天德国所在的地方印刷出了一本《圣经》，这是第一本印刷书籍。在此之前，所有的书和手稿都是手写的。

为什么报纸不到几个月就会褪色泛黄？

人们在 20 世纪生产的大部分商业纤维素纸都是酸性的，新闻用纸也不例外。酸让纸张变得易碎，最后没怎么用就破掉了。这一问题源自于现代纸张的两个特征：首先，纸张的生产过程形成了非常短的纤维素纤维；其次，生产过程中用到了酸（或者酸未被净化掉）。水分中的酸降解纤维，酸性反应把纤维链分成小碎片。这一反应本身也产生了酸，从而加速了降解过程。具有讽刺意味的是，报纸年数越久反而能保存得越久。19 世纪中期以前，报纸都是用棉麻制品制作出来的。今天生产的报纸最为脆弱；它未被净化，还有着最短的纤维。因此，通常情况下，报纸几个月以后就褪色泛黄了。

什么是摩尔斯密码？

1835 年，画家出身的美国科学家萨缪尔·摩尔斯发明了一种由圆点和短破折号组成的密码，用它们代替字母、数字和标点符号。电报——信息的远距离传输——使用的是一个电磁铁，电磁铁是这样一种装置，当它被激活或轻敲金属表面以后就会产生磁性。一组重复的短脉冲可以产生磁性也可以消除磁性，从而带来断断续续的信息。

1837 年，摩尔斯为摩尔斯密码成功申请了专利，几年以后，他与一个名叫阿尔弗莱德·维尔（Alfred Vail）的机械师和发明家共同成立了一家通信公司。1844 年，摩尔斯从华盛顿给正在马里兰州巴尔的摩市的维尔发送了史上第一份远距离电报信息。这一年，摩尔斯还申请到了电报的专利权，虽然约瑟夫·亨利在 1829 年就发明了第一台电动机和实用电磁铁，并在 1831 年发明了电报，但他的这些贡献并没有获得专利权，摩尔斯也未向他表示感谢。今天，军队、海关和业余的报务员仍在使用摩尔斯密码，但是现在的国际摩尔斯密码主要利用声音和闪光发送信息。

🔵 摩尔斯密码过去常常从这样的电报局收发。在大城市，大型电报交换室里到处都是电报收发机，并配备大量员工

无线电是谁发明的？

来自意大利博诺尼亚市的古列尔莫·马可尼是证明无线电信号可以远距离传输的第一人。信号可在空间中以电磁波的形式传播，从而传递信息，信号的发射与追踪就叫作无线电。因为无线电的功能和不用天线的电报的功能一样，所以它一开始就被称为无线电报。1901 年 12 月 21 日，马可尼成功地把摩尔斯密码信号从纽芬兰发送到英格兰。

"三极管"是什么？

1906 年，美国发明家李·德·弗雷斯特（Lee de Forest）发明了他所称的"三极管"，"三极管"是一种能在真空管内放大无线电信号的装置。因为它能在不干扰信号的情况下，把微弱信号放大，所以有了"三极管"以后，无线电话便成为现实。第二年，德·弗雷斯特开始从纽约的曼哈顿定期播送无线电广播。因为那个时候美国家庭还没有无线电接收器，所以弗雷斯特唯一的听众是纽约港的船舶无线操作员。

电视是如何工作的？

电视的工作要经过一系列复杂的过程。首先，电视摄像机为现场拍摄图

149

片。摄像机内部的光电池把图片转换成电信号。与此同时，麦克风把现场的声音记录下来。麦克风内部的振动磁石把声音也转换成电信号。有些电视节目，像新闻报道，会进行现场直播，这意味着观众能在家同步观看节目的进展情况。但是我们收看的大部分电视节目都是录播的，它们先被储存在录像带中，等到稍后再进行播送。声音和图片的电信号以磁信号的形式储存在录像带中，当播放的时候，磁信号再次转换成电信号。

节目播出之前，电子图片和声音信号会通过一种被称为电视发射机的装置。在强磁石的帮助下，变压器把电信号转换成一种叫作无线电波（类似于不可见的光波）的不可见能量，无线电波能在空气中传播很远的距离。它们能直接传送到室外的电视天线上，天线捕捉到无线电波以后，把它们传送给电视接收机，电视接收机再把它们转换成图片和声音。有线电视公司通过电缆把电子图片和声音信号直接传送到千家万户。为了把节目播送到遥远的地方，人们用围绕地球旋转的通信卫星把无线电波传回地球，从而扩大传输距离。因为无线电波以直线的形式传播，无法环绕地球，所以卫星必不可缺。

当天线或圆盘式卫星电视天线接收到无线电波以后，重新把它们转换成电信号。电视机的扬声器把部分信号转换成声音。背部特殊的枪状物使图片再现，这种枪状物向屏幕发射出电子束后，不同颜色的小圆点便出现在屏幕上，闪闪发光。由于电视台和广播塔随处可见，无线电波又以光速飞快传播，所以整个过程都在瞬间完成。电台也是利用同样的技术通过电波播送访谈节目和音乐节目。

什么是高清电视？

与传统电视系统相比，高清电视是一种有着较高分辨率的数字电视系统。一张电视图片可包含多少内容，受两个因素的限制，即每张图片由多少条线组成和每条线上有多少个像素，而后者又受电子束宽度的影响。为了获得与35毫米胶片的清晰度相近的图片，高清电视扫描线的数量是传统电视扫描线数量的两倍多，扫描线上的像素也小得多。美国和日本的高清电视有525条，欧洲的高清电视有625条。

电话是如何工作的？

150　　　声音是由物体来来回回地运动或振动产生的。物体振动时，周围的空气分子也随之振动，产生一种运动着的波纹，即声波，声波能在空气、水和固体材料中传播。电话的送话器和受话器分别有一个可振动的磁盘，它们把声音转换成电信号，电信号通过电话线路传输，然后再重新转换成声音。

因为电话的运转依赖于电，所以它通常与电线相连。举个例子，当你拿起电话以后，一股低电流能让你拨通一串号码联系到你的朋友。电话上的每一个数字都有其专门的电信号，当数字正确地组合在一起以后，它们就能清楚地辨认出你朋友的电话线路。当你按下电话号码并朝正确的方向把电话信号发送出去时，当地电话局便能接收到这些信息。短距离的呼叫信号可以通过电线或电缆传输，它们要么埋在地下，要么依靠支柱架在高空中。但是，当被呼叫者离得很远时，从你的电话中发送出去的电信号就会转换成可通过空气远距离传输的不可见波，即微波。微波通过空间发送到绕地球运转的通行卫星后，再返回到地球上，从而延长传输距离。你朋友家附近接收站的天线接收到微波以后，把它们再次转换成电信号。电信号通过电缆传输到他家附近的电话局，电话局里存有他的号码。这之后，他的电话会收到一个信号，电话铃便响了。从拨通电话到铃声响起，整个过程只需要几秒钟。

当你的朋友接听电话以后，传话器中装有塑料磁盘的麦克风产生振动，把他／她的声音转换成电信号，电信号以相同的方式传到电话的另一头。你这边听筒中的扬声器接收到电信号后，另一个塑料磁盘也产生振动，把它们重新转换成声音。这样，麦克风和扬声器之间形成两个环路，你和你的朋友便能来回交谈。下次使用电话时，不妨想想这个让通话成为可能的神奇过程。

传真机是如何工作的？

传真机也叫电话传真，通过电话线路把图片和文本信息从一个地方传送

🔵 电话对于今天的孩子们来说不足为奇。它是人们日常生活的一部分，但是，你知道电话是如何工作的吗

到另一个地方。发射器利用数字或模拟扫描仪把黑白图像转换成电信号，电信号通过电话线路传送到接收器。接收器再把电信号转换成原始图像，然后打印出来。泛泛而言，传真机就是一台能传送和接收图像的复印机。虽然亚历山大·拜恩于 1842 年就发明出了传真，但是直到 1924 年传真才第一次应用于报业，通过有线传真把图片从克利夫兰传送到纽约。

手机是如何工作的？

　　移动电话或手机在 20 世纪 80 年代早期才首次成为商品，但是，能让手机变得真正小巧便携的技术在接下来的 10 多年间缓慢发展着。到 21 世纪初，手机已经成为世界各国数亿人的日常工具。此外，手机的强大功能不只让成人获益匪浅：仅在美国，就有超过 20% 的青少年拥有一部手机。这意味着每五个青少年中至少有一个拥有手机。

　　蜂窝系统将每个城市划分成许许多多的小区（大城市有数百个这样的小区）。每个小区都有自己的信号塔（信号塔有天线和收发信号的接收器与发射器）。每座塔在一定时间内可以处理无数个呼叫者，塔不大（与无线电天线相比）信号比较微弱，不会对附近其他塔的信号收发产生干扰。

　　当你呼叫手机用户时，你的手机会通过一种叫作无线电波的不可见能量带收发信号，这一不可见能量带的功能与光线相似。换言之，你的手机就是一台神奇的高科技收音机。拨通朋友的电话以后，你的手机便会搜索出最强的信号以找到最近的信号塔。一旦信号定位好以后，手机便发出一定的信息——比如你的手机号码和编号，帮助你的业务提供商判定你是他们的客户之一。然后，移动电话交换局找到可用的频道以实现通话。这之后，移动电话局完成连接工作（一切只发生在数秒之内），你和你的朋友便能交谈了，无需电线或电话线的帮助。如果你坐在汽车后座和别人打电话，而你的妈妈开着车从小镇的一头行驶到另一头，你的手机会自动切换到其他信号塔，通话始终保持畅通。

什么是"智能手机"？

智能手机是提供电子邮件、网络和整字键盘等高级功能的手机，其功能远远超过普通手机。黑莓、翠欧和苹果都被称为智能手机。例如，"麦金塔计划"在 2007 年推出的苹果手机，集五大设备——手机、音乐播放器、相机、电子记事簿和宽屏移动互联网——于一身。

电脑是如何工作的？

与所有数字计算机一样，电脑把文字、图片和声音转换成特殊的数字语言。这一语言被称为"二进制数字"。在数字计算机中，数字以电信号的形式呈现。1 代表通电，0 代表断电。所有信息都被转换成电气开关信号，这些信号又被处理成无数独立的模式。这些模式可以储存下来，通过数字通道传输或重新转换成我们可以迅速准确地使用和理解的形式。二进制数字从键盘、鼠标、麦克风和扫描仪进入个人电脑。数字通过有线或宽带调制解调器技术实现收发，还可以储存在不同的存储器中。电脑屏幕、打印机和扬声器把它们转换成我们可以使用的信息形式。

🔵 现代硅片比几十年前使用的真空管要小得多，能让电脑小到可以放在膝盖上或者置于手掌中

什么是硅片？

现代电脑中的数百万个晶体管都集成在一个微小的硅片中，

有些硅片小到蚂蚁都可以吞得下。晶体管（控制电流的器件）相互连接，集合在位于芯片表面下的图层中，实现与其他装置的电路连接。芯片表面有一个由细金属丝组成的网格。在 1958 年和 1959 年，两个美国电气工程师杰克·凯比（Jack Kilby）和罗伯特·诺伊斯（Robert Noyce）分别独立发明出了硅片。电脑有了芯片和微处理器后，变得更加小巧高效。硅片还用在计算器、微波炉、汽车收音机和录影机中。

第一台电脑是谁发明的？

1823 年，英国数学家查尔斯·巴贝奇（Charles Babbage）提出了可编程计算机的概念。当时，他说服英国政府资助他所谓的"分析机"。成功的话就是一台可进行各种计算工作的机器。这台机器可能由蒸汽驱动，但它最重要的创新之处在于，整个运行系统都储存在一个打孔纸带中（一张长纸条，上面的孔用于储存数据）。因为当时的技术还不足以支持他的设计，所以巴贝奇的机器在他有生之年并未成形。然而，1991 年，伦敦科学博物馆的多伦·斯沃德（Doron Swade）带领一个小组在巴贝奇研究的基础上制造出了分析机（有时也称作"差分机"）。分析机宽 10 英尺（3 米），高 6.5 英尺（2 米），重 3 吨，可进行 31 位数的计算。因为要完成一个小小的计算得摇动曲柄数百次，所以分析机并不实用，尽管如此，这一壮举还是表明巴贝奇是一个走在时代前面的人。现代电脑使用的是电子，能以光速运行。

哪种电脑出现在巴贝奇的"分析机"之前？

电脑从计算机器发展而来。算盘是最早用于计算的机械装置之一，今天也仍在使用，它是木框结构，木框中嵌有平行的细杆，杆上穿有小珠子或计数器。1617 年，苏格兰学者约翰·纳皮尔（John Napier）发明出"纳皮尔算筹"，用象牙做标记，计算数的相乘。17 世纪中叶，法国数学家布莱斯·帕斯卡（Blaise Pascal）制造出了一种计算加减的简单装置。1694 年，德国数学家戈特弗里德·威廉·莱布尼茨发明了莱布尼茨轮，可用于数的叠加。

最早的可编程计算机是什么时候制造出来的？

1943 年和 1944 年，英国政府制造出两台巨型计算机。二战期间，破译员用这两台巨大的电子计算装置破译加密的德国信息。它们分别叫作"巨人马克 1 号"和"巨人马克 2 号"，是世界上首批可编程的数字电子计算装置。它们是数学家马克斯·纽曼（Max Newman）和工程师汤米·弗劳尔斯（Tommy Flowers）根据英国数学家艾伦·图灵的想法设计制造出来的，利用真空管完成计算。作为该项目保密工作的一部分，巨人计算机的硬件和设计图都被清理干净。但是，2007 年，科学家们根据工程师的记录和其他信息，制造出一台与巨人计算机的功能完全相同的计算机。这台计算机陈列在英国白金汉郡米尔顿·凯恩斯（Milton Keynes）的布莱切利公园里。

什么是互联网？

互联网是世界上最大的计算机网络。它通过网络和共享软件中的电线或电话线，把电脑终端连接在一起。有了合适的设备以后，人们就可以在各种各样联网的电脑上获取大量的信息和检索数据库，或者与世界各地的人们交流，只要对方也有相同的条件。根据国际电信联盟等各种信息来源，2008 年，全球大约有 14 亿互联网用户。其中，亚洲大约有 5.78 亿，欧洲大约有 3.84 亿，北美洲大约有 2.48 亿。

互联网是如何工作的？

就像电话通过全球通话系统相互连接，家庭或办公电脑也通过全球电脑通信网络即互联网相连。该系统中的每一台电脑都有自己的互联网地址，这就像每部电话都有自己的号码。互联网供应商拥有诸多功能强大的电脑，这些电脑把所有的用户连接到互联网上，家庭电脑用户就是从它们这里购买网络业务。许多大型组织或公司的电脑能直接联网。互联网用户可以访问万维

155

● 小小的 MP3 播放器里存有上千首歌曲，走到哪儿便能带到哪儿

网，万维网是有着各种网站的全球网络，网站能提供信息、娱乐、商品和其他服务。

搜索引擎是如何工作的？

互联网搜索引擎就像图书馆里经过计算机处理的卡片目录。用户在一个联网的浏览器中输入关键字或系列文字之后，搜索引擎便列出万维网上相关网站的超链接。它们利用被称为"网络爬虫"或"机器人"的电脑软件自动找到、列出和索引网页。网络爬虫扫描每一个网页的内容以获得词及其出现的频率，然后把信息储存在一个数据库中。当用户输入词或词条以后，搜索引擎便从数据库中重新列出一些网站，并根据它们与搜索词条的相关性来排序。

MP3 播放器与电脑有何关联？

MP3 播放器是一个不到 1 盎司（28 克）重的电子设备，能从电脑上拷贝歌曲，也能把歌曲组织和储存到电脑存储器中。它播放的是 MP3 文件，MP3 文件是一种压缩的电子音频文件。有了 MP3 播放器后，比如苹果公司的 iPod 播放器，用户便能设置个人音乐列表，走到哪儿都能听到上千首歌曲。

邮递员出现以前，邮件是如何投递的？

在殖民初期，人们通过朋友、商人和印第安人把信息带到殖民地的其他地方，他们要么步行，要么骑马。然而，大部分通信发生在殖民地和他们的祖国——英格兰、荷兰或瑞典——之间。船舶把这些信件带到国外。1639 年，殖民地出现了第一个官方邮件通知业务，主要负责处理这种跨境信件。马萨诸塞州州法院指定理查德·费尔班克斯（Richard Fairbanks）的酒馆作为国外来往信件的官方仓库，人们聚集在这里，领取来自远方的爱人或者商业伙伴的信件。

什么是电子邮件？

人们通过互联网仅需数秒就能向他人发送电子邮件。举个例子，你在电脑上敲好一封邮件并发给你住在数英里之外的堂兄妹以后，它便以一串电子信号的形式通过电话线传送出去（有时也可通过有线电视的电缆传输）。

这些信号传输到业务供应商的基站，再通过大型电脑传送到互联网路由中心。路由中心遍布全球，与组织机构和互联网供应商相连接，把每秒钟接收到的无数计算机通信以最快的路径送达目的地。这里的巨型电脑读取邮件的地址后，就把它发送出去：根据传输距离的不同，邮件可能通过电话线发出，或者转换成可沿一种叫作光缆的细玻璃丝高速传输的光信号，抑或转换成一种有着相同速度的不可见能量带，即无线电波并传送到通信卫星，通信卫星再把它们传回地球，送到你堂兄妹家附近的一个基站。邮件到达离你堂兄妹家最近的路由中心后，便被送往他／她的业务供应商的基站，然后再通过普通电话线发到他／她的电脑上。而所有这一切在瞬间即可完成。

什么是"蜗牛邮件"？它是如何传送的？

"蜗牛邮件"一词用来表示美国邮政服务公司派送的普通邮件。你的信件写好、贴上邮票、投进邮箱以后，便开始了一个复杂的过程，这需要许许多多的人和机器来完成——有时还位于世界上的不同地方。邮递员每天多次光顾小镇或者城市里的邮箱，取走里面的信件。这些信件再被送往当地的邮政分拣处，和同一天送来的其他信件放在一起。随后高速检测器便开始进行信件派送

157

前的准备工作。

　　信件被倒在一个移动传送带上，传送带把它们送到一个机器里，机器根据它们的大小把它们分开。另一台机器负责检查信件上所贴的邮票是否正确，再给邮票盖上戳，避免被再次使用。每个信封上也要盖上戳，以显示信件处理的时间、日期和地点。

　　接下来，一台机器便读取写在地址栏里的邮政编码，邮政编码能准确表明信件要送往国内或者国外的某个地方（世界各地的邮政局相互合作，以共同分发邮件，它们基本上都有着相似的编码系统）。没写邮政编码或者写了但认不清的信件，邮政人员会手工处理。邮政编码机在每一封信件上都打上一个条形码（一组机读线条，比手写数字更可靠），第二台分拣机再次读取条形码，按地址分拣信件。信件根据城市和国家来分组。本地邮件第二天就会派送。其他邮件则根据不同的目的地，用卡车、特快列车或者飞机派送。因为过程复杂，这些邮件的派送时间比电子邮件长得多，所以又称蜗牛或慢速邮件。

邮件到了目的地附近以后怎样处理？

　　邮件一旦到达目的地附近，就被送到另一家邮政分拣处。条形码识别机再次扫描邮件，按照地区、社区和街道进行分类。这之后，邮件被送到当地邮政局，那儿的邮递员把它们送给收件人。送件地址可能包括住宅、商店和办公楼。在乡村，家家户户离得很远，邮递员每天可能要走很远的路去送件。

图片、光和激光

为什么晴天时，我能在人行道上看到自己的影子？

　　光照射到物体便会投下阴影。当物体遮住从光源处照射过来的光，光无法照射到物体后面的区域就形成了影子。把一块屏幕放到这一阴影部分，屏幕就会变暗。当你站在人行道上，你所处的水泥地表面就是那块屏幕。太阳是你的光源。随着太阳在空中移动，影子——因为从太阳的角度看它就是你"身后"空间的一部分——也会移动。

　　因为人行道和你的双脚相接触，影子就会形成与脚相连的图像。它将沿着背对太阳的方向延伸开去。早晨，太阳位于东边，影子向西延伸；晚上，太阳位于西边，影子就向东延伸。

电灯泡是如何工作的？

电灯泡使用的是电流所产生的热量，像台灯中的电灯泡就是如此。当电流流过金属丝，金属丝产生热量。金属丝或者灯丝的温度升高到一定程度便会发光。日常使用的电灯泡有一根用钨做成的灯丝。因为炽热的钨遇到氧气以后就会迅速燃尽，所以必须把它放在一个密封的玻璃灯泡内，灯泡里要么是真空的，要么装满不可助燃的气体。爱迪生是电灯泡的发明者，他原以为六个星期就能发明出电灯泡，但最后却用了一年多的时间。对此，他有一句著名的语录："我没有失败……而是找到了 10,000 种不奏效的方法。"1879 年，他终于获得了成功，这得益于两个因素：首先，他把灯丝放进玻璃灯泡中，然后把灯泡里的空气（包括氧气）抽掉。爱迪生试验了超过 1500 种材料才找到合适的灯丝，包括椰纤维、钓鱼线和脸上的毛发。

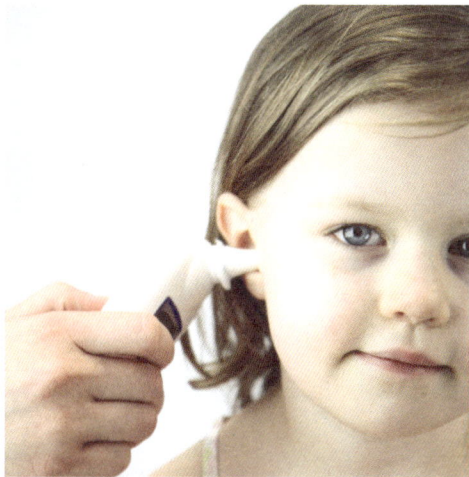
🔵 和其他温度计不同，耳温计通过探测不可见的红外光来读取体温

耳温计如何测量体温？

耳温计主要读取人耳内表面散发出的热辐射光谱。一切物体都会散发出热辐射（包括白炽灯发出的光），辐射表明它们的温度。物体温度越高，热辐射就越明亮，也就有越多的辐射波长变短。人耳散发出的热辐射属于光谱中的不可见红外线，这也是为什么看不到人发光。但是，耳温计可以看到这个不可见光，并利用光判断耳朵的温度。温度计的热辐射传感器工作迅速，所以只需几分钟便能测出人体的温度。

为什么有些物体在黑暗中闪闪发光？

在黑暗中闪闪发光的贴纸、星星、玩具和衣服，都是先吸收光线然后再把它们释放出来。这些物体含有磷光剂，磷光剂是像硫化锌这样的物质，被自然光激活以后能发出可见光。自然光消失以后，磷光材料还会继续发光。它们含有电子，电子吸收光能以后，遇到较高的能量，很容易便被激活。在磷光材料中，例如在黑暗中闪闪发光的物体，易感电子的灵敏度降低，但仍处于中级水平，而且很长时间以后才恢复到它们的基本状态（原始的能量水平），剩余的能量就以可见光的形式散发出来。

照相机如何拍摄照片？

当你按下照相机上拍摄照片的按钮以后，快门打开，光进到里面并停留瞬间。光穿过镜头，聚焦在胶卷上，在按键的那一瞬间在胶卷上留下了照相机"看"到的场景。胶卷上涂了一层感光的化学物质以保存影像，但是通常要把它放在一个装有其他化学物质的盆中，才能洗出照片，永久保留。胶片被制作成底片，底片上的图像和拍摄到的截然不同：黑色部分看起来很明亮，明亮部分看起来却很灰暗，颜色也与原来的恰恰相反。但是当光穿过这些底片照射到特殊的照片纸上——这也利用化学物质来完成，图像便恢复正常，和拍摄的时候一模一样。"快速"照相机中含有这些化学物质，能迅速处理胶卷。照片出现在照片纸上，在你等待的过程中形成图像。数码相机的工作原理和电视摄像机的一样：它们不使用胶卷，而是形成电子照片。把照片上传到电脑里，就可以调整它们的大小、形状和颜色，然后打印出来。

什么是达盖尔银版照片？

达盖尔银版照片是世界上第一种成功拍摄出来的照片。它以法国化学家路易斯·达盖尔（Louis Daguerre）的名字命名，达盖尔于 1839 年在法国科学院的一次会议上公布了他的发明。他的摄影方法不使用胶片，而是在镀有一层薄银的铜板上形成高清晰的图像。达盖尔银版法的拍摄过程很复杂。首先，把镀银的铜板表面洗净抛光，让它看起来就像一面镜子。然后，把铜板放在一个装有碘溶液的密封箱内进行敏化，直到它看起来就像一朵黄玫瑰。接下来，把铜板用不透光的小盒子装着，放进一个小照相机里。紧接着，让铜板曝露在光下，再用热水银激活，直至图片显现。最后，把铜板浸在一种特殊的化学溶液中，然后涂上氯化金，把图片固定下来。最早的银版照片的曝光时间为3—15 分钟。美国摄影师迅速抓住这一新发明，用达盖尔银版法拍摄半身像，

比如出现在热门期刊和书籍中的亚伯拉罕·林肯总统的照片。19 世纪 50 年代后期，随着速度较快且成本较低的玻璃干板照相法的出现，达盖尔银版法便不再那么受欢迎了。

X 射线如何给骨头拍照？

X 射线与可见光相类似，两者都是一种以波的形式传播的电磁能。但是 X 射线的波长较短，所以肉眼无法观测到。就像光能穿过玻璃等物体，X 射线也能如此。例如，它们能穿过皮肤、肌肉和器官，但是不能穿过骨头（含有较重的原子）等密度较大的部位。当你拍摄 X 射线时，光波透过你的身体投射到涂有特殊化学物质的胶片或金属板上。大部分光波遇到骨头时都会停下而转到其他部位，拍完以后，这些部位在 X 射线上呈现出黑色。骨头显得明亮清晰。当给胃、肠等器官拍摄 X 射线之前，病人会喝下一种能阻止 X 射线的特殊液体。液体把器官包裹住，器官的图片就可以拍摄出来。

什么是激光器？

1960 年，美国物理学家希欧多尔·梅曼（Theodore Maiman）首次发明出激光器，激光器是一种能产生强烈的高能量光线的机器。因为激光的光线都有着相同的波长，并朝完全相同的方向移动，从而集合成一束精确度极高的狭窄光束，所以它比普通光线更加强大。制成激光所用的材料和能量不同，激光光速的能量也不同。无论是坚硬的金属还是复杂的人体，激光都能熔化、燃烧或者刺穿它们的表面，这也是今天它常常用在外科手术中的原因。利用激光，能获得精确的测量结果，能用于重塑角膜、矫正视力、传输电话信号、制导武器和读取超市的条形码。

什么是条形码？

条形码是出现在商品标签上的一组数字产品代码。一个完整的条形码有 12 位数。每一位数由宽度不等的两条黑色条纹和两条白色条纹进行编码。每一位数都代表着不同的信息。例如，第一位数表明产品的类型，其他数字代表着生产地的编号与价格。条形码最初用来帮助提高杂货店分拣商品的速度，并更好地记录库存，但因为它的成功运行，很快就应用到其他所有的零售商品中。条形码可用一种叫作条形码阅读器的激光扫描仪成功读取，或者用一种特殊的软件扫描图像得出。

CD 上的音乐是如何用激光制作的?

音乐以数字数据的形式储存在一张激光唱片上。激光唱片的底面是一张金属薄片。它的螺旋轨道里填满了代表声音的微小圆形凹陷,又称小坑。激光束能把唱片上有凹陷的轨道转换成声音。

普通光从光源处发射出来以后,向不同的方向扩散,激光与此不同,它们能以极高的精确度集合成一束。激光扫过唱片上的轨道,传感器探测闪闪发光的平面部分(能把光反射回去)和小坑(不能把光反射回去)。这些断断续续的反射光再转换成电子信号。唱片机里的电脑内存巨大,储存着反射光所有可能的组合,它再在扬声器中把电子信号转换成有着不同音高和音量的音符。然后就可以播放音乐啦!

镜子如何利用光创造出影像?

当光粒子——被称为光子——照射到镜子以后,就会反射回来,有些光子进入我们的眼睛,我们便在镜子中看到物体。光子遇到粗糙的表面会随意反弹,遇到镜子等光滑的表面则以照射到物体的相同角度弹回。这种现象在科学上就叫作反射。光子在身体的任一部位杂乱无章地反弹着,遇到镜子以后,就从同一点以相同的角度反射回来,进入我们的眼睛。因此,身体的每一个部位都在镜子中构成一个图像,组合在一起就是一个完整的身体影像。

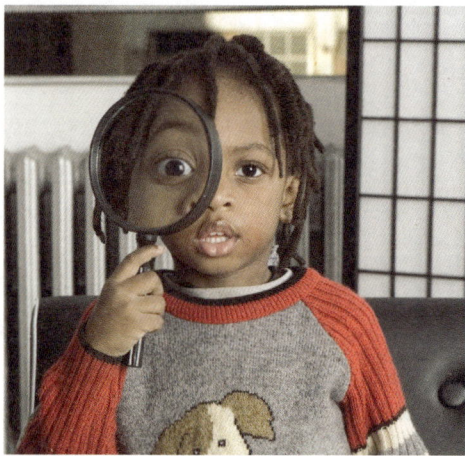

● 因为当光波穿过玻璃等材料时,速度会发生改变,所以我们能用透镜让光线发生弯折,甚至还能放大物体

放大镜是如何工作的?

放大镜是一块凸透镜,这意味着它向外弯曲,中间部分比边缘厚得多。用它观察物体时,这种形状能使物体的光波发生弯折,我们看到它的方式便与平常不同。把放大镜靠近物体,物体

的光波变宽，然后在眼中聚焦，从而看起来变大许多。但是当举起放大镜远离物体时，物体就会变小且颠倒过来。这是因为图像与透镜的焦点离得很远。凸透镜的弯曲度越高，折射和放大光的能力就越强。显微镜（能看到极微小的物体）、双目镜和望远镜（能让遥远的物体看起来更大、更近）也都使用凸透镜。

简易家居用品

谁发明了拉链？

　　和很多发明一样，现代拉链的发展也由一系列事件构成。1893 年，惠特科姆·贾德森（Whitcomb Judson）成功申请了专利，并开始销售"自动纽扣"，这是一种有着复杂钩扣环的鞋扣。惠特科姆和商人科罗内尔·路易斯·沃克（Colonel Lewis Walker）一起创立了全球滑动式纽扣公司，负责生产这种新装置。虽然不少人常常把惠特科姆誉为拉链的发明者，但是他并没有使用"拉链"一词。相反，在这家公司供职的瑞典电气工程师吉迪恩·桑巴克（Gideon Sundback）是真正的"拉链"之父。他负责改进贾德森的纽扣，并在 1913 年 12 月设计出现代拉链。桑巴克把紧固件从每英寸 4 个增加到 10 个或 11 个，用滑动器把两排相对的锁齿合成一个整体，并根据滑动器增加了相应的孔眼。他还发明了一台用于生产拉链的机器。

家电有哪些共同点？

　　尽管家电的功能各不相同，线路系统、管道和通风孔也各具特色，但它们的运行都离不开电。它们还依赖变压器，变压器发明于 19 世纪，能把电转换为家庭用电。20 世纪早期，两项重大工程创新——电阻加热与小型高效电动机——的出现，带来了电炉灶、电熨斗、真空吸尘器、洗衣机、烘干机和洗碗机。20 世纪后半叶，随着电子科学的进步，电气用具有了定时功能，甚至能够程控，大大减少了完成简单任务所需的工作量。

真空吸尘器如何清扫灰尘？

　　詹姆斯·斯潘格勒（James Spangler）是俄亥俄州一家百货公司的看

门人，患有哮喘，在 1907 年发明出"电子吸尘器"，能够清扫掉引发其健康问题的灰尘和碎片。这便是第一台实用的家庭真空吸尘器。斯潘格勒的吸尘器利用电扇产生吸力，用旋转的刷子疏松灰尘，用枕头套做过滤器，用扫帚柄做把手。因为吸尘器很重而且很难操纵，所以斯潘格勒把这项发明的专利卖给了一个叫作威廉·胡佛的亲戚，胡佛重新设计吸尘器的时候，刚好有了小型高速交直流两用电动机，能让交流电和直流电同时流过电器的转子和定子。与又大又笨重的感应电动机相比，交直流两用电动机为真空吸尘器带来了更强的马力、更大的气流和吸力、更好的空气冷却装置，以及更佳的便携性。如今，胡佛电动吸尘器大有改进，但它的机械原理仍应用于今天的真空吸尘器。

洗衣机如何洗衣服？

所有洗衣机的运行都要用到机械能、热能和化学作用。洗衣机顶端的搅拌器（一种可来回移动的简单装置）的旋转或者前端圆筒的滚动，都要用到机械能。热能用来调节水温。洗衣粉和水混合以后发生化学作用，能去除污垢。你只要把衣服放进去，倒上洗衣粉，然后按下按钮或者调好温度、搅拌强度、漂清周期和持续时长，洗衣机便能进行剩下的工作。它用搅拌器或圆筒搅拌（或清洗）衣物，排掉污水，最后把衣服上剩余的水拧干。为了完成这些，洗衣机要用到外筒和内筒。装有搅拌器的内筒用来装衣物和拧干衣物的水分。它连在一个变速箱上，变速箱反过来连在一个黑色金属框架上，里面装着发动机。外筒用螺栓固定在机体上。洗衣机后面有两个放置热水管线和冷水管线的挂钩。洗衣机完成清洗、漂净和拧干的工作以后，洗干净的衣物就可以进行烘干了。

冰箱是如何工作的？

19 世纪 70 年代，德国工程师卡尔·冯·林德（Carl von Linde）发明出可连续液化大量液体的方法，并用这一方法制造出第一台使用压缩氨气的高效冰箱。这一划时代的机器促进了现代制冷技术的发展。今天的冰箱靠氨气运行，氨气利用热力学在高压的情况下发生液化，根据热力学这一科学定律，当两种温度不同的物体相遇或相近时，温度较高的物体表面温度会下降，反之亦然。有了压缩机、小阀门和管道以后，液体氨遇到低压以后沸腾起来，变成挥发气体。管道经过冰箱中温度最低的部分、冷冻库和主体部分。管道里的低温液体氨吸收冷冻库和冰箱外面的热量以后，整个冰箱的温度变低。压缩机再重新吸收氨气，不断重复利用。冰箱里的温度计能调节气温，保证其处于恒温状态。

热水瓶如何为冰冷的物体和温热的物体保温？

因为保温瓶用真空——一个不含气体的空间——来防止瓶内热物的热量散发出去，同时防止热量进入瓶内给冰冷的物体升温，所以又称真空瓶。真空处在瓶胆和外壳之间的狭小空间里，外面空气中的热量进不来，里面的热量也出不去。保温瓶之所以用到真空，是因为它不含空气（和分子），因而也没有传导

● 保温瓶之所以保温，是因为它用到隔热材料，并把物体储存在真空中

性（热量由分子运动产生）。因为它的开口也用塞子或绝缘材料制成的塞子或盖子牢牢盖住，所以热量也无法进出。瓶内温热的食物可以保温多个小时；同样地，由于真空阻挡了外部热量的进入，冰冷的食物也不会升温。

保温瓶的瓶胆过去常常用玻璃制成，玻璃是一种很好的绝缘体。瓶胆还镀有一层闪闪发亮的银，因而闪闪发光，具有反射性。这种镜面瓶胆的效果特别好——它们能有效地把所有热物散发热能的不可见射线弹回去。但是这也存在一个问题，即玻璃保温瓶很容易被打碎。今天，大部分保温瓶使用的是金属或塑料材料，虽不易碎，但保温效果却不怎么样。此外，因为里面的真空并不完美——含有一些空气，盖子盖得也不严实，所以无法一直保温。

烤箱是如何工作的？

烤箱里有一个面板，面板上排列的粗线能加热和烤熟食物。当你推下降

165

低面包高度的控制杆后,控制杆挂到烤箱内的钩子上,打开加热器。当面包变成棕色,整体酥脆,烤箱里的一个特殊金属开关也被加热变弯。一段时间过去后,金属开关弯到一定程度,推动长条,控制杆就从钩子上松开,烤箱便停止工作。这一活动也把弹簧弹开,控制杆从而再次升起,面包从里面蹦出来。

为什么微波炉能如此快速地烹饪食物?

　　烤箱利用气体燃烧或电流产生的热波烹饪食物,和它们不同,微波炉用的是一种叫作微波(与光波相似)的特殊电磁能。热波在食物内部慢慢为它们加热,微波却能瞬间穿过食物。在微波炉中,有一个叫作磁控管的装置,它发射出一束微波,微波穿过一个转动的电扇,向四周散开。当它们穿过食物时,它们的能量被食物中的水分子吸收。水分子以和微波同样的速度(每秒钟振动24.5亿次)高速振动,与其他分子相互摩擦。这些运动和摩擦产生了巨大的热量,从而把食物彻底烧熟。微波烹饪的过程和蒸烘很相似,这也解释了为什么食物不会变成棕色的。但是,有些微波炉装有传统的加热元件,能让食物看起来更加诱人——让它外面的颜色看起来和普通烹饪出来的一样。

　　微波能从一些材料中穿过(这些材料不会被加热),也能被一些材料吸收,还能被一些材料反射或弹回。因此,我们要注意放到微波炉里的容器和遮盖物。例如,微波能穿过玻璃、塑料膜、纸制品和大部分厚塑料制品,这些都可以安全使用。但是铝箔等金属容器和遮盖物却具有反射性。这些材料使

🔵 灭火器应该只允许大人或在大人的指导下使用——并且只能在火灾期间

得食物无法吸收微波而把它们弹开，弹开的微波数量太多，微波炉很可能就会烧坏。

为什么物体燃烧时会冒烟？

物体着火时，周围空气的温度升高。加热的空气推升水蒸气（飘浮在空气中的水分子）和燃料的细小微粒（燃烧着的材料），形成一团黑色的烟云。物体燃烧得越彻底，进入到空气中的微粒就越多，产生的烟雾也越多。烟雾慢慢飘散开，同时重量最大的微粒在重力的作用下沉到地面。当火刚燃烧起来时，通常会出现大量烟雾，随着更多的燃料充分燃烧，烟雾减少。烟雾探测器正是利用了火初燃时会产生大量烟雾这一现象。探测器在火真正燃起来之前，检测到烟雾中的微小粒子。光学烟雾探测器用的是光束和光敏元件，当烟雾粒子进入光束以后，光敏元件发出警报。离子烟雾探测器能检测到更小的粒子；它们对探测器内部的微弱电流产生干扰，于是触发警报。

灭火器是如何工作的？

物体燃烧需要热量和氧气。所有燃料有着自己特定的燃烧温度，当它们遇到空气中的高热量而达到这一温度时（叫作它们的燃点），便开始燃烧。燃料失去热量或氧气，火就会熄灭。水常常用来灭火。丰富的水资源几乎到处都

167

能找到，而这在扑灭燃烧的建筑物等重大火灾时非常重要。水能灭火有两个原因。首先，它让燃烧的物体迅速降温。其次，它把物体包裹住，使得含有氧气的空气无法进入。

但是，水无法扑灭油类火灾。因为油漂浮在水面上，所以发生油类火灾时，水无法切断氧气供应。这就必须使用其他不易燃物质——液体、气体或粉末——来熄灭大火，阻止氧气进入。大部分灭火器内装满了二氧化碳，二氧化碳是一种能阻断燃烧的重型气体。二氧化碳释放出来以后，形成一种如雪般的泡沫，覆盖并冷却火焰。小苏打也可用在灭火器当中，常常用来扑灭油化工火灾。小苏打遇热迅速熔化，在火焰表面形成外壳，阻断氧气。如果你的手边没有灭火器，遇到含有油脂的烹饪火灾，就应该把小苏打扔进去；水只会让火苗飞溅，火灾蔓延。因为灭火器中的物质必须快速覆盖大片区域，所以就需要一个强力喷雾器。灭火器中的灭火物质压力非常大，必须用巨大的力量才能把它们从喷嘴中释放出来。

能做家务的机器人发明出来了吗？

是的！机器人已经能完成许许多多人类不能做或不想做的工作。1986年，本田汽车公司推出了当时世界上最高级的人形机器人 ASIMO，ASIMO 一词是 Advanced Step in Innovative Mobility 的缩写，意为"移动创新的高级阶段"。ASIMO 高 4.3 英尺（1.3 米），重 119 磅（54 千克），是世界上第一个能独立行走和爬楼的人形机器人。除了能像人一样行走，它还能理解程序化的手势和语言命令，识别声音和面貌，并与交流卡相连。ASIMO 有胳膊和手，因此能完成诸如开灯、开门、运送物体和推车等工作。本田不希望它制造出的机器人成为另一个玩具而是成为人类的助手——它能帮着做家务、帮助老人和那些坐在轮椅上或躺在床上的残疾人。2008年，韩国科学技术学院的研究者们公布了一个叫作 Mahru 的人形机器人，它能跳舞，还能做家务。在一些国家，机器人已经取代了一些岗位，像日本一些企业中的求助台。

像 ASIMO 和 Mahru 这样的机器人是如何工作的？

ASIMO 和 Mahru 都是精密昂贵的高科技先进机器，仿照人类的主要特点制造而成。机器人技术员仿照人体内部工作原理制造机器人，以保证它们足够逼真。首先，技术员设计出机器人所需的五个重要部分：身体结构、肌肉系统、感官环境、动力源和大脑系统。然后，他们制造出一个由电路、电动阀、活塞筒、电动机、螺线管、液压系统和其他零件组成的复杂机器，每个零件都担负着特定功能，从而保证机器人的运行。每个机器人都装有电脑，电脑控制着体内的一切活动。

很多机器人可以说话，有些甚至可以闻气味、尝味道和听声音。为了让机器人的身体动起来，电脑必须对特定部位发出移动的命令。如果技术员想要它们完成新任务，他／她便写出新的电脑程序。在某些情况下，如果任务太大，机器人的电路系统完成不了，就要给它安上新的部件。

数学、度量与时间

数与计数

数字起源于何时何地?

几千年以前，世界上还没有代表 1、2 或者 3 的数字，人们就用手指、石头、树枝或者眼睛来表示。那个时候也没有钟表和日历来记录时间。人们利用太阳和月亮区分下午一点到四点之间的时刻。大部分文明都没有词语来表示大于 2 的数字，所以他们使用比较熟悉的术语，如成群的牛羊、成堆的粮食、成堆的棍子或石头，或者成群的人。直到人们建立起部族、村庄和定居点，并开始形成以货易货的贸易系统而需要货币以后，才产生了对数字系统的需要。

大约 5000 年前，生活在底格里斯河和幼发拉底河之间的美索不达米亚平原上的巴比伦人开始使用数字编号系统。3000 多年以前，古埃及人用一种叫作象形文字的特殊符号记录数字，这也是世界上最早的编号系统之一。巴比伦人和古埃及人最早建立了一个基于整数和正有理数的完整的算术系统。公元前 500 年左右，古罗马人也建立了一个数字系统，它使用的是字母表上的字母，而非特殊的符号。作为标准的数字系统和算术方法，罗马数字在古罗马和欧洲一直沿用至公元 900 年左右，此时印度教徒发明的阿拉伯数字系统开始被采用。今天，我们所用的数字以印度 - 阿拉伯数字系统为基础。把 0 到 9 这 10 个不同的符号（0，1，2，3，4，5，6，7，8 和 9）互相组合，我们就可以得到任意一个数字。

毕达哥拉斯是谁？

毕达哥拉斯是希腊最早的数学思想家之一。他以证明和教授勾股定理而闻名，勾股定理认为，在一个直角三角形中，两直角边边长的平方和等于斜边（最长的边）边长的平方。毕达哥拉斯生活在公元前 6 世纪，大部分时间都住在西西里岛和意大利南部的希腊殖民地上。一群追随者求学于他，同时把所学的内容传授出去。毕达哥拉斯学派以朴实的生活著称（例如，因为他们认为豆子不是纯粹的食物，所以从不食用）。他们留着长发，穿着简单的衣服，光着脚。在毕达哥拉斯学派中，男性学者和女性学者都喜欢哲学，但最喜欢的还是音乐和数学，他们认为音乐和数学是在混乱中建立秩序的两种方式。格拉撒的尼克曼彻斯（Nichomachus of Gerasa）属于 1 世纪和 2 世纪的毕达哥拉斯学派。他的算术思想以毕达哥拉斯关于行星和谐运动和数字比例关系的想法为基础。

什么是《几何原本》？

《几何原本》由古希腊数学家欧几里得所著的 13 本几何和数学书籍组成，欧几里得生活在公元前 300 年左右的亚历山大。它囊括了一系列定义、假设（公设）、定理和命题的数学证明。这 13 本书涵盖了欧几里得几何原理和古希腊的初等数论。《几何原本》和古希腊数学家奥托里库斯所著的《在移动的表面上》是现存最古老的古希腊数学著作，也是世界上沿用至今的最古老的数学教材。历史学家对欧几里得的生活所知不多，但他的作品已被证明对逻辑学和现代科学的发展产生了重大作用。《几何原本》中的大部分定理并不是由欧几里得直接提出的，而是毕达哥拉斯、希波克拉底、特埃特图斯和欧多克索斯等早期希腊数学家的成果。但是，欧几里得按照逻辑顺序把这些原理进行了合理的编排。

什么是"完美"数？

大约 2500 年前，毕达哥拉斯学派把"完美"数定义为除自身以外的所有约数的和等于它本身的自然数。例如，6 能被 1、2、3 和 6 整除，如果把除 6 以外的数相加，它们的和等于 6，所以 6 是完美数。几个世纪以来，全

《爱问百科》系列知识问答书

来自美国的经典百科知识问答书
由拥有 113 年历史的匹兹堡卡耐基图书馆编著

——— 畅销 20 载，更新至第四版 ———

爱问百科：从数理化到宇宙太空
作者： 美国匹兹堡卡耐基图书馆
装帧： 平装 / 双色 /16 开
书号： 978-7-5502-6496-0
定价： 39.80 元

爱问百科：你不了解的地球
作者： 美国匹兹堡卡耐基图书馆
装帧： 平装 / 双色 /16 开
书号： 978-7-5502-6498-4
定价： 39.80 元

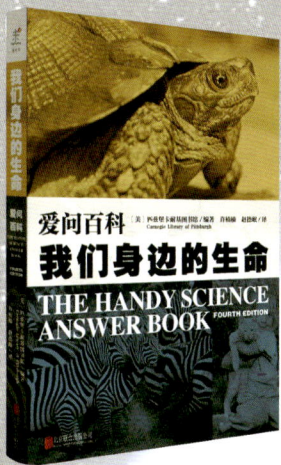

爱问百科：我们身边的生命
作者： 美国匹兹堡卡耐基图书馆
装帧： 平装 / 双色 /16 开
书号： 978-7-5502-6634-6
定价： 39.80 元

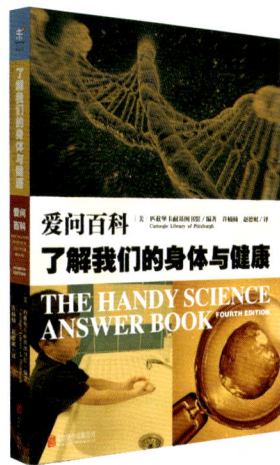

爱问百科：了解我们的身体与健康
作者： 美国匹兹堡卡耐基图书馆
装帧： 平装 / 双色 /16 开
书号： 978-7-5502-6633-9
定价： 39.80 元

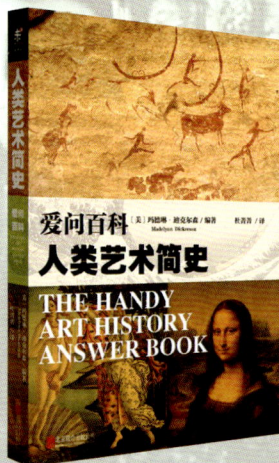

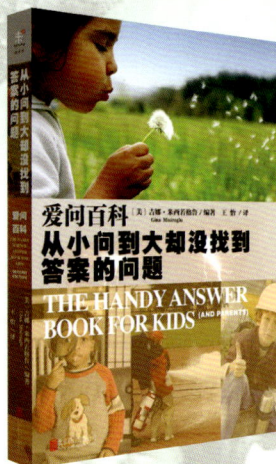

我要多久才能数到 10 亿?

可能一生也数不完。1 到 10 亿之间的大多数数字都很长,也很难念出来。当你开始数像 482,051,341 这些比较大的数字时,你的速度或许就会慢下来。如果你三秒钟说完一个数字,而且一直不休息,需要 300 亿秒才能数完,而这应该比大部分人的速度都快。这是多少年呢?超过 95 年! 95 年是这样得到的:300 亿秒除以 60(60 秒每分钟)=50,000,000 分钟;50,000,000 分钟除以 60(60 分钟每小时)=833,333.333 小时;833,333.333 小时除以 24(24 小时每天)=34,722.22 天;34,722.22 天除以 365(365 天每年)=95.1 年。

世界许许多多的数学家都为探索与界定完美数做出了贡献。

为什么数字 10 很重要?

原因之一是,十进制以 10 为基础。18 世纪末,为了让测量标准化,人们发明了十进制。但是十进制出现以前,10 就是一个重要的数字。例如,生活在公元 2 世纪朱迪亚的数学家尼克曼彻斯·格拉萨认为 10 是一个完美的数字,人类手指与脚趾的创造显示了它的神圣性。毕达哥拉斯学派认为,10 是"世界上最早的数字,它是数字之母,始终如一,是通向万物的钥匙"。西非的牧羊人用彩色贝壳数羊,一片贝壳代表 10 只羊,10 也逐渐成为大多数编号方案的"基础"。一些历史学家认为,10 成为数系基础更多是因为它的简便性:10 方便用手指数清,10 的加法、减法、乘法和除法原则都很容易记住。

数字 2 有什么特殊之处?

数字 2 被称作最"奇怪"的偶素数。因为所有的偶数都能被 2 整除,所以 2 是唯一的偶素数。但是除了 2 以外,所有能被 2 整除的数都不是素数。

什么是罗马数字?

罗马数字是一组代表数字的符号。它的书写系统包括七个基本符号:I(1),V(5),X(10),L(50),C(100),D(500)和 M(1000)。有时,

173

● 算盘可以被当成一种老式加法机。它用珠子代表数字，沿着细杆上下移动珠子，就可以进行加减运算

常常在数字之前加上一个竖杠，让它与 1000 相乘。小数字出现在大数字之前，表示大数字减去小数字。这一记数法通常用来表示和 4 与 9 有关的数字；例如，4 写作 IV，9 写作 IX，40 写作 XL，90 写作 XC。

　　罗马数字发展于公元前 500 年左右，至少部分继承了尚未融入拉丁语的原始希腊字母符号。罗马数字以加法为主要原则，按从左往右的顺序来读。历史学家认为，罗马数字的长期沿用有很多原因，包括罗马帝国的广泛影响、传统、以及该系统相对于同时期欧洲的数字系统有着诸多优越性。例如，大部分使用者只须记住几个符号及其数值即可。罗马数字在今天随处可见——在书的附录上、故事片的演员表上、建筑物外面的日期上和钟表上。

什么是算盘？它使用了多久？

　　算盘是用来解决数学问题的计算工具。它常被做成一个嵌有细杆、杆上穿着珠子的木框，但是它们一开始是在凹槽、沙上或者木片、石片以及金属片上移动的豆子或石头。据记载，这些早期算盘起源于公元前 3500 年左右的美索不达米亚平原。有着算盘珠的现代算盘最早出现在 15 世纪的中国。人们在用十进制数系进行常见的纸笔计算以前，基本上都用算盘完成数的乘除。许多还没有现代计算器的国家至今仍使用算盘。日本和中国也仍在广泛使用算盘，这两个国家都有着悠久的算盘使用历史。

0 是数字吗？

是的。0 既是数字，也是用来表示数系中一些数字的数位。公元初年，印度教徒和阿拉伯人开始尝试解决数学方程式，并组织了有关数字操作可能性的系统研究，那时才有了把 0 作为一个数字的想法。大约公元 850 年，印度数学家摩诃毗罗在《计算纲要》中写道："一个数与 0 相乘的结果为 0，与 0 相除、相加或相减的结果不变。"今天的数学家基本赞同这位古代思想家的想法。一个数加上 0 或者减去 0 以后还是它本身。用 0 乘以一个数得到 0。然而，一个数除以 0 尚未定义。

为什么学习数学很重要？

伽利略曾经说过："只有懂得其中的语言，才能读懂自然这本伟大的书。而这一语言就是数学。"数学是我们理解周围世界的一种方式。它还是世界上应用最广泛的一门学科，从零售工作到航天器学，各行各业都要用到数学。更重要的是，学习数学能帮助我们进行推理分析，把复杂的情况或问题组织成清晰、简单、富有逻辑性的步骤。因此，随着数学知识的增加，学生便会具备批判性思维和解决问题的能力，这些能帮助他们解决日常生活中的难题。如果你想被学院、大学或技校录取，学习数学十分重要——全国性的研究发现，不

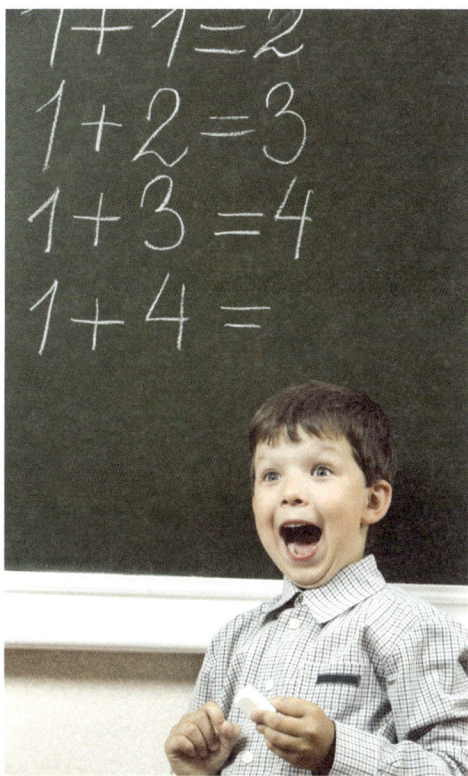

🔵 有些孩子认为学习数学很有趣，有些孩子却不怎么喜欢。但是，日常生活中处处用到数学，学习数学对每个人都很重要

管学生的种族、宗教和家庭收入如何，只要在高中学习了代数和几何，他们进入大学的可能性都在 80% 左右。

什么是古戈尔？

古戈尔是一个巨大的数字：数字 1 后面有 100 个 0，或者 10 的 100 次方。和大部分数字的名称不同，古戈尔与数值范围没有任何关系。1938 年，美国数学家爱德华·卡斯纳（Edward Kasner）首次使用了这个术语。给这个多位数取名时，卡斯纳问询了九岁的侄子——米尔顿·西洛塔（Milton Sirotta）——的意见。古戈尔普勒克斯是 10 的后面跟着古戈尔个 0。广受欢迎的搜索引擎谷歌就是根据古戈尔的概念命名的。

我们能数到无穷大吗？

不能。巨大的有限数与无限大数是两个不同的概念。无限大数被定义为无限大或没有极限的数字。任何可数的或能用一个数字加几百亿个 0 表示的数字都是有限数。

度量衡

测量单位与人体有何关联？

在所有传统的测量系统中，短距离单位是基于成人身体尺寸得到的。一英寸代表拇指的宽度；实际上，在许多语言中，"英寸"和"拇指"用同一个词表示。一英尺（12 英寸）最初是脚的长度，但是现在人们的脚基本都没有达到这个长度。码（3 英尺）是英格兰一种 3 英尺长的量尺的名称，但它也差不多相当于鼻尖到手伸出时中指末端的距离。最后，如果你让一个成人尽可能最大限度地张开双臂，两臂伸展的宽度，即从一只手的指尖到另一只手的指尖之间的距离，叫作一英寻（6 英尺）。

还有一些早期测量单位来自于身体活动，比如说一步、一里格（一小时行走的距离）、一英亩（一天中耕种的土地面积）和一弗隆（一犁沟的长度）。厄尔表示肘部到食指之间的距离，常用来测量布匹的尺寸。根据使用地和被测产品类型的不同，一厄尔的长度从 20—91 英寸（0.513—2.322 米）不等。

什么是腕尺？

在古埃及和美索不达米亚平原，腕尺是表示长度的基本单位，以前臂的长度即手伸出时从肘部到中指指尖之间的距离为基础。事实上，腕尺一词来源于拉丁语中表示"肘"的词语。一腕尺约等于 18 英寸（约 45 厘米）。在古代，人们通常把腕尺定义为 24 根足趾或 6 个手掌的长度。然而，埃及王室所用的腕尺或"长"腕尺相当于 28 根足趾或 7 个手掌的长度。

石头如何用作度量衡？

巴比伦人利用石头发明出度量衡以后，取得了重大进步。他们不仅能比较两个物体的重量，还能用一套专门用于比较重量的石头来比较每一个物体的重量。考古学家在巴比伦的城市废墟中发现了许多精心打造并抛光的石头。他们认为，这些石头是世界上最早的重量标准。巴比伦人用不同的石头称量不同的物体。在现代英国历史中，人们也用这一标准进行重量测量。马术师所用的石头重 14 磅（6 千克），用来称量羊毛的石头重 16 磅（7.3 千克）。屠夫和渔夫所用的石头重 8 磅（3.6 千克）。在国王的法律体系中，石头的法定重量为 14 磅（6.4 千克）。

一英里在陆地上和海洋上表示的距离相同吗？

不一样。一英里在海洋上和陆地上表示的距离不同。海洋上的一英里叫作一海里，合 6076 英尺（1852 米）。陆地上的一英里合 5280 英尺（1609 米）。英国女王伊丽莎白一世建立了法定英里。法定英里以步行距离为基础，由古罗马人最早提出，他们把 1000 步作为一英里。

英亩用来测量什么？

英亩是用来测量地产的面积单位。它是一个古老的英语词汇，意为"一片田野"。人们最初把英亩定义为牛套着牛轭在一天中耕地的面积。一英亩为 43,560 平方英尺（4046.86 平方米）。一平方英里等于 640 英亩（2.59 平方千米）。

考得用来测量什么？

考得是用来测量柴堆体积的传统单位。美国法律把考得定义为宽 4 英尺

(1.2米)、长8英尺(2.4米)、高4英尺(1.2米)的柴堆的体积。马里兰州的法律指明,木柴要"紧密堆叠,连一只金花鼠也无法钻进去"。考得这个名字来源于一种用绳子或细线测量柴堆体积的古老方法。在美国的木材行业中,考得还用来测量木质纸浆的重量。树木的品种不同,纸浆的重量也不同,从松树的5200磅(2358千克)左右到阔叶树的5800磅左右不等。

面包师的一打与标准的一打有什么区别?

一打是一个数量单位,相当于12个。面包师的一打是非正式的数量单位,相当于13个。他们常常在一打面包里多放一个,于是就有了13个。这一古老惯例要追溯到13世纪,当时的王室公告对烤面包的重量和价格进行了严格规定,面包师如果不按标明的价格提供相应重量的面包,就可能进监狱。

"虫眼"和"头发宽度"真的是测量单位吗?

是的,gnat's eye和hair's breadth两者都用在俚语中,表示距离和直径。一只常见昆虫眼睛的直径差不多相当于一根头发的宽度——在100—150微米之间。如果一个物体的长度相当于虫眼的直径,那它一定非常短!毫发之差是非正式的距离单位:它表示的是,直径约为70—100微米或者0.1毫米,这就跟人的一根头发差不多粗。

什么是马力?

马力是功率单位,表示马拉物体时使出的力量。蒸汽机的发明者詹姆斯·瓦特经过潜心研究发现,马每秒钟能做功550尺磅。这意味着,套着犁

或马车等合适设备的马能以每秒钟 1 英尺（0.3048 米）的速度抬高 550 磅（249.48 千克）。今天，功的标准单位是瓦特，一马力约等于 745.699 瓦特。在美国之外，"马力"一词常用来表示公制马力，公制马力代表的功率稍小一些。

什么是公制？

公制是以十进位制为基础的测量体系。它在 18 世纪 90 年代的法国革命期间提出，统一了欧洲当时混乱且相互冲突的测量体系。公制出现以前，长度、面积和重量单位在不同国家之间乃至同一个国家的不同地区之间都千差万别。随着较小的王国和公国逐渐发展成为现代国家，测量体系变得更加混乱。例如，长度可以用英尺、英寸、英里、跨度、腕尺、手、弗隆、掌、棒、链、里格等表示。欧洲的商人、科学家和知识分子认识到，一个统一的测量体系必不可少。1790 年，法国国民议会委任科学院设计一个以十进制为基础的简单单位制。

米、克和升是公制测量体系中三个最常见的基本单位。米是长度单位，1 米等于 3.28 英尺；克是重量单位，1 克约等于 0.0022 盎司（差不多相当于一枚回形针的重量）；升是容量单位，1 升等于 1.05 夸特。温度用摄氏度表示，0 摄氏度相当于 32 华氏度。

为什么公制又被称为十进制？

因为公制以 10 的乘积为基础，所以又称十进制。只要移动小数点的位置，任何一个公制单位（比如说千克）都可以换算成另一个公制单位（比如说克）。例如，如果你的爸爸告诉你，他的体重为 82,500.0 克（181.8 磅），只要将小数点向左移动三位，就可以将其换算成千克；换而言之，爸爸的体重是 82.5 千克。

一公顷有多大？

公顷是专门用于丈量土地的面积单位，1 公顷等于 10,000 平方米。想象一个足球场的大小，便能了解到它有多大。足球场的一端到对面球门线的长度差不多正好是 100 米。想象一个边长都为 100 米的正方形，就能得到面积为 1 公顷的地方了。1 平方千米等于 100 公顷，所以 1 平方千米的土地相当于边长为 10 个足球场那么大的正方形。

> ### 一磅黄金和一磅羽毛，哪个更重？
>
> 因为黄金以金衡磅度量，而羽毛以常衡磅度量，所以一磅羽毛比一磅黄金重。一金衡磅包含 12 盎司，一常衡磅包含 16 盎司。在公制中，一金衡磅相当于 372 克，一常衡磅相当于 454 克。

哪些国家还没有正式改用公制？

1960 年，公制被正式命名为国际单位制，现在在美国、缅甸（在东南亚）和利比里亚以外的所有国家都得到应用。早在 1790 年，美国国务卿托马斯·杰斐逊就建议采用公制。但因为当时美国最大的进口来源地——英国——尚未使用这一测量体系，所以该建议未被采纳。

常衡与金衡有什么区别？

金衡制是一个重量单位体系，主要用来测量金和银。一金衡制盎司等于480 谷或 31.1 克。常衡制也是一个重量单位体系，用来测量除贵重金属以外的所有物体。它以磅为基础，每单位约等于 454 克。在两个体系中，一粒谷粒的重量都相同：均为 65 毫克。

日历与报时

古代文明是如何发明出日历或其他记录日月年的方式的？

太阳、月亮、星星和恒星等天体为古代人民测量时间的流逝提供了参考。人们根据天体在空中的视运动，判断季节、月份和年份。历史学家对史前时代人们如何记录时间的细节所知不多，但是考古学家不论在什么地方挖掘出的记录和上古器物都发现，每一个文化中都有一些专门从事测量与记录时间流逝的人。两万多年以前，冰河世纪的欧洲猎人在树枝和石头上画线凿洞，这可能是在计算两个月相之间的时间。5000 年前，生活在底格里斯河 - 幼发拉底河流域（位于今天的伊拉克）的苏美尔人发明了日历，把一年分成数个月，一个月有 30 天，一天又分成 12 个时间段（一个时间段相当于今天的两个小时），每个时间段由 30 个部分组成（每个部分相当于今天的四分钟）。历史学家手中并没有修建巨石阵的文字记录，这个石阵建于 4000 多年以前的英格兰，但是它的排列方式表明，修建的原因之一就是为了确定月食和二至点等季节性事件或天文现象。

早期的埃及日历有 365 天的吗？

有。最早的埃及日历以月亮的周期为基础，但是后来埃及人认识到，大犬座中的犬狼星（今天的天文学家称之为天狼星）每隔 365 天便上升到靠近太阳的地方，而大约这个时候，尼罗河就会开始一年一度的泛滥。基于这种认识，他们在公元前 3100 年左右，设计了一种包含 365 天的日历，因此这一年差不多是有历史记载的最早的年份之一。

公元前 2000 年的巴比伦人（在今天的伊拉克）使用一种由 12 个阴历月组成的日历，大月有 30 天，小月有 29 天，两者交替出现，一年共有 354 天。与此相反，中美洲的玛雅人不仅依据太阳和月亮，还依据金星创造了一种有 260 天的日历和一种有 365 天的日历。公元前 2600 年到公元 1500 年，玛雅人及其祖先在中美洲繁衍生息，于公元 250 年到 900 年之间达到文明的顶峰。从他们留下的有关天体周期的记录可以看出，他们认为世界出现于公元前 3114 年。伟大的阿兹特克日历石上就包含了他们的这个日历。

现代计时的基础是什么？

现代社会采用的是由 365 天组成的阳历，其中，每四年出现一次闰年（不能被 400 整除的世纪年数除外）。现代时钟建立在数字 60 的基础上。公元前 3000 年左右，苏美尔人同时使用一个基于 10 和一个基于 60 的计数系统。继承该模式的计时系统每分钟有 60 秒，每小时

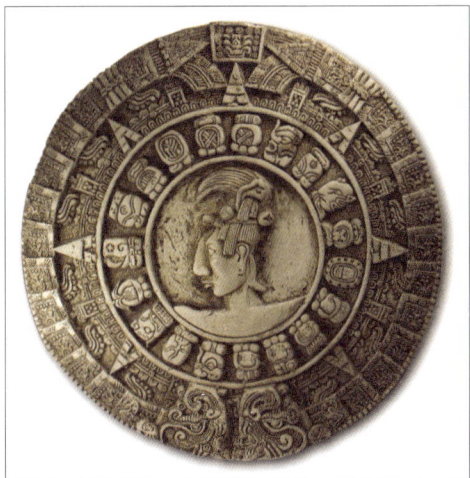

● 曾在中美洲创造了繁荣文明的玛雅人，发明了一种记录时间的复杂日历

有 60 分钟。10 和 60 相配合，共同形成时间观念：10 小时等于 600 分钟，10 分钟等于 600 秒，1 分钟等于 60 秒。

每年有多长？

准确来说，每个日历年有 365 天 5 个小时 48 分钟 46 秒。这是两个春分（春季的第一天）之间太阳绕赤道运行一周的时间。一年不是由完整的天数组成的，这一事实影响了日历的发展，随着时间流逝也带来了一个错误。我们当前使用的日历又称格里高利历，它试图通过每四年为二月增加一天来解决这一问题。这些年份就叫作"闰年"。

闰年是什么时候因为什么而产生的？

公元前 46 年，儒略历将一年 365 天和闰年结合在一起。儒略历由尤利乌斯·恺撒建立，恺撒曾任命亚历山大港的天文学家索西琴尼（Sosigenes）修正日历系统。索西琴尼使用热带阳历年，每年有 365.25 天。因为实际的热带阳历年有 365.242199 天，所以出现了一点点偏差。这一偏差导致 1582 年少了 10 天。那一年，罗马教皇格里高利十三世颁布了一条教皇训令（法令），要求修改儒略历。耶稣会天文学家克里斯托弗·克拉维乌斯（Christoph Clavius）接受了这一法令，并设计出今天所说的格里高利历。为了修正每 130 年减少一天的错误，格里高利历在每 400 年里去掉 3 个闰年。根据这一系统，只有能被 400 整除的年份才是闰年，因此，1600 年和 2000 年是闰年，1700 年、1800 年和 1900 年则不是。因为阳历年不断缩短，所以今天需要补偿时间时，就使用闰秒来增加或减少一秒钟（通常在 12 月 31 日的午夜时分调整）。

上一次增加闰秒是在什么时候？为什么？

科学家们为 2008 年增加了额外的一秒——叫作闰秒，以弥补地球旋转的减慢。位于法国巴黎的地球自转服务组织通过两种方法记录时间，一种是测量地球的旋转，另一种是使用一个原子时钟，前者随着时间的推移而变慢，后者始终如一。当两个时钟出现差异时，该组织就为这一年增加或减去一秒。依据行星旋转来测量时间，已经有了几千年的历史，但是，直到 1949 年，科学家们才发明出能准确计时的时钟。地球自转服务组织的原子时钟通过观察原子的基本振动来计时。据科学家们所知，铯原子——每秒振动9,192,631,770 次——不随时间的流动而改变，并且在地球和太空中的任一地方都保持一致。

什么是中国农历？

中国农历以月亮的周期为基础，建立方式不同于西方阳历。在中国日历中，新的一年开始于一月底到二月初之间的某一天，共有 354 天。每一年以一个动物的名称命名，比如说"牛年"。它总共用到 12 个不同的动物名称，这些名称按下面的顺序轮回：鼠、牛、虎、兔、龙、蛇、马、羊、猴、鸡、狗和猪。1911 年以后，中国人民也开始采用西方的阳历年，但是中国新年等节日仍然使用农历。很多中国的日历同时印有公历日期和农历日期。

B.C. 与 A.D. 有什么区别？

B.C. 一词代表"耶稣之前"，用来确定在耶稣基督出生之前所发生事情的时间。A.D. 是拉丁短语"耶稣纪元后"的简称，意为"主的年份"，用来确定在耶稣出生之后所发生事情的时间。多年以来，西方考古学家一直使用这一年代测定体系。然而今天，随着人们越来越多地认识到，并不是所有考古学家都信奉耶稣基督，所以一些考古学家更倾向于使用 B.C.E.（意为公元前）和 C.E.（意为公元）这两个术语。它们与 B.C. 和 A.D. 的意思完全一样，但是与基督教无关。

一千年和一个世纪有什么不同？

一千年的时间间距为 1000 年。一个世纪是 100 个连续的日历年。第一个世纪由 1 到 100 年组成。20 世纪开始于 1901 年，结束于 2000 年。2001 年 1 月 1 日是 21 世纪的第一天。

一年中各个月份的名字是怎么来的？

日历源于古罗马人以一轮新月代表一个新的月份的做法。罗马的簿记员把他们的事件记录在一个名叫 kalendarium 的账簿上，英语中的日历就来自于这个名字。最早的罗马日历共有 304 天，包含 10 个月，以三月开始，以十二月告终。罗马的政治领袖尤利乌斯·恺撒后来重新制定日历，以一月作为

一年的开端。因此，一月以掌管开始和结束的罗马两面神命名。二月以纯洁之神命名。三月以罗马战神命名。四月来自于罗马语中表示"打开"的一词，是树木和花儿发芽的月份。五月以代表荣誉和尊敬的罗马女神玛雅的名字命名。六月代表罗马诸神的王后朱诺。七月以恺撒自己的名字命名，他在这个月出生。八月代表罗马皇帝奥古斯都。最后四个月的名字含有数字意义：九月在罗马语中表示数字"7"；10月在罗马语中表示数字"8"；11月在罗马语中表示数字"9"；12月在罗马语中表示数字"10"。

一周中的每一天是如何命名的？

一周中的每一天是以罗马数字和盎格鲁 - 撒克逊神话共同命名的。英语继承了这些名字，同时做了一些改变，但我们今天所用的名称依然和它们很像。例如，星期天以太阳的名字命名，一开始叫作"太阳日"。太阳每天为人们带来光和温暖。星期一以月亮命名，一开始叫作"月亮日"。人们认为，月亮对于他们的生活和庄稼的生长非常重要。星期二是铁尔日，铁尔（Tiw）是以正义感著称的挪威神。星期三是沃登日，沃登（Woden）是一个强大的挪威神。星期四是托尔日，以挪威雷神托尔（Thor）的名字命名。星期五是费丽佳日，代表掌管爱和生育的挪威女神费丽佳（Frigg）。星期六是萨尔图努斯日，萨尔图努斯（Saturn）是罗马的农业之神。

有没有一首简单的诗歌，能帮助记忆每个月的天数？

有。很多小孩子都通过学习这首简单的诗歌来记住每个月的

🔵 罗马皇帝尤利乌斯·恺撒重新制定了西方日历，由此一年以一月为开端

天数。尽管《九月里来三十天》这首歌的歌词来源不明，但是诗歌中用到的古英语至少可以追溯到 16 世纪。

九月里来三十天，

还有四月、六月、十一月，

其他都有三十一，

只有二月是例外：

闰年里来二十九，

其余都是二十八。

什么是国际日期变更线？

本初子午线的经度为 0，穿过英国的格林尼治。位于太平洋中央（距格林尼治 180 经度）的国际日期变更线将地球分成两半，在这里，时间在时区的边界发生着变化。仅在英国格林尼治的时间为正午，国际日期变更线的时间处于午夜之时，全世界在这一时刻处于同一天。其他时候，国际日期变更线的两边都处于不同的日期。

时区是什么时候因为什么建立的？

地球被划分为 24 个时区，这样，世界上的每一个人就都有了大致相似的时间表。大约 100 年以前，每个城市都将时钟设置成当地时间。从那个城市来看，正午是太阳升至空中最高点的时刻。然而，为了得到这一时刻，甚至两个相邻的城市也要把时钟调成不同的时间。

例如，当纽约是 8 点，波士顿就是 8 点 12 分（因为波士顿位于纽约以东三个经度）。现代交通与通信出现以前，时间差异并未给社会带来真正的影响。然而，19 世纪晚期铁路铺设以后，加拿大铁路规划师和工程师桑福德·弗莱明（Sandford Fleming）建议，建立一个全球时区系统。这样列车时刻表就可以使用共同的时间来设置。1883 年 11 月，美国和加拿大的铁路公司创立了时区中的标准时间。（这一标准时间被写入了 1918 年的美国标准时间法。）国际社会很快采用了这一理念，将全球划分为 24 个时区，每个时区是一条从北极延伸至南极的长带，宽度约跨 15 个经度。同一时区的人们都把时钟调拨成时区中央的当地时间。今天，大部分国家都采用这个时区系统。

季节是从什么时候正式开始的？

地球上有四个传统季节——春季、夏季、秋季和冬季，每个季节都以太阳在空中的运动为标志。在北半球，当太阳由南往北运行到赤道的正上方，春季开始，此时也称春分。当太阳运行到最北端，夏季来临，此时也称夏至。当太阳由北往南运行到赤道的正上方，秋季来临，此时也称秋分。当太阳运行到最南端，冬季降临，此时也称冬至。

什么是日光节约时制？

日光节约时制有时也称"夏令时"或者"夏令时间"，因为我们在春季把时钟拨快了一个小时，它能短暂地使白天延长。在美国，我们于三月份调整时钟时刻。美国大部分地区的夏令时在三月第二个星期天的凌晨 2 点开始，在 11 月的第一个星期天重新恢复标准时间（把时钟拨慢一个小时）。美国各个时区的转换时间不同。

不同国家有着不同的调整日期方法。虽然夏令时由本杰明·富兰克林于 1784 年首次提出，但美国直到第一次世界大战期间才开始采用，最初是为了节约人工照明所需的燃料。虽然从一战到二战期间，一些州和社区也遵守夏令时，但直到二战才开始在全国通用。今天，大部分美国人仍继续使用夏令时以节约能量，但亚利桑那和夏威夷这两个州是例外。

什么是日晷？它是如何工作的？

日晷是最早用来测定时间的工具之一，通过模拟太阳的运动

🔵 日晷把影子投射到刻有一天中不同时刻的圆盘上，以此测定时间

186

发挥作用。太阳照射着晷针——与底座垂直的三角形物体或装置，把影子投射到适当的时间刻度上，从而显示出一天中的时刻。如果想得到准确的时间，晷针的角度就要和地球的中心轴平行，同时纬度与当地纬度一致。

什么是水钟？

水钟是最早不依赖天体观察的钟表之一。考古学家曾在埃及法老阿蒙霍特普一世（Amenhotep I）的陵墓中发现了一座古老的水钟，它大约埋葬于公元前 1500 年。大约公元前 325 年，希腊人开始使用水钟，并为它们取名为漏壶（"水贼"），漏壶上有一个侧面倾斜的石头容器，水从靠近底部的小出口以近乎恒定的速度滴落下来。当水位到达内表面的标志线时，这些标志线就测量出已经流逝的"时间"。水钟主要用来测定夜晚的时间，但有可能也用在白天。还有一种水钟，由一个底部有着小出口的金属碗构成；把金属碗放在盛水的容器中，一段时间以后，碗里装满水，沉到下面。20 世纪的北非人仍在使用这些水钟。

现代钟表最早出现在什么时候？是如何制造出来的？

欧洲人在几乎整个中世纪（大约从公元 500 年到公元 1500 年）期间，都是利用放置在门廊上的简单日晷来判断正午和晴天中的四个重要时刻或时间段。到了 10 世纪，人们开始使用能放在口袋里的日晷。14 世纪中叶，在意大利几个大城市，大型机械钟表开始出现在塔上。这些公共钟表都是重锤装置，历史学家对于出现在它们之前的工作模型没有任何证据和记录。1500 年到 1510 年间，纽伦堡的彼得·亨莱茵（Peter Henlein）发明了弹簧动力式钟表，标志着又一重大进步。笨重的重锤被取代以后，钟表和手表变得更加小巧便携。虽然主发条未上劲时，钟表走得比较慢，但是它们小巧玲珑，可以放在书架或桌子上，不需要挂在墙上或高高的箱子上，所以备受富人青睐。这些设计上的进步是真正精准的计时工具的先驱。

什么是老爷钟？

老爷钟又称长盒子钟或落地钟，是一种独立式的重锤摆钟。它的摆锤装在钟塔里，来回摆动。这种样式的钟表通常高 6—8 英尺（1.8—2.4 米）。钟罩上常常有雕刻装饰，镶在刻度盘或钟面的框架上。老爷钟的历史悠久。

187

1582 年，意大利天文学家伽利略·伽利雷发现，摆锤可以用来记录时间。他仔细研究了摆钟并画出了老爷钟的第一张设计图。1656 年，荷兰数学家克里斯蒂安·惠更斯（Christiaan Huygens）利用伽利略的发现，制造出了第一台实用的老爷钟（1675 年，他还申请到怀表的专利）。最早的老爷钟计时并不准确，常常一天下来少了 12 分钟。1670 年，英国钟表匠威廉·克莱门特（William Clement）注意到，延长钟表里的摆锤可以更准确地计时。他的长摆锤需要一个更长的盒子，所以就有了"长盒子钟表"这个名字，后来被称作老爷钟。大部分老爷钟都是"打击"钟，这意味着它们每小时报时一次。

腕表是什么时候发明的？

作为今天最常见的一种手表，腕表最早是由瑞士手表制造商帕特克·菲利普（Patek Philippe）在 1868 年发明的。一战期间，军事人员发现，腕表在战场上的益处远远大于当时流行的怀表。士兵把手表装进早期的"凹形"皮带中，这样就能戴在手腕上，从而腾出手来操作武器。据说早在 19 世纪 80 年代，瑞士手表制造商芝伯就为德意志帝国海军配备了相似的装置，他们把表戴在手腕上，协同发动海上袭击。战争结束以后，许许多多的欧美军官保留着腕表，腕表也因此流行起来。1926 年，瑞士手表制造商劳力士为第一只防水防尘腕表——劳力士蚝式手表——申请了专利。

● 当我们想睡觉时，闹钟就是一个折磨。你可以感谢 18 世纪的美国钟表匠利瓦伊，是他叫醒了你

闹钟是谁发明的？

美国新罕布什尔州康科德市的钟表匠利瓦伊·哈钦斯（Levi Hutchins）在 1787 年发明出

了闹钟。他的闹钟只在凌晨 4 点响一次。有了这个发明以后，他就不会睡过通常该醒来的时间了。这也是他无论什么季节都在日出前醒来的固定规则。但是有的时候他睡过头了，于是接下来的一天，都心烦意乱。虽然哈钦斯活到了94 岁，但他从未为他的闹钟申请专利或进行大批量生产。他这样写道："让闹钟发出警报——难的是想出这个点子，而不是实行这个点子。让铃声在预定的时间响起本身就很简单。"1847 年，法国发明家安托万·瑞迪尔（Antoine Redier）最先申请到可调节机械闹钟的专利。1876 年，赛斯·托马斯（Seth E. Thomas）在美国申请到了一只小型上发条的闹钟的专利，这是当时最鼓舞人心的一项发明——很快，美国各大钟表制造商纷纷生产这种小型闹钟，德国钟表制造商也紧随其后。1890 年左右，人们发明出了电动闹钟。

什么是瞬间？

瞬间是一个时间单位——大约 0.001 秒。瞬间常常用在化学和物理学中，讨论与"光厘米"相等的时间，即光穿过 1 厘米路程所需的时间。瞬间的定义由 20 世纪初的美国物理化学家吉尔伯特·刘易斯（Gilbert N. Lewis）提出，他是第一位在化学中应用量子物理学原理的科学家。

A.M. 和 P.M. 分别代表着什么？

A.M. 是两个拉丁词语的首字母，在拉丁语中意为"正午之前"。同样地，P.M. 代表"正午之后"。

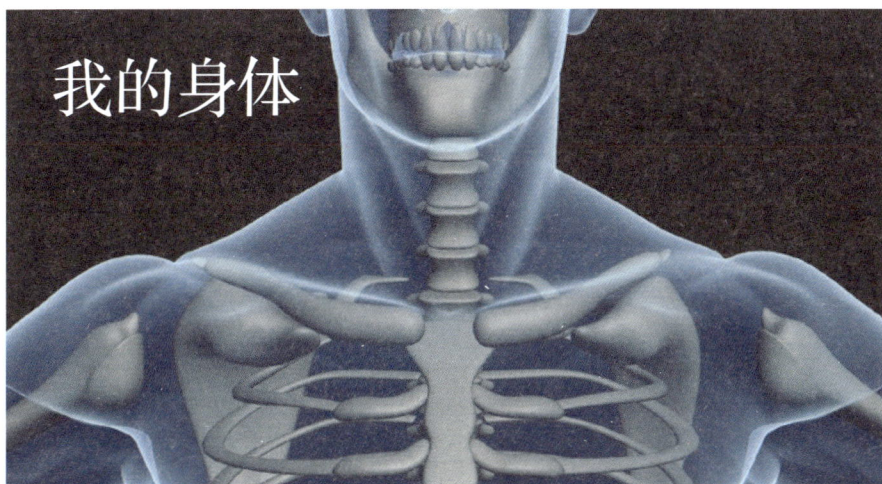

我的身体

骨骼与关节

人体有多少根骨骼？

婴儿刚出生时大约有 300—350 根骨骼，但是从出生到成熟，这些骨骼中的许多相互结合，所以成人的骨骼数平均为 206 根。用不同的计数方法数出来的骨骼数量各不相同，这是因为人们可能把某一人体结构看作多根骨骼，也可能看作由众多部分组成的一根骨骼。骨骼主要分为四种：长骨、短骨、扁骨和不规则骨。从名字就可以看出它们的形状。骨骼的形状也反映出了其各自的生物性能。籽骨和副骨不属于其中任何一种。

骨骼是怎样生长的？

骨骼由细胞铺设的钙网络构成。随着孩子的年龄增长，骨骼末端的特殊细胞不断为骨骼网络增加新的钙。孩子们的骨骼末端有着板状的细胞层，也称"生长板"，当他们完全达到成人的高度时，"生长板"便闭合起来。骨骼有了蛋白质、钙和其他矿物质才能健康生长。此外，它还需要青春期内不断增长的激素，包括雌激素和睾丸素。

维生素 D 能促进钙的吸收，有规律的锻炼能保持骨骼强健，这些都是骨骼生长的必需品。

191

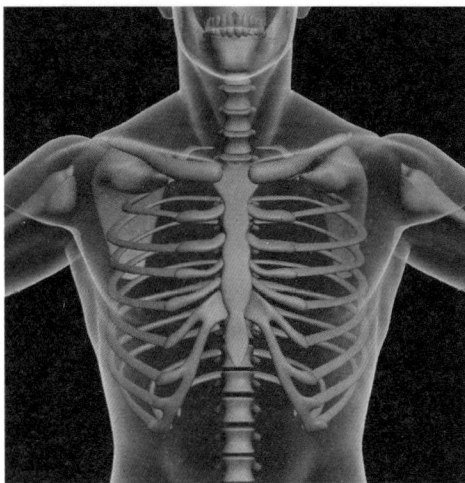

●"胸腔"包括位于胸部的弧形肋骨，它们保护着心肺等重要器官

骨骼和岩石一样坚硬吗？

可以说是，也可以说不是。骨骼是坚硬的结缔组织，由骨细胞、脂肪细胞、血管以及水、矿物质等无生命材料组成。有些骨骼外层由密质骨组成，坚硬笨重。外层下面的层次比较薄，叫作松质骨，松质骨位于长骨末端或顶端之中。松质骨上有着许许多多形状不规则的板片和骨角（叫作骨小梁），因而多孔渗水，所以虽强壮结实但轻而薄。骨骼内部柔软的胶状部分被称为骨髓。红细胞、一些白细胞和血小板在骨骼中形成。颚骨是人体内最坚硬的骨骼。虽然骨骼很坚硬，但并不是人体最坚硬的物质：牙齿中的牙釉质更加坚硬。

最大和最小的骨骼分别是什么？

股骨或者大腿骨是人体内最大的骨骼。股骨的平均长度为 18 英寸（45.72 厘米）。目前有记载的最长的骨头长达 29.9 英寸（75.95 厘米）。它的主人是一个身高 8 英尺（2.45 米）的德国人，于 1902 年在比利时去世。中耳中的镫骨是最小的骨骼。镫骨很小，呈 U 形，把振动从镫骨传递到耳蜗，它只有 2 ~ 4.3 毫克重，2.6 ~ 3.4 毫米长。

我的胸腔在哪里？

肋骨是位于人体上半身的细小、扁平、弯曲的骨骼，在心脏和两肺周围形成一个保护架。组成肋骨的 24 根骨骼排成 12 对，像笼子一样围绕着上半身，形状与胸部相似。肋骨有几大重要功能。它们保护心脏和两肺免受伤害和冲击的损伤，还保护着一部分胃、脾脏和肾脏。肋骨能帮助你呼吸。当你吸气时，肋骨之间的肌肉打开胸腔，使胸部扩张。当你呼气时，胸腔再次向下移动，把气体从肺部挤压出来。

我的脊椎在哪里?

脊椎也称脊梁骨,从脖子底部一直延伸至骨盆,拥有整个背部的长度。脊椎上的 25 个关节把 33 根相互独立的骨骼连接在一起。脊椎底部的四根骨骼相融合,形成终端椎骨,也称尾椎——尾椎上面五根相融合的骨骼叫作骶椎。它们被骨盆中的骨骼包围着。脊椎中的每一根骨骼都被称为椎骨,它们组合在一起承担着特殊的任务。脊椎支撑着头部,能让身体扭动、弯曲以及直立。它还保护着脊髓,脊髓是一组大型神经,把信息从大脑传递到身体的其他部位。

有笑骨这样的东西吗?

笑骨存在于人体内,但它可不是什么骨骼!笑骨是手肘后面尺骨神经的一部分。如果你不小心撞到这个地方,前臂内侧会产生一种刺痛感。这是由于尺骨神经撞到了肱上髁而产生的刺痛或隐隐作痛,肱上髁是从肘部一直延伸至肩部的长骨。虽然轻敲笑骨可能有异样的感觉,但是不会对手肘、胳膊或者尺骨神经带来任何伤害。

身体是如何弯曲的?

人体骨架在 230 多个关节处移动,关节是骨骼相连的地方。关节是进行一系列动作的基础。例如,每个人的肩关节能旋转 360 度,肘部能以 180 度的弧形打开闭合。韧带是一种绳状的结缔组织,把关节处的骨骼相互固定——稍微延长,关节便能移动,但同时把动作限制在一定范围内,这样身体不至于受伤。所以,如果下次你想把身体向后仰成弓状或是把腿抬至耳朵处时,想想你的关节和韧带!

为什么有的时候弯曲指关节会发出开裂的声音?

滑液就像骨关节处的润滑剂,因为它们,指关节以及膝盖、背部和脖子有时会发出爆裂或磨碎的声音。滑液里含有氧气、氮气和二氧化碳。当你伸展或打开某个关节时,关节囊随之拉伸,气体迅速释放出去,形成气泡。如果你想再次打开同一个指关节,就要等到气体重新回到滑液中。有时移动关节,韧带会暂时从骨骼处滑落,发出类似于咬或拉伸橡皮筋的声音。

肌肉力量

肌肉是由什么组成的？

肌肉占到了人体一半左右的重量，它们控制着身体的运动方式。不管我们积极参加运动还是安静地阅读写作，它们总是一起发挥着作用。肌肉位于皮肤表面下的长带中。一块肌肉由几千个聚集在保护鞘中的肌纤维组成，保护鞘包含血管和神经。这些神经能长到 12 英寸（30 厘米）长。锻炼肌肉，肌肉会变得更加强壮，这也是经常锻炼的人比不锻炼的人肌张力更加明显的原因。

人体差不多有 660 块肌肉。这些肌肉组织共分为三种类型：骨骼肌、心肌和平滑肌。肌肉最重要、最独特的特征是能收缩变短，从而完成一些类型的运动。心肌只存在于心脏中，它通过收缩把血液从心脏传输到动脉。大脑向心肌发出加快或减慢收缩的信号，也称心跳。平滑肌位于胃和肠等内脏中，能帮助这些器官或组织完成消化、排泄等任务。

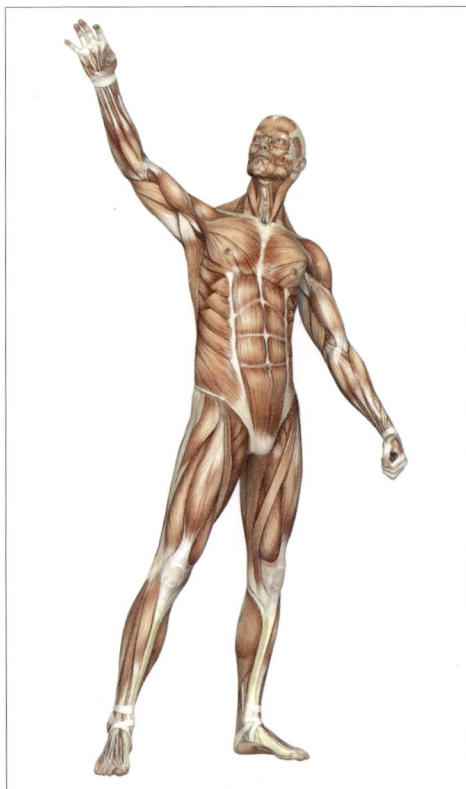

什么是阿喀琉斯之踵？

肌腱把肌肉连在骨骼上，其中最长最强壮的肌腱位于脚后跟处，叫作跟腱。这一厚厚的带状组织把小腿肌肉连在跟骨上，同时对脚的弯曲能力至关重要。走路或跑步时，跟腱让脚得以离开地面。在古希腊神话中，英雄阿基里斯因为脚后跟受伤而殒命，所以《阿喀琉斯之踵》这一口头

🔵 人体大约包含 660 块不同的肌肉，它们能让身体动起来，同时还控制着我们的器官

什么是抽筋?

抽筋指的是肌肉痉挛或肌肉突然不受控制地收缩。一般来说,腿部常遭受这种痛苦,有时出现在剧烈运动以后,通常持续几分钟。"抽筋"这一表达可能源于"查理"("charley")一词,"查理"用来描述跛足的马。

禅常用来指身体的弱点或局限性。

最大的肌肉和最小的肌肉分别是什么?

臀部肌肉(臀大肌)是人体内最大的肌肉,能外旋股骨和伸直髋关节,同时也是人体最强壮的肌肉。中耳处的镫骨肌是最小的肌肉。它比一根线还细,长度为 0.05 英寸(0.127 厘米)。它能激活镫骨,把振动从耳蜗传递到内耳。缝匠肌是最长的肌肉,从腰部一直延伸至膝盖。它的作用是帮助髋关节和膝盖弯曲。

微笑和皱眉哪个更容易?

微笑要容易得多。微笑只需要活动 17 块肌肉,而皱眉需要 43 块。微笑也会让你感到更加快乐!

"发育期疼痛"是什么造成的?

"发育期疼痛"通常指的是孩子们夜里躺在床上时出现的腿部疼痛。这可能发生在快速生长期,这期间孩子们增长了很多。医生认为这是因为肌腱——连接肌肉与骨骼的强壮灵活的带状组织——的生长速度跟不上骨骼的生长速度。肌腱最终能迎头赶上,但与此同时,这种情况使得肌肉在白天积极运动的情况下承担着额外的压力,当夜晚休息时就出现疼痛甚至痉挛(不正常地收缩)的症状。"发育期疼痛"没有任何危害,它通常只出现在夜里,在白天不会给孩子带来任何烦扰。定期的伸展运动——让肌肉和肌腱处于放松状态——常常能解决这一问题。但是如果疼痛严重,持续时间长,就要去看看医生。偶尔疼痛是由感染、疾病、伤害或者被忽视的腿部畸形引起的。

人体基本构件

人体如何成为一台活机器?

人体是一台复杂的活机器,体内各种各样的系统形成一个整体,共同工作。身体的各个部位——包括上百根坚如岩石的骨骼和数百夸脱的血液——都由细胞组成,数量约达 1 百万亿(100,000,000,000,000)。22 颗内脏——心脏、肺、肝脏和肾脏等大型部位——执行着特殊的任务,共同工作,形成不同的身体系统。人体共有八大关键系统。肌肉系统由 600 多块肌肉组成,帮助身体完成各种动作。心血管系统把含氧丰富的血液输送至全身。骨骼系统由形成骨架的骨骼组成,确定体形。呼吸系统帮助人们呼吸。控制身体热量的系统也称皮肤系统,由皮肤、毛发、指甲和汗腺共同组成。生殖系统繁衍出新生命。消化系统帮助消化食物和营养,提供人体一天所需的能量。人体内还有一些帮助维持生命的系统,包括防止病毒与疾病入侵的免疫系统和维持体内清洁与排泄废物的泌尿系统。内分泌系统由腺体组成,把激素输送到身体的各个部位,能促进生长并控制其他行为。这些系统共同工作,维持人类的生命与健康。

我的生命是如何开始的?

所有生命都由细胞构成。细胞很小,只有在显微镜下才能看到。人体含有数万亿颗细胞。每个人的生命都开始于一颗受精卵。这颗单细胞包含了新生命成长与生存所需的所有信息。这些信息——一种编码的化学信使,叫作基因——存在于原子核或细胞控制中心的 23 对染色体中。

这一特殊的受精卵最初是母体内的一颗卵子。女性的生殖器官叫作卵巢,卵巢每个月排出一颗成熟的卵子。卵子含有新生命诞生所需的一半基因。男性的生殖器官叫作睾丸,睾丸能排出几百万个精子。当父体内的精子与母体内卵子相结合并完成受精,形成新生命的细胞就诞生了。它携带着分裂与发育成婴儿所需的所有编码指令。几个小时之内,受精卵分裂成两个完整的细胞,各自包含一套完整的基因。很快,这两个细胞再次分裂。五到六天以后,由几百个细胞组成的小球形成。小球和大头针的针头差不多大,附着在母亲子宫的内壁上,这个生殖器官就是婴儿生长的地方。细胞在营养丰富的子宫内壁上继续分

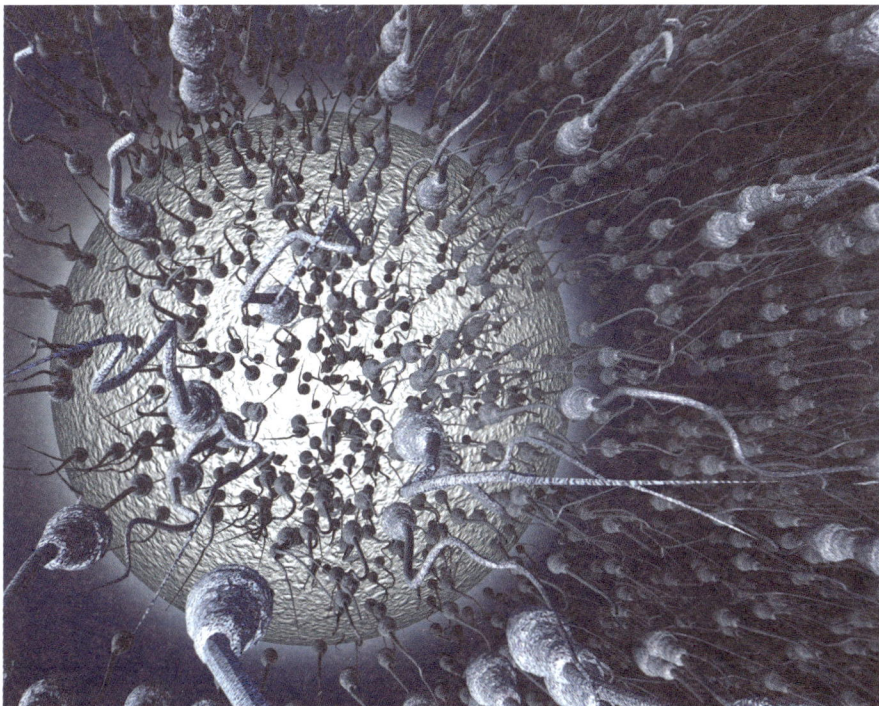

🔵 数百万个精子细胞试图为一颗卵子受精，但是（通常情况下）只有一个能完成使命

裂。慢慢地，细胞开始出现专门化，变成神经细胞、肌肉细胞和其他细胞。一个小婴儿就开始成形了。

　　你在生长的过程中，通过一个特殊的管子从母亲的血液中吸收营养和氧气，它与你的肚子相连，叫作脐带。40周左右（9—10个月），你所有的器官和身体系统都发育成熟，能独立工作，你便能降临到这个世界上。于是，你隆重出场，来到这个世界！

我是如何成长的?

　　你从微小的受精卵开始，不断分裂，变成婴儿。和受精卵一样，组成你身体的数万亿个细胞也在你成长的过程中不断分裂。你拥有的细胞越多，就长得就越高大。有些细胞分裂是为了取代已经受损的细胞，有些是为了在身体成熟时增加它的大小以及改变它的形状。激素——由腺体产生并在血液中流通的化学物质——在你成长的过程中引导体内细胞的生长。通常情况下，人们到了

197

20 岁就完全发育成熟。然而到 30 岁的时候，细胞自身更新的速度开始减慢，身体出现衰老的迹象。随着时间的流逝，当某些身体细胞——像大脑和神经中的细胞——受损或死亡以后，就不再有新细胞来取代它们。

我能长到多大？

人能长到多大是由多种不同的因素决定的。其中最重要的是遗传因素，即父母传给孩子的生理特征。当生命开始于一颗受精卵时，父亲和母亲各自贡献了一半生存和成长所需的基因——编码的化学信息。这些基因决定着你的生理特征，像眼睛与头发的颜色、体形和身高。这也是孩子们长得很像父母甚至祖父母的原因：他们继承了那些或许已经遗传了好几代的家族特征。如果你的父母很高大，那么你很可能也会一样高大。在美国，女性的平均身高约为 5 英尺 4 英寸（1.6 米），男性的平均身高约为 5 英尺 9 英寸（1.75 米）。除了遗传密码以外，要想长到基因允许的高度，还需要一些特定的条件。营养不良、健康不佳和疾病都会妨碍人们长到最大的高度。这也可以解释为什么在以前食物缺乏和医疗条件差的时候，我们的祖先比今天的我们要矮小得多。好好照顾自己的身体，这样便能帮助它发育到最佳状态。

为什么细胞被称为积木？

所有生物都由细胞构成，细胞是生命的基本单元。人体大约包含 100 万亿个细胞，分别分布在大脑、骨骼、肌肉、神经、皮肤和血液中。人类拥有大约 200 种不同形状和大小的细胞，各自在人体中承担着专门的工作。然而，不管细胞做什么工作，它们都有着相似的结构。细胞膜把细胞连成一个整体。细胞膜上的开口能让某些化学物质自由进出。细胞膜由一种叫作细胞质的水状液体组成，细胞质内部包含一种叫作细胞器的结构，细胞器是组成细胞的专门子单元，在细胞的正常运转中扮演着特殊的角色。细胞核是细胞的控制中心，把化学信息传给细胞器，它还包含染色体，染色体是遗传物质或 DNA（脱氧核糖核酸）的载体。

什么是 DNA？

DNA 又称脱氧核糖核酸，是所有活细胞内部非常重要的分子。它含有日常新陈代谢与生长的信息，并影响着大部分的身体特征，包括皮肤的颜色、眼睛的颜色以及头发的曲直。有了 DNA，各种各样的细胞才能发育，并共同运转，形成一个功能齐全的身体，所以它常常被称为有机体的蓝图。当卵子和精子结合成第一个细胞，开始新生命的时候，体内细胞生长所需的所有遗传信息就都具备了。DNA 包含的信息代代相传。利用基因技术可以改变 DNA，也或者把 DNA 从一个动物、植物或人类身上转移到它们的同类身上。基因由短小的 DNA 组成，现代基因技术能改变每一个单独的基因。

血液

我的身体内含有多少血液？

人体大约含有 6 夸脱（5.6 升）血液。血液是体内的运输系统——一天中，血液运行近 12,000 英里（19,312 千米）。在心脏的推动下，血液把空气中的氧气和食物中的营养传送到体内的每个细胞。心脏一生中要传输 100 万桶血液——足以装满三艘超级油轮。它还能维持细胞的清洁与健康——营养素和氧气在完成生长与修复过程以后，会产生废物，血液把这些废物清理掉。此外，血液还把激素输送到全身，激素是由腺体产生的并控制着各种生命流程的化学物质。血液还传送着身体各部位所需的热量。

血浆、红细胞和白细胞与血液有什么关系？

血液中一半以上的物质是一种浅黄色的水状液体，叫作血浆。血浆中含有营养素、废物以及凝血或避免伤口愈合前出现大出血所需的化学物质。血液的其余部分由微小的细胞组成。其中红细胞占大多数，把氧气输送至全身，并带走肺部排出的气态废物——二氧化碳。剩下的是白细胞，白细胞击退并杀死进入人体内的致病细菌，防止感染。红细胞是人体内最小的细胞。但是，它们体积虽小，数量却巨大：在一滴如大头针的针头般大小的血液中，有 500 万个红细胞。

与此同时，它还包含 10,000 个白细胞和 250,000 个血小板，血小板是一种微小的椭圆形物质，血管损伤以后，血小板堵上窟窿，帮助形成凝块。

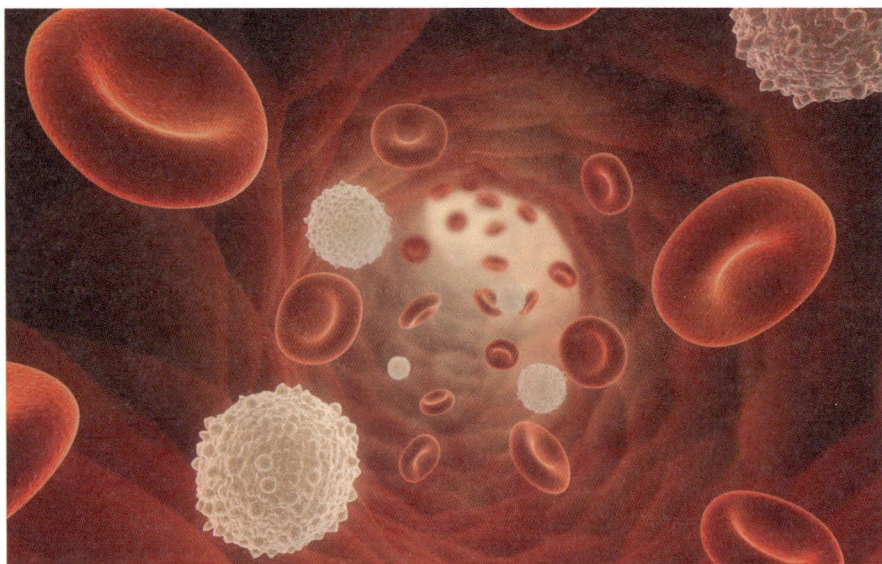

🔵 血液中含有各种各样的细胞，包括输送氧气的红细胞和抵御病菌的白细胞

为什么血液是红色的?

　　随着幼小的红细胞在骨髓中慢慢长大并发育成熟，它失去细胞核，同时产生更多的血红蛋白。血红蛋白是一种含铁的红色颜料，使血液呈红色，并与蛋白质相结合。（氧气与铁结合以后呈现出红色；它们结合得越多，红色就越深。）当血液流经肺部，氧气附着在红细胞的血红蛋白上。红细胞携带着氧气从这里出发，流经动脉与毛细血管，到达体内的每一个细胞。因为当红细胞传遍整个身体时，血液中的铁原子把氧气供送给需氧的细胞，所以动脉呈红色。等到血液重新流回心脏然后再流到肺部，氧气比之前减少了一半以上。因此，静脉获得的氧气比其他组织的少，从而呈青白色。

器官

除了思考以外，我的大脑还能做什么?

　　大脑是人体的指挥中心，我们的所有行为——吃东西、说话、走路、思考、记忆和睡觉——都受大脑的控制与安排。作为人体最复杂的器官，大脑告知我们体外的情况（我们是冷还是热，或者迎面走来的是朋友还是陌生人）以及体内的状况（我们是否被感染，骨头是否断裂，或者开心还是悲伤）。大脑是神经系统的关键，含有 100 亿到 1000 亿个神经细胞或神经元。神经元相互组合形成细绳状的神经，连接从头部一直到脚趾以及其间的所有部位。它能收发电子信号，也称脉冲，身体的一切行为与感觉都由脉冲控制或做出反应。大脑就像一个繁忙、高速运转的邮局，不断接收信息并把它们发送出去；它每秒钟处理数百万次神经冲动。

大脑有几个部分？

人脑主要分成三个部分：大脑、小脑和脑干。其中，大脑是最大的部分（约占大脑总重量的 85%），控制着情感、思想与语言。大脑又分成左右两半，叫作大脑半球，每一半再分成许许多多的脑叶。大脑外部坚硬的外层被称作大脑皮层，由一种叫作灰质的组织构成。小脑协调着我们通常会忽视的各种运动：它帮助我们沿一条直线直立行走，保持身体平衡而不会翻倒，并提供跑步和玩耍时所需的协调性。脑干把脑部与脊髓连在一起。它控制着呼吸、消化和心跳等重要的生命过程。

怎样测出心率？

医生通过把脉或利用听诊器聆听心脏跳动来测量心率——每分钟心脏收缩（或者心跳）的次数。身体任何一个动脉靠近体表并能感受到脉搏的部位都可以测出心率，比如说手腕或脖子。休息时，成年男性平均每分钟的心跳约为 70 次，成年女性约为 75 次，但运动员的心率通常比这要快。学步孩童的心率每分钟在 100 到 130 次之间，稍大的孩子在 90 到 110 次之间；青少年在 80 到 100 次之间。如果你把它们都加起来，一分钟 75 次，一小时就是4500 次，一天就是 108,000 次，一年差不多有 3940 万次！

人是如何呼吸的？

因为你的大脑自动控制呼吸，所以你通常很少思考呼吸问题。当血液中含有大量二氧化碳——身体运行过程中排出的气体废物——时，你的大脑获得信息，通知肺部呼出这些气体，把它们清理掉。然后你吸入空气，把氧气输送到体内的每一个细胞。当你呼吸平稳时,这种严格受控的呼气与吸气行为每分钟发生 10—14 次。

当你的需氧量比平时要大时,你的大脑也会对其负责。当你在锻炼或努力工作时,你的大脑发出命令,让你呼吸加快,吸入 15—20 倍的空气。如果这还不能满足肌肉所需,你可能就会"上气不接下气",不得不停下来休息一下。此刻你仍然需要大口呼吸——大约每秒一次,一直到肌肉恢复正常。

肺和我的声音有关系吗?

有关系。人的声音,不管是唱歌、说话还是喊叫,受到多种因素的共同作用。空气是第一步。你的肺中呼出的空气快速流过气管(也称嗓门),使声带产生振动,声带是喉头里的两片微小的肌肉。音调高低取决于声带之间的距离:如果你差不多关闭了声带之间的空间,便能发出高亢的声音。如果你打开这一空间,便能发出低沉的声音。呼吸的速度决定了声音的大小。嘴唇和舌头把声音变成话语。

一个人一生中呼吸多少空气?

在一个人的一生中,他呼吸的空气总量在 7500 万加仑(2.84 亿升)左右。当他躺下时,每分钟需要 2 加仑(7.5 升)空气,坐下时需要 4 加仑(15升),走路时需要 6 加仑(23 升),奔跑时需要 12 加仑(45 升)或者更多。

人体最大的器官是什么?

皮肤是人体最大的器官,就像一个阻隔外界的屏障。它包裹着整个身体,表面面积约为 21.5 平方英尺(2 平方米)。它的厚度从眼睑的 0.02 英寸(0.5 毫米)到 0.16 英寸(4 毫米)不等,手掌和脚底等部位厚度更大。所有皮肤都加

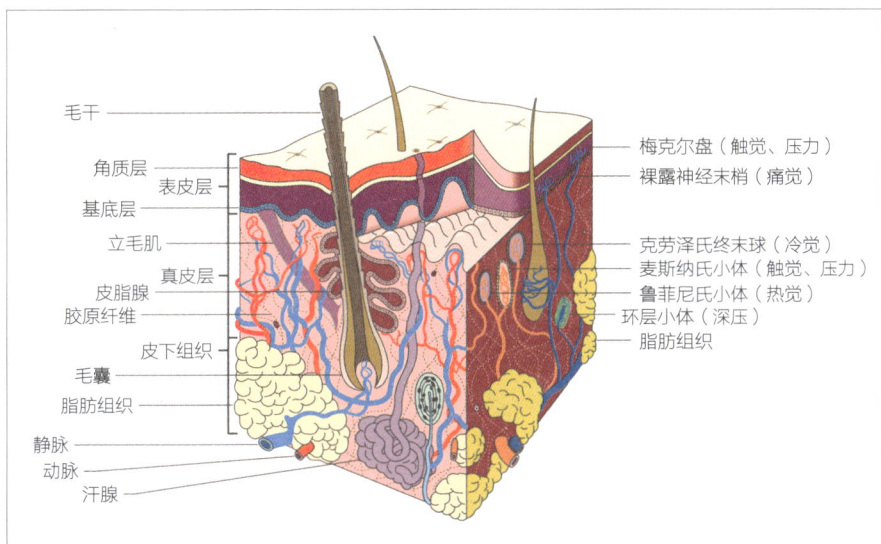

毛干
梅克尔盘（触觉、压力）
角质层
表皮层
裸露神经末梢（痛觉）
基底层
立毛肌
克劳泽氏终末球（冷觉）
皮脂腺
麦斯纳氏小体（触觉、压力）
真皮层
鲁菲尼氏小体（热觉）
胶原纤维
环层小体（深压）
皮下组织
脂肪组织
毛囊
脂肪组织
静脉
动脉
汗腺

● 我们的皮肤比第一眼看上去要复杂得多。皮肤包含能产生触觉、感知温度、生长毛发和排出汗水的细胞

起来的话，大约占人体重量的 16%。皮肤保护内脏不被感染，并帮助调节体温。

很多人说，皮肤就像洋葱的层理，但你的皮肤的确由三大层构成。外层也叫表皮，包含皮肤细胞、色素和蛋白质。中间的一层叫作真皮，含有血管、神经、毛囊和脂腺，为表皮提供养分。真皮下面是皮下层，包含汗腺、些许毛囊、血管和脂肪。每层还有结缔组织，结缔组织中含有延缓皮肤衰老的胶原纤维和保持皮肤弹性与力量的弹性纤维。位于真皮最底层中的细胞不断分裂，从而产生新细胞，为皮肤提供持久的保护层，防止更深层的细胞受到伤害、感染或变得干燥。真皮表面的细胞脱落以后，不断被新细胞所取代，这样的话，大约 30 天以后就能长出一套完整的新皮肤。人体每小时大约脱落 600,000 颗皮肤微粒，一年脱落的皮肤微粒约重 1.5 磅（0.68 千克）。到 70 岁的时候，人均脱落的皮肤重达 105 磅（47.6 千克）。

青肿是由什么造成的？

青肿是常见的皮肤损伤，导致皮肤颜色改变，通常是黄色、褐色或者紫色的斑点。血液从皮肤底层破裂的血管聚集到皮肤表面，形成"青一块紫一块"的痕迹。你撞到人或物，或者被他们撞到，都有可能出现青肿。

203

伤口为什么会结痂？

身体上任一部位的皮肤被抓伤或擦破以后，一种特殊的血细胞即血小板立刻开始工作。血小板像胶水一样在伤口处粘结，形成凝块。凝块就像一个绷带保护着伤口，防止更多的血液和其他液体流出。凝块中也充满着别的血细胞和丝状物质，这种丝状物质叫作血纤蛋白，血纤蛋白把凝块凝结在一起。凝块变硬变干以后，就结成了痂。痂像一个外壳，呈深红色或棕色，保护伤口不受病菌入侵，并让底层的皮肤细胞得以痊愈。一般情况下，一个星期或两个星期以后，痂就会自动脱落，露出下方桃红色的新皮肤。

什么是脓？

脓是从伤口中渗出来的黄白色浓稠液体，这是因为伤口中堆积着大量的白血球、细菌和坏死的皮肤细胞。最后，白血球会吃掉所有的细菌和死皮细胞，脓也会自动消失。有的时候，我们需要使用抗生素来杀死细菌，帮助伤口更快地愈合。如果丘疹感染了细菌，就会产生脓包或少量的脓。

头发、皮肤与指甲

人的头上有多少根头发？

据科学家们估计，儿童和成人大约有 100,000 根头发。因为红头发比较粗，所以长着红头发的人的头发数量要少一些。虽然你每天可能平均掉落40—100 根头发，但这很难注意到，因为你的头发如此之多！

什么毛发长得最快？

男性的胡须是人体上生长最快的毛发。平均来说，如果一个男性从不刮胡须，到去世时，他的胡须能长到差不多 30 英尺（9 米）长。

为什么人们的皮肤颜色不同？

皮肤的颜色——从淡粉色到深棕色不等——是由皮肤中黑色素的数量与

种类决定的。黑色素有两种：棕黑素（红色到黄色）和真黑素（深棕色到黑色）。它们的数量与种类都受到 4—6 个基因的影响。父亲和母亲的这些基因你都会继承。每个基因有多种编码序列，所以全世界就出现了各种各样的皮肤颜色。

为什么有些人长雀斑？

皮肤和眼睛颜色较浅的人长雀斑的可能性更大，这是因为他们皮肤中的黑色素含量较低，黑色素是皮肤中的一种化学物质，能反射和吸收紫外线，防止皮肤

🗨 皮肤白皙的孩子更容易长雀斑

被太阳晒伤。他们没有晒黑，反而长出了雀斑。有些人脸上的雀斑在冬天几乎完全褪去，到了夏天又重新长出来，这期间他更有可能晒伤。防晒油能保护每个人（不管长没长雀斑）免受太阳光的伤害。

人体如何降温？

人体的 300 万个汗腺可使体温下降。皮肤中的神经通知你的大脑你的体温正在上升，大脑随后通知汗腺开始工作。每一个汗腺就像一个小水泵，吸收附近毛细血管中的水分并运送给皮肤，使体温下降。因为人体中超过 60% 是水，所以汗腺如同纵深到汪洋大海中的水井。汗腺有两种：分泌腺和泌离腺体。前者专门给身体降温，在剧烈运动或锻炼中，每小时可抽出 2 夸脱（1.9 升）的水。后者受情绪而非热量的刺激。这些腺体在腋窝、腹股沟和乳头的毛囊中分泌出汗水，汗水又和细菌以及油脂相混合，呈现出颜色和气味。汗水干了以后，皮肤冷却，体温也随之下降。

为什么我的手指在浴缸中都"泡发"了？

在长时间沐浴（或者在湖泊与池塘中游泳）过程中，我们的手指和脚趾

像海绵一样吸收水分，然后膨胀起来。这是因为与底层皮肤比起来，手指和脚趾上的最外层皮肤更易渗透，因而也更易吸收水分。但是，除了膨胀以外，它们还能像葡萄干一样皱缩，这得益于皮肤层相连的方式：最外面的膨胀层与下方不会膨胀的组织相连，所以皮肤起皱以适应增加了的表面积。一旦你的身体干燥以后，皮肤中的水蒸发到空气中，皮肤很快又恢复正常。

我祖母下巴上有一个肿块，肿块里还长着毛。这是什么？

　　你的祖母很可能长了一个痣，痣是皮肤上的斑点，通常呈圆形或椭圆形。痣可大可小，或光滑或肿起，颜色从粉色、棕色、红色到黑色不等。皮肤痣可以长在身体上的任何位置，甚至还生出毛发。痣是黑色素细胞——或者是产生色素形成皮肤颜色的细胞工厂，它们聚集生长，而不是在皮肤上蔓延。痣可以出现在任何时候或者任何年龄；有时，婴儿甚至一出生就有。实际上，如果你的观察足够仔细，你也许会在身上找到 10—50 颗痣！

如果我用布基胶带把疣包住，它会消失吗？

　　可能会。疣属于皮肤感染，由一种叫作人乳头状瘤病毒的常见病毒引起。据卫生研究人员推测，每四个人中就有三个人一生当中会长一次疣，通常是在头部或脚部，所以疣极为"普遍"。疣要几个月或者几年才会自动消失。为了加速这一过程，一些皮肤医生建议用布基胶带把它们包住，直到消失为止。布基胶带能去掉疣的死皮，因而逐渐杀死皮肤中的疣病毒。它可能还会刺激体内的免疫系统去攻击疣病毒。另外，医生利用激光或液氮也能把它去掉，液氮是一种冷却皮肤的物质，能杀死细胞。

为什么脚趾之间的皮肤有时会发红发痒？

脚趾间发红发痒的皮肤很可能是足癣的征兆，足癣是由一种霉菌状真菌引起的皮肤感染。真菌在温暖、潮湿的环境中才能存活，常常生长在衣帽间的地板、公共浴室、游泳池和浴缸中。它还喜欢老旧恶臭的网球鞋。脚接触到真菌以后，就会发红发痒。有的时候，脚趾之间会出现湿润的白色鳞片状病变或溃疡，并蔓延至脚底。在男孩身上，足癣真菌有时传播到腹股沟区，它在这里叫作股癣。在浴巾上接触到真菌以后，它可能会从一个地方传播到另一个地方，此外，腹股沟区非常温暖潮湿，有利于真菌繁殖。

为什么我有肚脐？

你的肚脐是一道疤痕，脐带曾长在这里。当你还在母亲的子宫中慢慢长成婴儿的时候，这一管状的脐带把你和母亲连在一起。它把胎盘里的氧气和营养输送到你的身体里，胎盘是怀孕期间长在子宫里的器官，连接着胎儿和母亲的血液供应（它还把血液中的垃圾带出去）。因为婴儿出生以后能自己呼吸，自己吃东西，所以就不再需要脐带了。脐带被剪掉以后，剩下的部分大约在出生一周以后萎缩凹陷。医生把脐带剪掉，只留下两到三英寸（大约 5 到 8 厘米）长的残余部分，残余部分最后干缩并脱落。皮肤在这个地方长出来，随后变成与你终生相伴的肚脐形状。

鸡皮疙瘩是由什么引起的？

当你感到寒冷或害怕时，皮肤上会出现小肿块，这些小肿块就是鸡皮疙瘩。因为它们看起来就像鸡被拔掉羽毛以后坑坑洼洼的肉体，所以有了这个名字。当你感到寒冷的时候，皮肤里的肌肉使身上的寒毛竖起，这样它们能形成较厚的空气层，也许能让你暖和一点。此外，正如所有的肌肉活动一样，皮肤肌肉的收缩也能产生热量。

为什么青春痘总是长在额头中间？

大部分临近青春期的孩子都会遭受粉刺的烦扰，粉刺是一种发红的刺激性皮疹，通常出现在身上的产油区，包括面部（额头、鼻子和下巴）、胸部和背部。由于青少年的激素水平变化迅速，所以极度活跃的腺体分泌油脂（皮脂）的速度比正常速度要快。过多的油脂堵塞毛孔以后，产生粉刺或丘疹。很多时候，耷拉在额头或脸部两侧的头发含有类似油脂的凝胶剂和其他造型产品，它们会催生粉刺。

为什么人们上了年纪以后，脸上会出现皱纹，头发也会变白？

随着人们的年龄增长，身体也产生诸多变化，从而对细胞和器官系统的运转方式产生影响。这些变化很微妙，随着时间的推移变得越来越明显，并且每个人的表现不同。在衰老的过程中，我们的身高都会缩短，到 80 岁时，很可能缩短 2 英寸（5 厘米）。这主要是由身姿、脊椎椎骨生长以及关节方面的变化引起的。头发毛囊分泌出黑色素，黑色素决定着头发的颜色，随着年龄增长，黑色素越来越少。头发的颜色变浅变灰，最后变成了白色。与此同时，指甲也发生了变化：它们的生长速度减慢，可能变钝变脆，还有可能发黄发浊。此外，皮肤表层（表皮）变薄，色素细胞（也称黑色素细胞）的数量减少，但残留的黑色素细胞体积变大。老化的皮肤更加稀薄、苍白与透明。由于结缔组织的改变，皮肤力量与弹性减弱，从而形成皮革般的多皱褶皮肤。

我的知觉

五大知觉分别是什么？

知觉是人体感知外界刺激的方式，人体的五大知觉分别是：视觉、听觉、味觉、嗅觉和触觉。但与此同时，人体还包含其他多种知觉，如平衡感、饥饿感、口渴感和疲惫感。这些知觉，没有谁比谁更重要；它们共同工作，从而让你获得周围世界的信息。

人多久眨一次眼睛？

人每 5—6 秒钟眨一次眼睛，每次大约持续六分之一秒。如果你把它们加起来，每年眨眼的次数超过 300 万次。眨眼主要是为了湿润和清洁角膜、结膜与双隔膜。事实上，如果眼睛一直睁着的话，就会变干。但是，当有物体或人快速靠近时，眼睛也会眨动。

睫毛有什么作用？

睫毛保护着我们的眼睛，阻止小微粒和灰尘进入眼内，在刮风时尤其如此。睫毛还有着高度的灵敏性，当有东西触到眼睑时，它便发出关闭的提醒。如果用手指摩擦睫毛，你会发现眼睑自动合上。但注意不要过度摩擦——如果你掉了一根睫毛，它要 4—8 个星期才能重新长出来！幸运的是，你的上眼睑有 100—150 根睫毛。

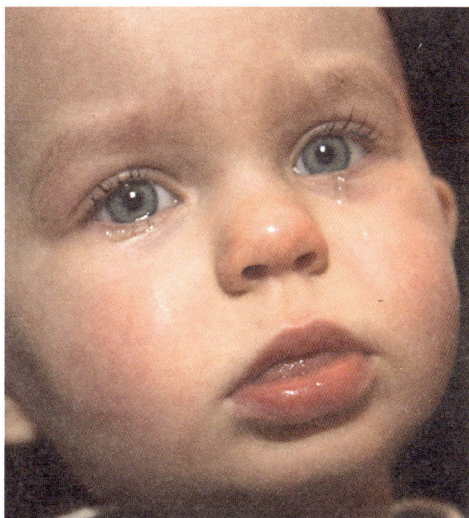

💬 当我们悲伤的时候，泪水就会流出来，但泪水还有其他作用：它们能防止灰尘进入眼睛

泪水对我有好处吗？

当然！泪水通过微小的输泪管从泪腺流入眼睛，清洗眼球，带走灰尘。泪水中含有盐分，能杀死细菌，帮助角膜（眼睛透明的前端）保持湿润。一部分泪水通过输泪管流出眼睛，输泪管是在眼睛和鼻子之间运行的小管子。这也是人们流泪以后会流鼻涕的原因。

为什么在飞机上我们的耳朵有时会发出砰的声音？

在飞机上、驾车经过高山和其他高海拔地区时，因为气压发生了改变，所以有时耳朵里会听到砰的一声。例如，当你登上飞机时，气压下降，进入内耳的空气把鼓膜向外推。在耳内发出砰的一声之前，这一扩张动作会带来不舒适的感觉。因为鼓膜的压力使得声音传播难度加大，所以你的听力也会下降。耳咽管是连接内耳与咽喉的两个小通道，当你打哈欠或吞咽东西时，内耳中的部分空气从耳咽管排出，从而让内耳中的压力与大气压取得平衡。当内耳打开以后，你感到压力释放，耳朵就听到砰的一声。

为什么我一关灯就看不到东西了？

当你关上灯以后，便立刻很难在黑暗中看清，就像你从黑暗的地方进入一个明亮的晴天，你的眼睛也需要几分钟来调整适应。为什么呢？这是由眼睛中的瞳孔造成的。瞳孔是处于你眼睛中央的黑环，受虹膜控制，它的大小决定着进入眼内的光线量，并能适应光明和黑暗。瞳孔在弱光或黑暗中放大，让更多的光线进入眼内；它们在强光下收缩（变窄），防止太多的光进入眼内。当你从明亮处进入黑暗处，瞳孔变大，在黑暗中待一分钟以后，视网膜的敏感度比刚开始几秒钟增强6倍。半个小时以后，它们变得更加敏感，你便能在黑暗中看得更清楚。

为什么我有两只耳朵？

有两只耳朵才能听出声音从哪个方向来。大脑通过比较传入两只耳朵的信息，探测到我们听到的声波或者声音模式。如果一只狗在你的左边吠叫，声音进入左耳比进入右耳的速度稍快。另外，左耳比右耳听到的吠叫声要响亮。大脑注意到时间和音量的微小差别，然后告诉你声音从什么地方传来。

为什么我旋转以后会头晕目眩？

头晕目眩是由内耳的液体引起的。当身体旋转以后，耳液也不停旋转，把互相矛盾的信息传入大脑。因为这些混乱的信号，你开始头晕目眩，失去平衡感，并出现头重脚轻的症状。几秒钟以后，耳液重新恢复持平，晕眩感消失。

为什么有些人在车上阅读时会感觉不舒服？

晕动症是在身体有移动感时产生的。当你乘坐校车、乘船航行或者坐在汽车后座时，常出现这种症状。当你读书时，眼睛没有看到移动，这让大脑产生混乱，一些人便感觉不舒服。如果晕车的话，就向窗外看去，不要低头看书，这样大脑和身体就会协调起来。

什么是味蕾？

人的舌头上大约有10,000个微小的肿块（叫作乳突），每个肿块又包含

250 个味蕾。每一个味蕾都有一
个小孔，向舌头表面张开，这样
进入口中的分子便能到达舌头内
部的受体细胞。受体细胞只有
一到两周的生命，然后便被新
的受体细胞所取代。味蕾能分
辨出四种基本口味，即咸味、甜
味、苦味和酸味，并与上腭的味
蕾一起工作，让你品尝出食物的
味道。

但是味蕾还需要鼻子的帮
助。当你在咀嚼的时候，食物散
发的化学物质传到鼻子中，刺激

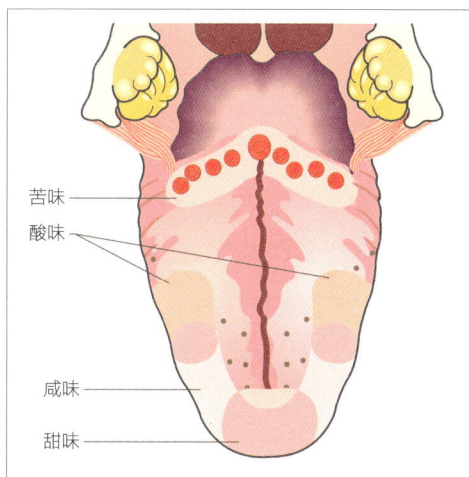

苦味
酸味
咸味
甜味

🗨 舌头上的不同部位用来品尝苦味、咸味、甜味和
酸味

鼻子中的嗅觉受体。鼻子的灵敏度至少是舌头的 20,000 倍，能记住差不多
50,000 种不同的气味！嗅觉细胞与味蕾一起工作，带来丰富的味觉体验。实
际上，你可能注意到，如果你的鼻子塞住了的话，你便闻不到食物的气味，也
尝不出它的味道来。

人真的有"舌纹"吗？

有。所有人都存在一些共同特征，但每个人又有着一组属于自己的独特
特性。在这些独特特性中，有指纹、舌纹、眼睛虹膜的图案和声音模式。因为
每个人的指纹和舌纹都是独一无二的（乃至一模一样的双胞胎也是如此），所
以它们可以用来辨别身份。不过下回有人喊你名字的时候，你最好还是答应，
可不要伸出舌头来！

如何让大脑结冰停止？

快速吸食冰冷的冰淇淋可能会导致"大脑结冰"，也称冰淇淋引起的头
痛。当你嘴巴里面的上腭接触到冰冷的物体时，血管收缩，以防身体热量损
耗。随着冰凉的感觉消失，血管重新放松，快速增加大脑的血流量。血液的突
然释放带来了强烈的头痛感。你可以通过快速给上腭升温来缓解头脑结冰：用
舌头舔舐上腭，或者，如果你能把舌头卷起来，就用舌头底部（温度比较高）

211

抵压上腭。对于有些人来说，慢慢啜饮温度与室温相同的水或者用温暖的大拇指抵住上腭，也能起作用。

尘螨怎样让人打喷嚏？

尘螨是生活在灰尘中的微生物。鼻子被这些不速之客入侵以后，黏膜受到刺激，神经细胞被激活，向肺部发出装满空气的信号。当呼吸道关闭，压力增强，鼻子刺痛抽搐，打出喷嚏，以高达 525 英尺（160 米）每秒钟的速度把黏液（湿润的黏性物质）、灰尘、花粉和螨虫喷出鼻腔。打喷嚏是身体的反应能力之一，能自动清除细菌和病菌等有害物质。它还能帮助把空气从鼻子输送到肺部的管道保持健康。

什么是鼻屎？

鼻子内壁的黏膜很湿润很黏。灰尘和其他物质进入肺部之前，这个环境能粘住它们。黏液的厚膜覆盖着鼻子内壁，当水分从这里挥发——只要有空气经过，就会挥发——以后，黏液和你已经吸入的微粒相混合，然后变干变硬，形成鼻屎。

食与饮

我要刷牙吗？

当然！健康强健的牙齿能帮助你清晰地说话，咀嚼比较坚硬的蔬菜和肉类，还能帮你保持最佳状态。刷牙能预防噬斑，噬斑是一种粘在牙齿上的透明膜。这个透明膜就像一块磁铁，能吸引细菌和糖分。细菌吃掉牙齿上的糖分以后，分解成酸，酸蚀坏牙釉质，出现小孔，也叫蛀牙。噬斑还能引起牙龈炎，造成牙龈红肿疼痛。当你到了 6 岁左右，乳牙掉落，开始长出一组较大的牙齿。最后，32 颗新牙在你不断生长着的上下颌上排成两排，与此同时，最后一颗牙在 18 岁左右长出。在接下来的生活中，这些恒齿就承担着吃东西的任务，所以它们值得细心照料！你的 4 颗门牙（顶部和底部）是锋利的门齿，当你咬食物时，它们和 4 颗尖尖的犬齿一起切断撕扯它们。平顶的两尖齿（前

人们在牙刷出现以前用的是什么？

在人类历史早期，人们利用一切能找到的东西来保持牙齿的清洁。通常情况下，他们用枝条等细而尖的物体挑出残留在牙缝中的食物。咀嚼枝条的末端会使其磨损，变成一种刷子，然后便能用来擦牙齿。甚至在今天，原始部落的成员仍然咀嚼枝条，以保持牙齿的清洁。持续咀嚼能比平时产生更多唾液，从而把食物冲走。后来，人们发现，如果他们用盐或白垩等研磨料摩擦牙齿，便能清除尘垢。他们还用水和粗布清洁牙齿。用各种材料制成的牙签也开始流行起来。富人拥有用黄金和白银制成的镶有宝石的牙签。18 世纪，有钱人开始使用有着昂贵手柄和鬃毛的牙刷。直到很久以后，人们生产出廉价的木柄牙刷并了解到保持良好的牙齿卫生的重要性，大部分人才开始经常使用牙刷。

臼齿）和臼齿位于嘴巴后部，它们磨碎并咀嚼食物。

什么是健康饮食？

虽然每个人食用不同的食物，但医生和营养学家（制订食物与营养计划的人）普遍赞同，健康的饮食应该包括水果、蔬菜、全谷类、脱脂或低脂牛奶和乳制品；它应该包含瘦肉、家禽肉、鱼类、蛋类和坚果；它应该含有较低的饱和脂肪（类似于黄油中的脂肪）、反式脂肪（也称半氢化油，常见于薯条和甜甜圈等食物中）、胆固醇、盐（钠）和添加糖。从罐子中喷出的加工干酪、含有大量糖果酱的糖霜糕点、炸鱼、炸鸡块或者薯条等食物，不能提供身体生长所需的营养物，它们有时也被称为"垃圾"食品。例如，1 盎司（28.35 克）的油炸薯片含有 152 卡路里和 10 克脂肪（其中 3 克是反式脂肪）。

为什么身体需要维生素和矿物质？

维生素是维持身体正常运转所需的化学物质，矿物质是身体所需的少量金属和盐。两者都能促进身体生长。不同食物的维生素和矿物质含量不同，比如说蔬菜，所以有必要食用各种各样的食物，以保持良好的营养平衡。不同维生素在体内的作用也不同。牛奶中的维生素 D 能促进骨骼生长；胡萝卜中的

为什么果冻会晃动?

果冻由明胶制成,明胶是一种加工蛋白质,让果冻变得颤巍巍的。牛或猪的骨骼与皮肤里的胶原蛋白是生产明胶的主要物质。明胶加热便熔化,冷却便凝固。把果冻粉末加进沸水以后,粉末溶解,聚合蛋白质链的弱键开始分解。蛋白质链在搅拌碗中漂浮,直到你加入冷水。果冻冷却以后,蛋白质链重新聚合。搅拌以后,它们乱成一团,水随后进入蛋白质链之间的缝隙中。一旦冷冻,明胶蛋白质链变硬,固定其间的水分和香料让果冻变得颤巍巍的。

维生素 A 帮助你在夜里看清物体;橙子中的维生素 C 能增强免疫系统,如果身体受伤,还能促进痊愈;绿叶蔬菜中的维生素 B 帮助身体制造蛋白质和能量。虽然身体中能储存 A(有益视力)和 D 等部分维生素(几天或者几个月),但 C 和 B 等维生素迅速从血液中流过。所以每天补充维生素至关重要。

一个人一年要吃多少食物?

有些医生说,每个人平均每年要食用大约 525 磅(238 千克)食物!如果活到 70 岁的话,他会吃下 35 只火鸡、12 只羊、880 只鸡和 770 磅(349 千克)鱼。

为什么我应该大量喝水?

水是一切生物的生命之源。没有水,人体便无法正常运转。人体超过 50% 的重量是由水构

214 ● 果冻里的明胶让这一有趣的甜点摇摇晃晃

成的，没有它，人活不了几天。水冲走器官中的霉菌，把营养物输送给细胞，并为耳朵、鼻子和咽喉组织提供一个湿润的环境。水也存在于淋巴中，淋巴作为一种液体，是免疫系统的一部分，能帮你抵抗疾病。你需要水来消化食物、清理垃圾和排汗。身体含水过少会导致脱水，也会让你感到疲劳，无法正常工作。喝水能补充身体的水分，但是水果和蔬菜等许许多多的食物中也含有水分。

食道有什么作用？

食物从嘴巴进入胃大约需要 4—8 秒，而食道在这一过程中发挥着重大作用。食道是你体内消化系统的一部分，消化道长约 30 英尺（9 米），从嘴巴一直延伸到肛门。消化道是消化系统的主要部分，是一根由嘴巴、食道、胃、小肠和大肠组成的长长的管子。涎腺（能产生唾液，帮助分解食物）、胰腺、肝脏和胆囊等其他部位也与消化道相连。食物和液体从嘴巴开始，流经 11 英寸（25 厘米）长的食道，进入胃里，胃里的大量胃液把食物分解成较小的部分或微粒，微粒特别小，能被血流吸收，流遍全身。

果汁中的红色真的来自于一只甲壳虫吗？

是的。很多果汁和果酱中的红色都是由一种叫作胭脂红的天然染料带来的。胭脂红从胭脂虫或胭脂虫提取物中得到，胭脂虫提取物来自于一种以南美食用仙人掌为食的雌性甲虫（胭脂虫）体内。把胭脂虫煮沸以后，它的鳞被磨成红色粉末。一磅胭脂虫红大约需要 70,000 只昆虫才能制成。古阿兹特克人把胭脂虫当成一种染料，给衣服或其他物品上色，今天，它广泛用作食品、饮料和化妆品的着色剂。

真的有肥皂味、鼻屎味和耳屎味的豆形软糖吗？

有！而且有灰尘味、蚯蚓味、呕吐物味和草味的。我们确实不清楚吉利公司的员工是如何想到每种豆子的味道配方的，但是尝过的人都说它们的确原汁原味！豆形软糖是一种用食糖、玉米糖浆和食用淀粉做成的糖果，水果味是它的传统口味。一家叫作吉利的公司在 20 世纪 80 年代还做出黄油爆米花、棉花糖和西瓜口味的。这些豆形软糖得到时任美国总统罗纳德·里根的大力推崇，他在白宫的办公桌上就放了一罐，里根还让它们成为首批进入太空的豆形

215

软糖，他把它们作为给宇航员的惊喜，随 1983 年的"挑战者号"航天飞机一起进入太空。

为什么有些人吃了辛辣的食物以后会呕吐？

呕吐指的是处于半消化状态的食物和液体与胃汁混合以后从口中吐出。当你的胃开始感到反胃（或恶心）时，便会出现呕吐现象，这种情形有时发生在饭后过度运动或过度奔跑、吃了太多东西或者食用了辛辣食物对胃部产生刺激以后。正常来说，胃通过消化系统能很好地消化食物，但如果吃下了含有大量细菌的食物，或者胃里感染了病毒，呕吐便是身体清除这些刺激物的最快方式。大脑通知胃壁肌肉发生痉挛（不正常收缩），同时还通知隔膜——把胸部和腹部隔开并负责呼吸的大片肌肉——向下挤压胃部。这些动作加在一起，让胃里的东西都呕吐出来。

薯片和心脏有什么关系？

薯片通常含有饱和脂肪，随着时间流逝，饱和脂肪会堵塞负责把血液传输到心脏的动脉。用来炸薯片的油也由饱和脂肪组成，这使得体内的胆固醇增加——一个已知的能导致心脏病的危险因素。心脏病由一种被称为动脉硬化的状况引起，当一个蜡状物质在动脉——向心脏供应血液——中形成，就会引起动脉硬化。

为什么人们有时会打饱嗝？

饱嗝指的是身体需要清理掉的气体。当你食用或者饮用东西时，你吞下食物或液体的同时，也把空气吞了下去。这些空气中含有氮气、氧气等气体。咽进去的多余气体被迫排出胃部，再通过食管以饱嗝的形式从口中吐出。有些孩子发现，饮用苏打水或其他碳酸饮料后，打嗝会更加厉害，这是因为它们含有能产生泡沫的二氧化碳气体。有时，吃东西或者喝东西速度过快，把更多气体送入胃部，也会引起打嗝。同理，当你用吸管喝东西时，也会这样：吸管把多余气体带入胃里，导致打嗝。

呃逆是什么造成的？

当你的膈膜——胃部和肺部之间的肌肉屏障——受到刺激并产生痉挛时，

会发出声响，这个声响就是呃逆。吃了太多食物以后，你的膈膜会受到刺激，使得一个被撑大的胃挤压肌肉壁。拎举重物或者呼吸太多空气也会刺激膈膜。呃逆可能持续一到两分钟，但是一般随着时间的推移而消失。屏住呼吸、喝一杯水或者让人吓你一下，这些通常无法停止呃逆，因为你的隔膜需要时间重新得到放松。

放屁是由什么引起的?

当消化系统中气体过多时，有两种清除的方式。一种是通过打嗝从上面的嘴巴中排出。另一种是通过放屁从下面的肛门中排出。这些气体一部分来自于吃东西时咽下的空气，一部分是大肠中食物消化过程中自然产生的附属物。当你的大肠遇到包括油腻或高脂肪食物在内的难以消化的食物时，它产生的气体比易消化时要多。这些气体经过大肠进入直肠，最终从肛门中排出。虽然有些人不太想承认，但是每个人每天都会放好几次屁。

什么是便秘?

当你的身体很难排出大便时，便出现了便秘的症状。当食物被你消化以后，它在结肠的最后一部分或大肠末端聚集。如果排泄物中没有大量纤维或块状物，它在结肠中停留的时间就会超过正常时间。排泄物中的水分不断丢失，变得坚硬紧凑，而不是湿软、可移动。直肠不得不更加费力地排泄它们。便秘通常会自动解决。每天食用大量新鲜水果、蔬菜和麦麸并饮用大量水，能帮你预防便秘。

疾病与健康

为什么我会生病?

当你生病以后，你的整个身体或身体的某些部位便无法正常运行。生病可以是由从父母那里继承来的基因引起的，基因组成了整个身体的蓝图，决定了其生长和运行的方式。不同身体系统的异常生长或者功能异常是很多慢性（长期）疾病的原因。

217

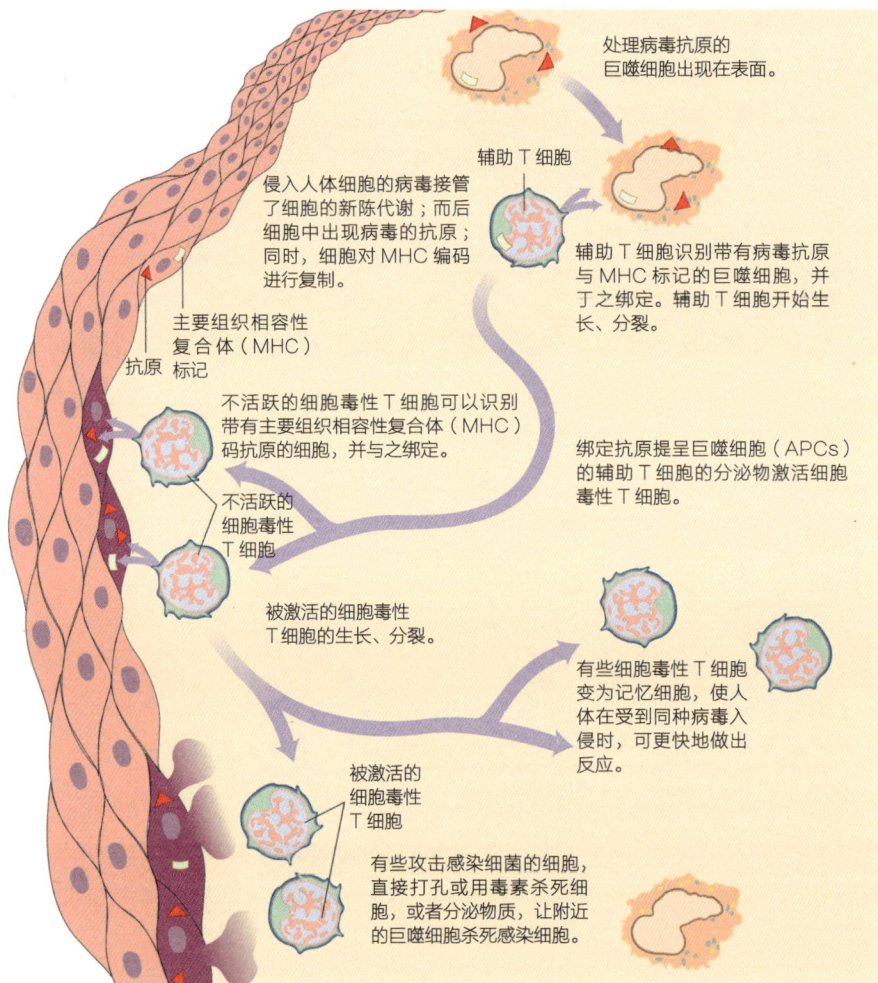

处理病毒抗原的
巨噬细胞出现在表面。

辅助 T 细胞

侵入人体细胞的病毒接管
了细胞的新陈代谢；而后
细胞中出现病毒的抗原；
同时，细胞对 MHC 编码
进行复制。

辅助 T 细胞识别带有病毒抗原
与 MHC 标记的巨噬细胞，并
丁之绑定。辅助 T 细胞开始生
长、分裂。

主要组织相容性
复合体（MHC）
标记

抗原

不活跃的细胞毒性 T 细胞可以识别
带有主要组织相容性复合体（MHC）
码抗原的细胞，并与之绑定。

绑定抗原提呈巨噬细胞（APCs）
的辅助 T 细胞的分泌物激活细胞
毒性 T 细胞。

不活跃的
细胞毒性
T 细胞

被激活的细胞毒性
T 细胞的生长、分裂。

有些细胞毒性 T 细胞
变为记忆细胞，使人
体在受到同种病毒入
侵时，可更快地做出
反应。

被激活的
细胞毒性
T 细胞

有些攻击感染细菌的细胞，
直接打孔或用毒素杀死细
胞，或者分泌物质，让附近
的巨噬细胞杀死感染细胞。

● 人体的免疫系统是如何运行的，这的确十分复杂。身体利用多种细胞抵御病毒及其他入侵者

外界事物也能引发疾病。环境中的有毒物质会让人生病，不吃含有重要
营养物的正确食物也会带来疾病。但是传染性病原体是最常见的疾病源。这
些病原体通常是细菌和病毒等微生物（一种非常小的生物，只能在显微镜下看
到），我们一般称之为病菌。细菌、病毒和其他微生物生活在空气、水与土壤中，
而空气、水与土壤又共同组成这个世界。它们附着在我们接触到的人和物上，还
有食物中。在它们当中，很多属于有益菌：有的是制作奶酪的必需品，有的能
促进豌豆和黄豆生长，有的能清洁环境，并以腐烂的动植物为食，从而为土

壤增肥。但是也有一些细菌入侵植物和动物——和人——的身体，引发疾病。

致病菌如何入侵我的身体？

你的皮肤是极好的保护屏障，能防止每天接触到的大量病菌进入身体。只有当你的皮肤出现伤口——像割伤或擦伤——时，它们才可能进入。大部分病菌从口中或鼻子中进入身体，并通过呼吸道或消化道传播到更远的地方。但即使在这个时候，身体组织中的某些化学物质和液体也能阻止许多有害病菌，预防疾病。当病菌在体内繁殖引发感染，你的免疫系统或防御系统开始运行，以清除外来生物。你的白血球能产生一种叫作抗体的特殊物质，抗体攻击并杀死入侵者，帮你恢复健康。

免疫系统做些什么？

免疫系统保护身体免受病菌的侵害，病菌是引发疾病的微生物。病菌共分为四种：有害细菌（致病菌）、病毒、真菌和原生生物。防御系统以皮肤为开端，皮肤能阻止病菌进入血液或组织。如果病菌进入体内——比如说通过鼻子和嘴巴，被称作吞噬细胞和淋巴细胞的白细胞便会攻击它们。吞噬细胞侦察并杀死入侵者，长期存在的淋巴细胞记住它们，并释放出一种叫作抗体的化学物质，使身体产生抵抗力，或者对它们免疫。白细胞生活在血液、淋巴系统和脾脏中。淋巴系统是一个贯穿全身的庞大网络。一种叫作淋巴液的透明液体流经整个系统，利用营养物和水清洗体内细胞，并检测和清除病原体。淋巴液经淋巴结过滤以后，进入人体的血液中。

细菌和病毒有什么区别？

细菌是单细胞生物，能自给自足和自我繁殖。它们的身影随处可见，包括空气、水和土壤等。它们能快速分裂与繁殖，这意味着1个细胞仅在一个小时之内就可以变成一百万个！病毒是比细菌还要小的微生物，但是，它们如果没有另外一个单独活细胞的帮助，便无法生长或繁殖。一旦病毒进入你的身体内，它便依附在一个健康的细胞上，利用这个细胞的细胞核让自己繁殖。

我们的大肠含有病菌吗？

有。并不是所有的病菌都有害——实际上，有些很有益。例如，大肠杆菌就是一种生活在大肠中的常见细菌，帮助我们消化绿色蔬菜和豆类（还产生气体）。有些细菌还能产生维生素K，可使血液凝固。如果我们的身体内没有这种细菌，不管什么时候，只要身上有小小的伤口，我们都会流血致死。

病菌还藏在什么地方？

病菌无处不在！大部分病菌在空气中传播，入侵我们的房子、宠物和家人，有时还会引发疾病。除了厕所和厨房水槽以外，购物车、餐厅菜谱、电脑键盘和浴帘等日常用品中都含有某些病菌。这些物品还包含能致病的细菌、霉菌和鼻病毒（引发感冒的病毒）。实际上，感冒和流感病毒能在硬质表面存活18个小时。为了防止病菌的传播，常见的家居用品在使用之前，用消毒剂就可很容易地擦洗干净。用肥皂和水洗手、使用洗手液以及不要用接触过这些物品的手摸脸，也能帮你远离病菌。为了清除尘螨——这些微小生物生活在床单里，以死皮细胞为食，起床过一会儿再叠床。研究发现，尘螨在湿度超过50%的环境中才能存活，不叠床则保持环境的酸性条件，尘螨就无法生存。

什么是过敏？

过敏反应指的是人体对一种物质的反应，这种物质对大部分人基本无害。当一个人的免疫系统对其呼吸到的、接触到的或食用到的基本无害物质产生过度反应时，就出现了过敏问题。过敏原是导致过敏反应的抗原，它可能是食物、药物、植物、动物、化学物质、灰尘或者霉菌。常见的过敏反应有花粉病、过敏性结膜炎（一种眼部反应）、哮喘、宠物皮屑过敏以及荨麻疹等皮肤反应。尘螨是过敏的一个常见原因，它是家居灰尘的一个重要组成部分。如果一个易过敏的人吸入了尘螨，死螨的身体部位能引发哮喘，哮喘是一种导致呼吸困难的肺部疾病。猫和狗的毛发或皮屑也能引发过敏反应，比如说打喷嚏、哮喘和涕泪交加。牛奶、蛋类、花生、小麦、大豆、鱼、贝类和坚果中的蛋白质是常见的食物过敏原。

什么是抗生素？

抗生素是帮助人体抗击细菌的药物，它要么直接杀死入侵的病菌，要么使其变弱，从而让身体的免疫系统能比较轻易地击毁它们。最常见的抗生素是

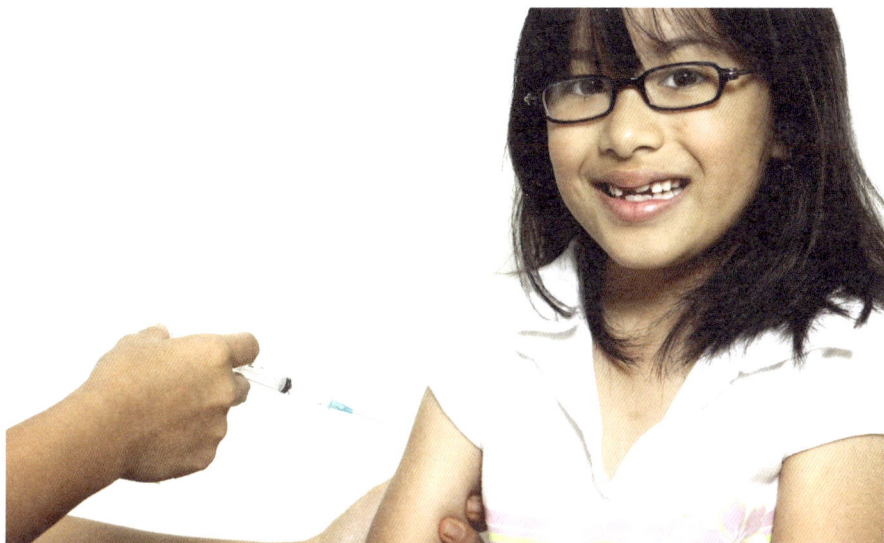

● 青霉素等抗生素能抗击细菌。然而，抗生素不能杀死病毒。医生使用抗病毒药物来对抗病毒。抗病毒药物并不会杀死病毒，它们只是防止其蔓延

青霉素，它由霉菌制成。青霉素能对细胞壁的形成或其细胞内含物产生干扰，从而杀死它们。

青霉素是偶然情况下发现的吗？

是的。1928 年，苏格兰科学家亚历山大·弗莱明（Alexander Fleming）发现他的一次实验意外遭到霉菌的污染。霉菌周围有一层无菌圈，弗莱明据此推断，该霉菌是一种能杀死诸多有害菌的抗菌剂。他把这一活性剂命名为青霉素。到 20 世纪中期，弗莱明的发现催生了制造合成青霉素的制药工业，合成青霉素能治疗当时多种细菌性疾病，包括梅毒、坏疽和肺结核。因为这一发现，弗莱明获得了 1945 年的诺贝尔奖。

疫苗是谁发现的？

爱德华·詹纳（Edward Jenner）是英格兰格洛斯特郡（Gloucestershire）的一名军队外科医生和乡村医生，他在 1796 年对他的首例实验性疫苗进行了试验。当时，天花是一种致命性疾病，对婴儿和少年儿童的影响最大。詹纳意识到，感染了牛痘病毒（一种影响奶牛的小型病毒）的

221

> ## 为什么笑声被称为对人体有益的"药物"？
> 研究表明，笑声对健康有诸多益处——事实上，它对你十分有益，以至于医生常常把它称作"药物"。为什么呢？笑声能增加抗体生成细胞的数量，加强T细胞（一种白血球，能防止身体遭受感染），从而增强人体的免疫系统。幽默还能减少人体内的皮质醇、肾上腺素、多巴胺和生长激素等应激激素，从而减轻日常生活中的压力。它也能增加内啡肽等良性激素的水平，内啡肽能提高幸福感。捧腹大笑能锻炼隔膜，收缩腹肌，让它们之后变得更加放松。此外，它让心脏也得到很好的锻炼。

挤奶女工对天花免疫。莎拉·内尔（Sarah Nells）是一名感染了牛痘的牛奶厂女工，詹纳利用莎拉胳膊里的物质把牛痘传播给一个叫作詹姆斯·菲普斯（James Phipps）的八岁小男孩。然后，他让菲普斯与天花接触，菲普斯未被感染。之所以产生这样的效果，是因为牛痘和天花有着相同的抗原（蛋白质），这激活了小男孩的免疫系统。詹纳对包括他自己的儿子在内的其他孩子又进行了多次试验，他得出结论：疫苗能让人们对天花免疫。他为这一疗法取名为"疫苗"，"疫苗"源于一个拉丁词汇 vacca，意为"奶牛"。两年后，也就是 1798 年，詹纳的发现公之于世，今天，全球都利用疫苗来形成疾病免疫力。

谁是路易·巴斯德？

法国化学研究员路易·巴斯德延续了詹纳的疫苗工作。疫苗为人体免疫系统带来了一个外源抗原，以激起免疫反应，从而发挥作用。巴斯德推测，如果能发现天花疫苗，那么所有疾病的疫苗都能找到。1880 年夏天，他偶然发现了鸡霍乱疫苗，鸡霍乱是一种影响许多禽类养殖人员的疾病。他还发现了狂犬病疫苗，狂犬病是一种动物性疾病，人被感染了狂犬病的动物（主要是狗）咬伤以后也会患病。巴斯德和他的研究小组发现，狂犬病菌只有在进入脑部以后才会攻击神经系统。该小组追踪了遭感染的动物脑部和脊髓中的病菌，并利用干脊髓生产出狂犬病疫苗来。疫苗首次在动物身上进行了试验，1885 年，它成功治愈了一个被疯狗咬伤的小男孩。

鸡汤能治感冒吗?

鸡汤不能治愈感冒,但能减轻症状。几个世纪以来,世界各地的人们都通过饮用鸡汤来治疗普通感冒。鸡汤能让人们感觉舒服一点,但是科学家们了解到,鸡肉脂肪很可能从两个方面减轻感冒和流感症状。首先,鸡汤能减缓中性粒(白)细胞(在人体有炎症反应时有着重要影响的免疫系统细胞)的运动,起到消炎药的作用。其次,它暂时通过鼻子加速了黏液的运动。这能减轻鼻塞,限制了病毒与鼻内壁接触的时间。

为什么锻炼对健康至关重要?

锻炼——像在操场上捉迷藏、参加运动小组或者在舞蹈课上旋转——有益于你的身体健康。有规律的体育运动能帮助人们强健骨骼与肌肉、控制脂肪、预防某些疾病,并带来积极的人生态度。定期锻炼可以促进消化,保证良好的睡眠。当孩子们在忙碌的生活中锻炼身体时,便能更好地面对忙碌的一天所带来的生理和心理上的挑战,像步行去学校、爬楼梯、赶校车或者准备考试。据美国健康与公共事业部称,两岁以上的孩子每天应至少坚持 60 分钟中等强度到高强度的运动,如果做不到每天,那就一周抽出几天。

我的猫儿和狗儿能促进我的健康吗?

事实上,能!研究人员认为,定期与宠物接触可减少压力,降低血压(心脏输送血液时,血压挤压动脉壁的力量)。宠物带给人们恒心、舒适、安全、情感和亲密感。养一条小狗还能让你有大好的机会去锻炼身体,接触新鲜的空气,这是因为它每天都需要出去遛遛。

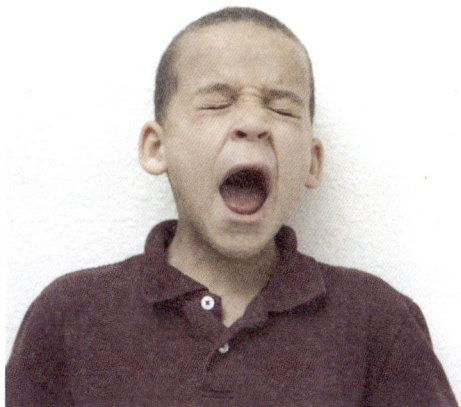

哈欠是由什么引起的?

当一些人感到无聊疲倦或者

🔵 打哈欠是一个反射动作,是身体通知你需要更多氧气的一种方式

看到别人打哈欠时，就会打起哈欠。打哈欠是因为一个人获得的氧气不足。氧气是身体运转所需的气体，二氧化碳是运转过程中产生的废气，它们流经血液，通过肺部进出体内。当你的呼吸不够深时，过多的二氧化碳在体内聚集，大脑收到信号，告诉你加深呼吸，以解决这一问题。哈欠就是一个大大的深呼吸，它能排掉肺里的二氧化碳，帮你吸入新鲜的含氧丰富的空气。

为什么我需要睡眠？

科学家们尚不明确人们需要睡眠的原因，但研究表明，睡眠是人们赖以生存的必需品。睡眠是神经系统正常运转的必要条件。一个晚上睡眠不足，可能会让我们第二天昏昏欲睡，无法集中注意力，而长期这样会导致记忆力与身体活动能力下降。如果睡眠不足的情况持续下去，很可能会带来幻觉（看到不真实的事物）、视力问题以及情绪波动。

人们每天晚上都会做梦吗？

是的。平均来说，每个人每天晚上会做三到四个梦，每个梦持续 10 分钟或者更久。几乎所有的梦都出现在快速眼动睡眠期间，这期间人们呼吸急促，心跳加快。科学家们尚不清楚梦的重要性，但是有一项理论认为，大脑要么在编排白天所需的信息并丢掉不想要的数据，要么在创建情景以解决可能导致精神痛苦的情况。和睡眠一样，大部分缺梦的人也会变得迷茫，无法集中注意力，甚至有可能出现幻觉。因为梦储存在我们的短时记忆中，所以有的时候我们很难记得。

残疾与药物滥用

什么是残疾？

"残疾"一词通常用来指由于生理或智力缺陷而无法完成某些任务或完成任务有困难的人。失明或瘫痪等大部分身体上的残疾很容易注意到，但是很多智力上的缺陷却难以察觉。智力缺陷可包括精神分裂症等疾病，这些疾病能使人们的思想和情绪出现严重混乱。还有一种残疾叫作智能障碍，比如说难语症，"难语症"是一种学习障碍，因为大脑颠倒了字母和单词的顺序，所以阅读变得十分困难。很多残障人士比较喜欢"失能"这一表达，它不会把人分成"正常的"和"有缺陷的"，而是传达出每个人拥有不同的能力这一概念。

为什么人们会残疾？

残疾可由疾病、事故或者基因引起，由基因引起的残疾是与生俱来的。很多时候，残疾人能学会用新的方式完成一件事情，或者利用特殊机器或经过特殊训练的动物，帮助他们消除残疾带来的阻碍。

为什么有些人会失明？

失明指的是视力的完全丧失。视神经把视觉信号从眼睛传输到大脑，当视神经或大脑中视觉中心受损，就会导致失明。受伤或疾病都能带来这些损伤。还有人因为天生眼部或脑部异常而失明。许多情况下，特别是在非常贫穷的国家，传染性疾病与不良饮食也会引起失明。实际上，缺乏维生素 A 是全球最主要的诱发失明的因素。有了基本药物和适当营养，这些情况便能避免。

在美国，除了完全失明的人，同时还有四倍数量视觉受损或"法定失明"的人。他们有一定的视觉能力，但视力非常差，即使戴着眼镜也无法完成开车等需要良好视力的工作。

盲人如何在社区走动？

有些盲人靠手杖或导盲犬四处走动。白色手杖表明使用者视力受损。盲人在人行道、地面和街道上行走时使用手杖。他们学会通过手杖末端碰触台阶、墙或门等物体时发出的声音来判断它们的位置。人们发明出了各种各样的高科技手杖，例如激光手杖，激光手杖利用物体表面反射出的声音和光波，把物体的多种信号传达给使用者，包括位置、原材料和大小。导盲犬经过了专门的训练，能为残疾人领路，它们听从命令，帮助残疾人度过每一天。

为什么有些人没有听觉？

听力丧失或失聪可由多种原因引起。有些听力丧失是因为声音从外耳传到耳蜗与中耳内的小骨头的过程中被某些物体阻挡了。还有一些听力丧失是因为内耳或听力神经存在缺陷或者受损，听力神经把声音信号从内耳传播到大

225

脑。耳部感染等疾病能引起失聪，遗传也能引起失聪，后者可能一出生就表现出来，也可能是在出生后的几年。很多情况下，受伤与事故也会导致失聪。非常响亮的声音，例如爆炸产生的巨大声响，也会造成听力损伤，不过有的时候只是暂时性的。人们如果长期在嘈杂的工厂工作或者经常听吵闹的音乐，也可能丧失听力。很多人上了年纪以后，慢慢丧失了部分或全部听力，但是配戴助听器可以帮助他们解决这一问题，这是因为助听器能增大言语或音乐等声音的音量。

什么是药物滥用？

药物滥用指的是人们服用的药物（除了医生开出的用于治疗特定疾病的药物）剂量超过了安全范围或影响到了他们的日常生活，例如无法上学与工作。这些药物可以是酒精、大麻、摇头丸等让人们感觉非常疲惫或放松的物质，也可以是其他多种药物。药物滥用发生在世界各地与各种各样的人群中，不管是老人还是小孩。它常常给身体带来严重的损伤，破坏人们与家人和朋友间的关系，影响事业或学业。在某些情况下，因为滥用者卷入一场事故中，或者因为他服用药物过多或服用的药物使得身体机能完全丧失，所以药物滥用还会导致死亡。

为什么酒精对身体有害？

酒精是一种毒品，也叫镇静剂，能减缓人体中枢神经系统的反应速度。人们喝了一点儿酒以后，思维和行动马上就会受到影响。酒精能让人产生困意，并降低协调能力与反应能力。此外，它还会引起大脑迟钝，导致思考与观察的方式发生变化。长期饮酒以后，酒精会引起肠胃病，造成肝脏、神经和肌肉损伤，带来心脏疾病与脑损伤。因为酒精的缘故，大脑处理问题的能力变差，能导致晕厥或大脑功能与记忆的永久丧失。研究人员还认为咽喉、口腔、肝脏、食道和喉头等部位的癌变与长期酗酒有关。饮酒还能引发情感和心理问题，例如产生悲伤、抑郁情绪，甚至出现幻觉（看到的物体或听到的声音其实并不存在）。孕妇如果过度饮酒，腹中的胎儿会受到严重影响而出现先天畸形。

为什么抽烟有害健康？

　　除了刺激性的尼古丁以外，香烟中还含有其他多种有害物质，比如焦油和有毒气体——氧化碳。这些化学物质带来许多健康问题，小到支气管炎，大到癌症。医生认为，90% 的肺癌是由吸烟引起的。吸烟者也更容易出现心脏病、心脏病发作与中风。尼古丁的一个危害是堵塞血管，从而导致高血压。它的另一个危害是导致心跳加速，加大心脏的负担。吸烟影响到身体循环系统的各个部分。当你的血液浓度越来越大，心脏功能便随之受损。血管内壁遭到破坏，导致脂肪沉着体附着，这很可能引起动脉硬化。吸烟还会导致牙齿、手指与肺组织上出现污渍，同时带来口臭。

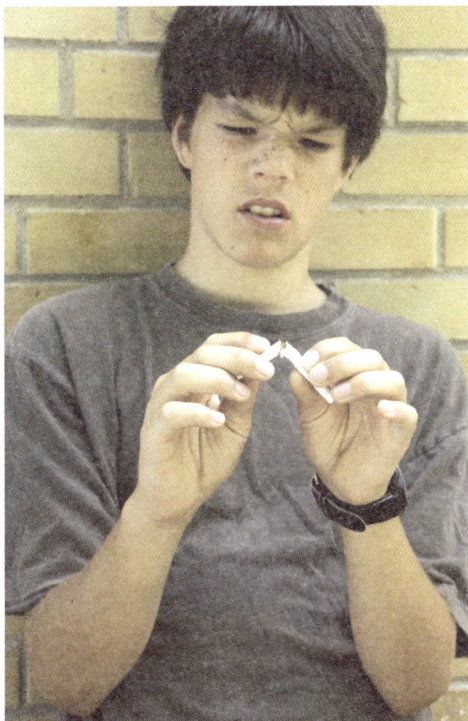

在美国，年满 18 周岁的人吸烟是合法的。但是，不管任何年龄，吸烟都有害健康，所以很多公共场合都禁止抽烟

二手烟有害吗？

有害。二手烟也称环境香烟烟雾，由香烟末端、烟斗或雪茄燃烧产生的烟雾与吸烟者肺部呼出的烟雾混合组成。它们被非吸烟者被动吸入，在香烟熄灭数小时后仍停留在空气中，能引发包括癌症、呼吸道感染和哮喘在内的一系列疾病。

为什么我在饭店的窗户上看到"禁止吸烟"的标志？

20 世纪 90 年代，二手烟的危害开始广为人知，美国颁布了法律以保护非吸烟者不会吸入他人呼出的烟雾。其中，有些法律专门针对公共场合或政府大楼的二手烟问题。饭店内的无烟区发展得越来越大，很多饭店干脆完全禁止吸烟。大部分办公楼都不允许吸烟。加利福尼亚州和纽约州也颁布了州法律，禁止人们在公共场所抽烟。

日常生活

家庭生活

为什么人们要工作?

一般说来,人们通过工作获得生活必需品。食物、衣服和住房是最基本的必需品。在一些地方,人们自己种植食物、缝制衣服和搭建房屋,千百年来过着和他们的祖先一样的生活。在其他地方,人们赚钱购买这些物品。一些工业国家或发达国家有着各种各样的政府工作或工厂工作,但不少人仍和农民一样以农业为生。

这些国家的经济建立在先进技术与大规模制造的基础上,生产出的产品与服务为工人带来的收入比工业化程度较低的国家或发展中国家农民的收入高得多,后者仍以农业为主要产业(大部分农民种植的食物只能满足自己家的需要)。

生活在工业国家——像美国、加拿大、日本、澳大利亚和欧洲多国——的人们,除了能买到生活必需品外,还能买到其他更多的物品。他们付费以后便能享受到干净的水、电、良好的医疗、安全的交通等多种服务,从而让生活更加安全便捷。发展中国家主要分布在非洲、亚洲和拉丁美洲,那里的人们依然在为获得大部分生活必需品而努力着。这可能令人难以置信,但是世界上有一半的人缺乏健康所需的正确食物。

229

硬币首次使用是在什么时候？

硬币最早出现在公元前 7 世纪小亚细亚的吕底亚（Lydia，位于今天的土耳其）。大约公元前 600 年，也就是著名的克里萨斯王继位之前几十年，最早的吕底亚国王——很可能是阿利亚特（Alyattes）或者萨拉阿铁斯（Sadyttes）——发布了硬币。吕底亚硬币由金和银的混合物琥珀金制成，上面刻有狮子头，作为国王的象征。大约 0.03 磅（14 克）重的琥珀金为一定子（意为"标准的"）。一定子差不多相当于一个士兵一个月的薪水。今天硬币所用的材料并非金银等贵重金属，而是铜镍合金等不值钱的合金，铜镍合金是铜和镍的混合物。与早期的硬币不同，今天硬币中所含金属的价值远远低于这些金属的市场价。

什么是零花钱？

零花钱是父母给孩子的钱，通常一周一次。有了这些钱，孩子们的个人开销便有了着落，他们可以购买特殊的零食、玩具，或者跟朋友们一起出去玩。有些父母不给孩子零花钱，需要用钱时，孩子就会找父母要。但是零花钱的用处很大，它能教会孩子们如何理财——包括花费、存钱和捐钱给福利机构。孩子们把花费维持在每周的预算之内，从而学会了如何控制自己的开销。他们每周还留出一部分钱——如果想买脚踏车等贵重物品的话，这样也学会了存钱。有些家庭把零花钱作为做家务的一种奖励，随着孩子们年龄的增长，做的活儿增加，零花钱的金额也会增加。

世界上每个人都住在房子或公寓里吗？

不是。虽然人们需要房屋的理由相同，即遮风挡雨，但房屋的风格或者类型各不相同。气候（湿润、干燥、寒冷还是炎热）、位置（位于沙漠、靠近河流还是在大城市中）、自然资源（例如树木、石头或雪）、居住地的人口数量和建房所需的花费是影响房屋建造的几个主要因素。例如，在中国，以捕鱼为生的家庭仍旧住在被称为舢板的渔船里，城市居民则通常住在公寓里。生活在中国北方内蒙古的蒙古人住在一种叫作蒙古包的移动房屋里，这种圆顶帐篷由干草、动物皮毛和皮革搭建而成。因为住在蒙古包里方便放牧，并且一个小时就能搭建好，所以牧人放牧时会睡在里面。在菲律宾，位于河流附近的地区经

常爆发洪水，那里的家家户户都在高地上搭建房屋。今天仍有一些纳瓦霍家庭住在一种传统的八面泥盖土屋里，但大部分纳瓦霍人的房屋建在大牧场里。生活在加拿大北部沿海的因纽特人住在小冰屋或雪屋中，它们由雪块堆在一起建成，呈弧形。在坦桑尼亚的一些村庄里，人们住在泥房子里，房子的屋顶是干草、香蕉和棕榈叶搭建起来的。

这些房子里有壁炉、火炉、自来水和电吗？

世界上的许许多多房屋，如冰屋、圆锥形帐篷和泥屋，都没有自来水、火炉、浴室、电或多种现代家电。自来水和电直到 19 世纪中期才引入美国，当时刚好出现了电动机械。索米尔公司利用蒸汽动力生产出大量的木材。钉子和其他金属制品变得价格低廉、随处可见。蒸汽船、运河以及铁路的最终出现把这些物品带到每个聚居区。发明家和制造商引进了多种家庭便利用具。到 19 世纪 50 年代，燃煤的火炉取代了壁炉。由锅炉和暖气管共同组成的中央供暖系统在 19 世纪晚期才出现。很多家庭今天都安有现代管道，用燃气或电来做饭和照明。

厕所里的水去了哪里？

冲完厕所或洗过衣服之后，用过的水就进入了下水道，它们被称为污水。污水流过地下管道网，也就是下水道系统。城市系统对污水进行处理得到净水。它首先将污水中的树枝、罐子和岩石等大物体以及碎石、沙子等小物体分离出去。然后放入氧气，让微生物在水中得以生长，然后吃掉少量的有机物。接着，再次对污水进行回收与澄清。紧接着，用氯消毒，杀死有毒的病原体，再放到附近的河流、湖泊或者大海中。在没有下水道的小镇上，每户人家都有自己的化粪池系统。厕所用水流进大型的地下水箱中，水箱中的细菌把废物分解掉。随后，经过分解的废物流入土壤，被土壤吸收。

为什么我要做家务？

操持家务有大量工作要做。你的父母承担了准备食物与衣服、收拾房子和院子等大部分家务，特别是当你还小的时候。但是随着年龄的增加，你的力气变大，技能提升，你就可以帮他们分担一些家务活儿了。因为做家务毫无乐趣，所以家务又被称为杂务。但这些事情——像倒垃圾、做饭和打扫卫生——

231

🔵 帮忙做家务不仅能保持家里的清洁，还是为家庭做贡献的一个重要表现

又非做不可。当全家人都参与进来以后，家务便能很快做完，每个人也有时间去做自己的事。所以，当你做一些家务活儿时，你便表现出了对家庭的关心。此外，承担额外的责任是成长的一部分，为你将来需要独立完成这些事情打下基础。

确切说来，什么是灰尘？为什么它可能对我有害？

灰尘由各种各样物体的微粒组成。在有人生活的地方，大量灰尘来自于不断脱落的死皮屑。食用死皮的尘螨和极小的微生物也是灰尘的一部分（还包括它们的排泄物和小骸骼）。环境中的微粒也构成灰尘：人行道上的粗砂、海盐、干土、植物的花粉、宠物皮屑、霉菌以及物体燃烧产生的灰尘。此外，每天从外太空进入地球大气层发生燃烧的流星在地球上留下 10 吨灰尘。有的时候，这些成分会引发过敏反应，比如打喷嚏和咳嗽。

什么是蜘蛛网？

蜘蛛网是一张被遗弃已久的蛛网，上面布满灰尘。有的时候你在天花板缝隙和地板上看到的蜘蛛网是蜘蛛弃用的几根蛛丝。普通家蛛——每天要吃许许多多昆虫——常常丢掉不能捕获猎物的旧网，然后织出新网，直到找到一个有着丰富猎物的地方。你最好把这些旧网打扫掉，让家蛛织出新的来，最好是织在户外！

有多少只蜘蛛生活在房子里面？

也许多得难计其数。蜘蛛随处可见，1 英亩（0.4 公顷）的草地上就有成千上万只蜘蛛。光北美洲就有 3000 多种蜘蛛。不管家里多干净，基本上都会出现一只捕食昆虫、螨虫和苍蝇的蜘蛛。它们常常生活在黑暗偏僻的角落，像衣柜上、阁楼上和地下室里，以及家具、书橱或窗帘的后面与底部。角落和护壁板是它们最爱的两个藏身地。大部分家蛛只在大扫除期间才会现身，但是在 8 月末到 10 月初的这段时间内，一些较大的蜘蛛发育成熟，同时变得更加活跃。但蜘蛛专家称，人们对此无须恐慌——因为蜘蛛体内基本不含能伤害到人类、狗或者猫的毒液。

室内植物可以改善我家的空气质量吗？

能。室内空气可能充满来自于香烟烟雾、清洁用品、天花板的贴面板和垫衬物的毒素。科学家们已经发现，许多室内植物在正常的"呼吸过程"中能吸收空气污染物——它们通过叶子吸进二氧化碳，再释放出氧气。植物把这些有毒物质传输到根部，根部的细菌将它们吃掉并降解。虽然科学家们对有多少种植物——哪些植物——能洁净空气这一问题看法不一，但都建议混合使用这些植物。比尔·沃尔弗顿（Bill Wolverton）以前是美国国家航空航天局的科学家及环境工程师，他研究了植物对空气质量的影响，并指出：槟榔、棕竹、散尾葵、橡胶植物和龙血属植物能有效吸除空气中的污染物。

为什么地板在晚上咯吱咯吱响？

不管是气体、液体还是固体，一切物质加热即膨胀，冷却则收缩。这一原理可用来解释为什么晚上家里会意外发出一些有意思的声音。白天，房子的建筑材料——如支撑房顶与墙体的木质框架——在太阳光线的照射下温度升高并膨胀。太阳的热量也使室内温度升高，甚至照射到一些家具上面。当夜晚来临，地球转到太阳的另一边，室外温度能下降十几度。木地板、建筑材料、家具等的温度也下降，收缩并稍有滑动，有时便发出咯吱咯吱的响声。因为夜晚家里和整个社区比白天安静得多，所以这些声音格外引人注意。

为什么窗外的风呼呼作响？

当风（流动的空气）在窗外吹动时，你常常能听到它的声音。当空气的速度加快，树叶、树枝、灌木以及窗玻璃等物体表面的摩擦也增强。摩擦过程能发出口哨声和哗哗声，这在风速很快的情况下尤其明显。

家庭

为什么人要结婚？

多少个世纪以来，在世界上的不同地方，男人和女人因为各种各样的理由而结婚。过去，年轻人的结婚对象常常由父母选定，有些文化现在依然实行包办婚姻。但今天，在世界上的大部分地方，男人和女人结婚通常是因为彼此相爱，想在一起，并想在接下来的日子里照顾彼此。大人常常想一起养育孩子，组成一个家庭。虽然人们不需要为了养育孩子而结婚，但是把组成家庭看作婚姻的一部分，许多人更容易接受。当男人和女人结婚以后，他们便把彼此的永久伴侣关系公之于众。婚礼完成以后，结婚证这一纸合法契约把彼此连在一起，而这一纸合约也能根据离婚这一法规而解除（虽然死亡也会终止一段婚姻）。婚姻赋予一对夫妇新的法律地位与社会地位，改变了诸如纳税方式和医疗保险需缴金额等事宜。

婴儿从哪里来？

婴儿在母亲的子宫里长大，子宫是一个特殊器官，是婴儿出生以前生活的地方。怀孕初期，母亲的卵子受精，形成新细胞。新细胞很快分裂成许许多多的小细胞。一个星期左右，被称为胚胎的小物体附着在子宫壁上，并开始生长。有的时候，父母无法以正常的方式孕育一个孩子，所以母亲的卵子与父亲的精子在实验室里完成受精。然后受精卵被放回母体，在子宫里自然生长。从怀孕的那一刻起，婴儿的生理特征——从性别、面部特征、体形到头发的颜色、眼睛与皮肤——由 46 个染色体和成千上万个基因共同决定。在第八周，胚胎被称为胎儿。到第 12 周末，胎儿完全成形，他 / 她能握拳摇头，眯眼皱眉。婴儿出生以前一直生活在母亲的子宫里。大约 40 周左右，婴儿即将出生，母亲开始出现子宫收缩的症状。子宫挤压，把婴儿推出子宫，带到这个世界。

什么是试管婴儿？

有一种解决不孕不育的方法叫作体外受精。在这一方法下，女性的卵子在体外与男性的精子结合，完成受精。受精过程在实验室里的一个玻璃盘里

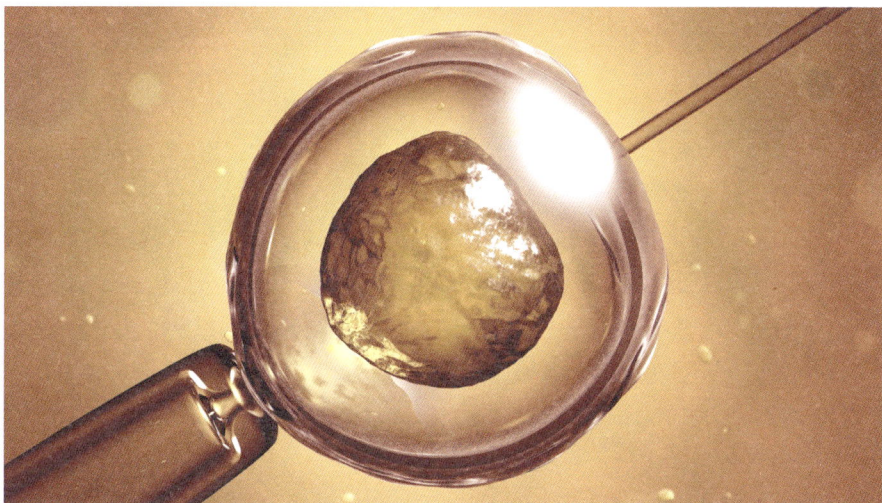

🔵 有的时候，一对想要孩子的夫妇难以怀孕。不孕不育可由多种因素导致，但有些情况下，医学可以解决这一问题

（而非试管）完成。一旦受精成功，受精卵便开始生长，工作人员便把受精卵放回母亲的子宫，以便其继续生长。最后，婴儿出生了——有时，如果有多个受精卵在子宫里着床并完全发育，就会生出好几个婴儿。用这种方式孕育出来的孩子与其他孩子并无两样。他们只是在母体外开始了自己的生命历程。

谁来决定对与错？

当你还小的时候，对与错主要由父母、老师以及和你关系密切的其他大人决定。他们从保护你的安全、教会你如何成为一个好人以及如何与世界相处出发制定规则。因为大人在成长的过程中经历了许许多多不同的事情，并从中学到了可以与你分享的经验教训，所以他们是最好的老师。大人已经在这个世界上生活了一段时间，有着比小孩子更丰富的智慧。但是随着不断成熟，你有了自己的经历与经验教训。你可能开始质疑某些规则，关于对错的认识也可能发生改变。这是成长过程中的一个正常阶段，也是从这一刻你开始成为一个独立与特别的人。

为什么"请"和"谢谢"是神奇的词汇？

说"请"和"谢谢"是礼节或礼貌的一个部分。良好的礼貌让家和世界

235

我如何能有一个弟弟而不是一个妹妹？

还没有一种具体途径能预定一个弟弟或者一个妹妹。婴儿的性别（男或女）是由父亲的精子中是含有X染色体还是含有Y染色体决定的。X染色体会生出女孩，Y染色体则生出男孩。（母亲通常提供X染色体）虽然有科学的方法能利用"男孩"精子中的DNA数量少于"女孩"精子的DNA数量的特点，帮助父母组合他们的染色体，但是这些方法非常昂贵且不可靠。一种叫作谢特尔斯方法的方法建议，如果父母想要女儿的话，就应该计划在排卵期要孩子。这个时候，卵子离射入的精子较远，所以精子世界中的长跑运动员X精子更有机会与卵子接触。如果想要儿子的话，他们应计划在排卵后两到四天要孩子。那样的话，短跑健将Y精子能最先与卵子碰头。很多医生都说，虽然该方法以科学为基础，但无法保证一对夫妇能要到一个儿子或者一个女儿。

成为一个更加体贴与慷慨的地方。因为"请"和"谢谢"让人与人之间的交往更加顺畅，所以它们是特殊的词汇。人们无时无刻不需要请求帮助或获得允许。说"请"表现出你对询问对象的尊重。人们通常更愿意帮助那些尊重他们的人。得到别人的东西或帮助以后，要礼貌地说声"谢谢"，以表达你的谢意。那些收获感激的人，更有可能帮助你渡过难关或再次伸出援手。

为什么有的时候我们需要静静？

当面临困境或冲突时，我们的情感先于思考迸发。当有人做了我们讨厌的事或让我们不安时，我们的第一反应便以情感的方式表现出来，这可能包括叫喊或拳脚相加。一个人可能在生理上变得太过激动，以至于不受大脑中思维信息的支配。

当大人让你静静时，你便得以逃离这令人心烦意乱的情境。你的身体与情感能平复下来，然后能静下来思考。对某些事反应太过激烈而使身体处于警惕状态，这很正常也很自然，但是随着年龄的增长，你开始意识到，大部分情况都可以通过语言冷静地处理。你能更好地控制自己的情感，用理智指导行为。正是自我控制能力的发展，表明你长大了！

为什么我有时候晚上会尿床?

尿床十分常见,常常只是成长(与年龄相关的)阶段的临时现象。据美国儿科学会称,在五岁和六岁的孩子中,分别有 20% 和 10% 会尿床。此外,小男孩尿床的概率是小女孩的两倍。虽然晚上尿床的原因很多,但是医生认为主要原因是孩子们很难从夜晚的深度睡眠中醒过来。有些孩子的膀胱较小,比较容易蓄满。由于尿床属于生理行为,所以当它发生以后,孩子们无法控制。然而,你可以做一些事来减少尿床的发生,比如吃完晚饭以后不要喝水,睡觉前上洗手间。大部分孩子大了以后,自然就不尿床了。

为什么我的衣服需要洗?

如果你想看起来干干净净的,闻起来香香的,衣服就要经常洗。大部分衣服都是由织在一起的细线做成的。一天下来,衣服上沾上灰尘和气味,要洗洗才能除掉。衣服必须在水中揉搓搅动以后——就像在洗衣机中那样——灰尘和气味才能除去。水中还添加了洗衣粉,以便更好地清洗衣服:它能把油粒子分解成更小的微粒,然后冲走,它还能聚集在其他灰尘微粒周围,把它们从织物上带走。

我应该在吃饭之前洗手吗?

应该。用肥皂和水把手上能引起疾病的病原体(细菌和病毒)和化学物质清洗掉。热水不足以把手洗干净。你要用肥皂,还要多花点时间,肥皂能把携带大部分细菌的油脂和灰尘分解掉。上完厕所和吃饭前是最需要用肥皂和水洗手的时候。当你不用肥皂洗手时,手接触过人或动物的粪便、黏液等体液以及污染食品或水以后,能把细菌、病毒和寄生虫传给其他人。当手被彻底洗净并且清洗时间不低于 20 秒时,就可以预防各种各样的疾病、皮肤感染和眼部感染。

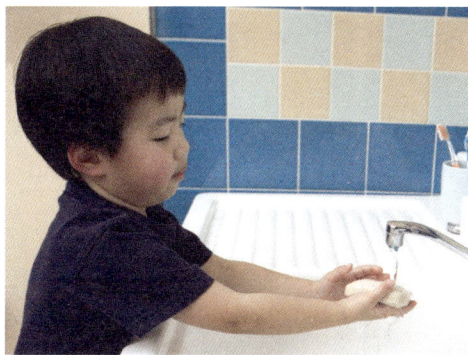

🔵 你的手上满是细菌和泥状物,变得很脏,你可能看不到,但它们就在那儿!这是吃饭前洗手很重要的原因

237

> **我姐姐说把软心豆粒糖塞进鼻子里不好。为什么？**
>
> 鼻腔由两个狭窄的通道组成，从鼻孔一直通到鼻咽。在鼻腔中，空气随时准备进入下面的气管和肺部。这是一个敏感的空间。软心豆粒糖（以及其他糖果、坚果和豌豆）和孩子的鼻孔差不多大，当它们塞进鼻子里，很可能被黏住，或者进到很深的地方，用手拿不出来。这就可能需要专门去医生那里把异物取出。你的姐姐（或哥哥）是对的：以后不要把任何东西塞进鼻子里。

为什么我们需要餐桌礼仪？

与其他方面相比，在餐桌与他人一起用餐似乎包含的内容更多。把餐巾铺在膝盖上。不要大口咀嚼。嘴里有东西时不要说话。让别人把东西递给你而不要自己去拿。等所有人坐好、饭菜都端上桌以后再开始用餐。一个人怎么能记住这么多规矩呢？最重要的是，为什么有这么多规矩呢？

一起用餐能让人们之间的关系变得十分密切。当你坐在别人旁边，你忍不住观察每个人的行为。餐桌礼仪注重安全和为他人着想。不管你信不信，当你分别观察每一个规矩时，你会发现它们都有自己的意义。例如，不要大口咀嚼，这是因为如果嘴里食物太多的话，你很可能会呛到。嘴里有东西时不要说话，因为这更容易被呛到，而且其他用餐的人会看到你口中嚼到一半的食物，这很不雅。拿桌上离你很远的东西可能会碰倒一些东西，例如别人的饮料，造成一片混乱。不同餐桌礼仪背后的原因很多很多。想想这些原因，你也许就能更好地记住它们，遵守它们。

为什么拥抱和亲吻让我感觉舒服？

人类通过语言交流，语言是一个由声音信号组成的复杂系统，有了复杂的大脑，我们一出生就开始学习语言。但是我们还通过身体和意识来交流。覆盖在身体表面的皮肤是我们的触觉器官。（皮肤表面下的神经末梢让我们有了触觉。）拥抱和接吻是通过抚摸来表达爱与关心的方式。当你刚刚出生时，还不知道语言，也听不懂关心的话语，你透过触觉学到爱。刚出生的时候，一切都那么陌生，当母亲的胳膊抱起你，你体会到抚摸的舒适感，感受到她的体温和心跳，而这些就像在子宫里时的感觉。你第一次知道什么是食物、知道饿了的时候喝到奶有多么幸福的时候，你正被紧紧地抱在怀中。当你生活还不能自理的时候，父母的大手为你清洗身体，穿上干爽的衣服。所以，很小的时候你就了解，抚摸总能让你觉得舒适与安全。

对生命中有着特别意义的人的爱与关心，是一种内心情感，很难用言语形容。但是拥抱和亲吻能清楚地传达信息，让爱的表达变得简单。给予拥抱和亲吻与获得它们的感觉一样好。（因为嘴唇上有一个额外的神经末梢，所以亲吻让触觉格外强烈。）人类通过抚摸分享情感的需要，是每个人生命中都会经历的事情。

为什么我不高兴或受到伤害时会哭？

科学家们尚不明确为什么我们不高兴或受到伤害时（或者有时，甚至是高兴时）会哭。但是泪水帮助我们表达内心深处的情感，常常还能释放身体的压力和紧张感。一开始，当我们还是婴儿，不能用语言交流的时候，哭能让周围的人知道我们的需要。甚至大了以后，哭也常常作为一种无声的信号，表明我们对一些事物——帮助或安慰——的需要。在全世界各地，无论说哪种语言，人们很容易便能理解哭所表达的情感。

我什么时候能成为一个成年人？

在美国，你年满 18 周岁才能成为一个成年人。成年以后，你和父母之间的法律关系解除，开始享有一个美国成年公民应有的权利，同时也要承担相应的义务。（例如，你可能参与投票，也可能应召入伍。）虽然当你 18 岁的时候，身体尚未完全发育成熟，但这时却是一个良机。很多人在 18 岁以后，身体还会继续长几年。虽然男孩子有可能一直长到 23 岁，但大部分人在 20 岁的时候发育完成——至少身高已经定型。

宠物

哪些宠物在世界各地都很常见？

并不是所有人都拥有狗和猫。虽然包括英国人、法国人和意大利人在内的很多欧洲人都养着狗和猫，但是其他人和它们的关系不同。在伊斯兰教的传统中，人们常常离狗远远的，把它们看作是肮脏和危险的代名词，这也是宠物对阿拉伯人来说并不常见的原因。然而，在沙特阿拉伯和埃及，养猫养狗在上层社会中颇为盛行。（早在公元前 3500 年，古埃及人就饲养了来自非洲的野猫；野猫成为珍贵的宠物，人们非常欣赏它们捕食蛇和老鼠的本领。）在中国，人们认为猫能带来好运，把它们养在商店和家里；中国还有大约 1 亿 5000 万只宠物狗——差不多每九个人就有一只。日本人把鸟和蟋蟀当作宠物。加拿大北部的因纽特人饲养小熊、狐狸、鸟和小海豹。澳大利亚的土著居民猎捕到很小的澳洲猎狗（野狗）以后，饲养一段时间再把它们放掉。

为什么当狗一见到我就高兴地摇尾巴？

因为狗无法运用词语，所以它们利用摇尾巴、面部表情、耳朵的位置、姿势和声音进行交流。小狗六七个月大时，便开始摇尾巴，和同伴及人类进行互动。这个时候，它们开始把尾巴作为一种交流和社会互动的工具。你可能已经注意到，狗在高兴、满意和自信时都会摇尾巴。动物专家认为，摇尾巴是由狗的基因决定的：因为狼（今天家狗的祖先）成群奔跑，交流——无论吠叫、狂吠或者摇尾巴——是它们赖以生存的条件。研究人员一致认为，如果狗的尾巴摇得很随意，通常表明它很友好或者很兴奋。然而，摇尾巴并不总是善意的标志：一只具有进攻性的狗可能把尾巴竖得高高的，只摇动尾尖，而一只温顺的或受惊的狗，很可能把尾巴抬得很低，僵硬地摇动着。在你的狗身上找找这些特征。如果你要靠近别人家的狗，获得主人的同意后，再跟它们接触。

为什么狗会吠叫？

狗通过吠叫与同伴以及人类进行交流。狗是狼的后代，狼是一种过着群居生活的社会性动物，有着许多共同的行为，这些行为界定了每一个狼群内部的复杂关系。家狗很少成群聚居（尽管它们常把人类的家庭当作自己的族群），但它们仍旧使用闻、看和听等复杂的行为来交流。

狗身上有许多能产生气味的腺体，它可以利用这些腺体来交流。别的狗能从它留下的气味（尿液中粪便和爪印）里闻出它的性别、年龄乃至情绪。狗还利用姿势、面部表情、耳朵和尾巴的位置与其他的狗交流。它也利用声音，如咕噜叫、咆哮、嚎叫或者吠叫。当狗儿身处困境时，通常发出呜呜声和啜泣声；它感到饥饿、寒冷或者痛苦。咆哮表明狗儿十分生气，随时准备战斗。吠叫通常是兴奋的表现。

为什么我的狗有时会嚎叫？

和吠叫、咆哮以及咕噜咕噜叫一样，嚎叫是狗儿之间几种声音交流的方式之一。这要追溯到它们的祖先狼，野狼通过嚎叫和远方的狼群交流。嚎叫声有高有低，能传到很远的距离。如果一匹狼不幸与狼群走散，便利用嚎叫告知它们自己的具体位置。狼群也以嚎叫作为回应——表明它

🔵 狗儿吠叫与嚎叫的原因各不相同。它们发出的声音可以是兴奋、疯狂、高兴、害怕或守卫领土的表现

们已经收到了信息。狼还通过嚎叫来吓退不断逼近领土的敌人。狗儿今天仍然保留着其中的一些行为。如果你离开家或公寓，你的狗儿可能会嚎叫，试图重新拉近和你的关系。如果你离开以后，狗仍在嚎叫，这可能是分离焦虑的一种表现。有的时候，狗通过嚎叫建立自己的领地。

为什么狗儿吠叫太多以后，声音不会嘶哑？

有些狗儿似乎能持续吠叫几个小时，但它们好像永远不会变得声音嘶哑或失声，但人说话、喊叫或者唱歌过多就会这样。兽医（给动物看病的医生）认为这是因为狗的喉头比人的喉头要简单，人需要复杂的喉头发出不同的声音帮助他们说话。所以狗过度吠叫带来的压力不会像人的声音过度使用造成那么多的伤害。

为什么我的猫咕噜咕噜叫？

动物专家认为，猫通过咕噜咕噜叫表示满足。猫生来就会咕噜咕噜叫；

241

当小猫吸吮母乳时，它们发出轻微的喃喃声。科学家们认为，咕噜咕噜声刚开始是猫妈妈和小猫交流的一种方式。猫妈妈从小猫的咕噜咕噜声里听出了它们的高兴与愉快，然后可能以咕噜咕噜声作为回应。后来，猫在感到满足或表示友好时，便继续咕噜咕噜叫。但是，科学家们尚不明确猫是如何发出咕噜咕噜声的。有些人认为，这是由猫胸部大静脉里的血液振动引起的，当周围的肌肉不停挤压、释放血管时，就形成了振动。猫肺部的空气和气管使振动的声音增强，能被人耳听见（虽然有的时候，咕噜咕噜声很安静，只能感受到）。还有一些科学家认为，猫的咽喉中靠近真声带处有一个叫作假声带的细胞膜，当它产生振动时，便发出了咕噜咕噜的叫声。

为什么我的猫把背拱起来？

和猫叫以及咕噜咕噜叫一样，猫儿拱起的背部也是其复杂的肢体语言系统的一部分，通常和受惊有关。因为猫的背部有近 60 根脊椎，它们松散地组合在一起，所以它的背能拱起相当的高度。人类只有 34 根脊椎。

猫的尾巴如何帮助它保持平衡？

猫体内大约 10% 的骨头位于尾巴上，尾巴帮助动物保持平衡。猫的尾巴在"矯正反射"中发挥着重大作用，能让它从高处落下后脚立在地面上。猫很小的时候就有了敏捷性和平衡性，帮助它们从高空安全降落。猫在降落过程中，耳内的液体发生移位，它不停摇头直到液体保持水平状态。身体也跟着头自动摇动，最后双脚立在地面上。猫还用尾巴进行交流。高高竖起的尾巴意味着它很高兴。抽搐的尾巴则在警告你，它可能生气了或者处于防卫中。如果猫把尾巴盘起来贴近身体，说明它感到不安或害怕。

我的宠物鬣蜥蜴以前特别小，现在却超过 1 米了！这是为什么？

如果照顾得当，绿鬣蜥能活到 20 岁以上。但在这个过程中，它们的确会一直生长。虽然鬣蜥蜴是很受欢迎的宠物，但它们的生长需要大量的时间、关心、照顾和空间。一只健康的鬣蜥蜴能长到 5—6 英尺（1.5—1.8 米）长，得住到一个大笼子或者一整个房间里。因为鬣蜥蜴是树栖生物，大部分时间喜欢待在离地面很远的高处，所以需要一个很高的笼子。它们还需要特殊的饮食、充足的阳光、攀爬的地方以及人类的互动与刺激。

为什么老鼠流下红色的泪水？

当饲养老鼠的人看到自己的啮齿小宠物流出红色的眼泪和鼻腔分泌物时，可能会感到很震惊。它们的眼部和鼻子可能也会出现红色的痂，前爪在脸上摩擦以后也许会变成红色的。这种红色并不是由血液引起的，而是源于一种叫作卟啉的红颜料分泌物。这种颜料是从眼睛后面一种叫作哈德氏腺的腺体中分泌出来的。虽然这种红色物体并不是血液，但是红色的眼泪表明你的宠物鼠很可能生病了，这是因为它们病了或者有压力时才会流下这样的泪水。

为什么我的豚鼠长着暴牙？

啮齿类动物——仓鼠、大老鼠、老鼠、沙鼠和豚鼠——是很受欢迎的宠物。它们的共同特征是都有着巨大的门牙，也称门齿，门齿在它们的整个生命周期中不断生长。过长的门齿是一个普遍问题，可以通过咀嚼树枝来预防。通常情况下，兽医（一个宠物医生）能修剪这些门牙。啮齿类动物属于食草动物（以植物为食），它们的消化道在某些方面和马、牛等其他食草动物的相似。它们喜欢用门牙啃咬和咀嚼！

我的乌龟能脱壳吗？

不能。乌龟的外壳由薄薄的角质层组成，就像你的指甲盖一样。但角质层下面有一层骨板，骨板决定了乌龟的体形。肋骨和脊椎也是龟壳的一部分。所以，去掉乌龟的外壳相当于拿走了它的一部分骨骼——这也是乌龟不可能脱

243

● 亲吻蛇或乌龟等爬行动物可不是什么好主意。它们身上携带着能产生沙门氏菌的细菌，可能引起严重的胃部不适

壳的原因。

为什么我摸过宠物龟以后要洗手？

乌龟和蛇、蜥蜴等其他爬行动物的身上携带有沙门氏菌。虽然沙门氏菌不影响动物的健康，却能让人类产生严重不适。为了避免沾染沙门氏菌，我们应该遵守一些卫生规则。首先，不要把爬行动物放入口中。摸过乌龟以后要用肥皂和热水认真洗手。很小的孩子只能观看而不能触摸爬行动物。不要让爬行动物在屋内四处走动（或滑动）——把它们关在笼子和水池里。未煮熟的食物是沙门氏菌最常见的来源，其中尤以鸡蛋和家禽的肉为甚，所以一定要告诉父母或者照顾你的大人，把鸡蛋和鸡肉完全煮熟。（如果蛋糕糊上有生鸡蛋，千万别舔！）

我可以把宠物蛇带到学校去表演展示吗？

因为动物捉摸不定，而且学校也有规则，所以未经父母和老师的允许，不能把动物带到公共场合。即使得到了允许，这些生物——像蛇、兔子、仓鼠、沙鼠、蜥蜴、青蛙和其他小型家畜——也应该放在它们的栖息地，小心照看。有的时候，因为要帮助人类，动物们离开它们的自然栖息地，出现在公共场合。导盲犬帮助盲人或视力受阻的人在城市和社区走动。它们经过了严格的训练，以便在公共交通、饭店、商店和其他所有主人所在的地方有着正确的表现。其他时候，人们把它们装在宠物包里，带着去看兽医、去公园或者去购物。然而，因为许多商业场合（像饭店和超市）不允许携带宠物入内或者要用皮带系着，所以必须在商店的许可下方可进去。

为什么我每天都要遛狗？

遛狗能增进你和宠物之间的关系，同时它还是一件有益身心健康的事儿。和人一样，狗也从锻炼中获得诸多好处，比如体重得到控制，心脏、肺和肌肉的健康得以保持。狗儿喜欢走走、跑跑、跳跳以及寻找小球和飞盘。上了年纪的狗儿必须尽可能保持机敏与健康，但没有鼓励的话，它们可能不愿意去锻炼。而你的陪伴带来的快乐是它们锻炼的最大动力之一。除了锻炼以外，狗儿还需要社会交往、主人的正面关注和脑力锻炼。大部分只要带着狗儿去遛遛弯就能得到满足。时刻谨记，遛狗的时候，狗儿要用皮带（上面挂着标识牌）拴着，然后你来牵着。天气暖和的时候给它带点水，当它需要休息的时候就停一下。

如果我的宠物去世了，我该怎么做？

和所有生物一样，你的宠物有一天也会去世。年纪大了、事故或者疾病都能夺走它们的生命。即使有兽医的帮助，许多疾病也无法治愈。如果你的宠物承受着巨大的痛苦，而且不会再好起来，父母和兽医很可能决定结束它们的生命或者"让它们一直睡下去"。为了让宠物免受痛苦，平静地离去，兽医会用一种特殊的注射剂帮它结束生命。如果你的宠物是自然死亡，你或许想把它埋在后院里。但是先要确定一下，这在你的小镇或者城市是否合法。有些法律允许房主把宠物埋在自家土地上，有些却禁止这样做。你还可以把宠物葬在宠物公墓，或者进行火葬，然后把骨灰散在花园里或者最爱的树下。

当你的宠物去世以后，不管你做什么决定，都可能出现许许多多的情绪，比如悲伤、孤独乃至气愤。把你的感受告诉父母。你和家人可能想用一种特殊的方式纪念它。也许你会为它举行一个葬礼、讲一些故事、写一首诗或做一本剪贴簿。此外，美国防止虐待动物协会等动物保护组织能在你的哀悼过程中提

245

供帮助。新宠物取代不了原先的宠物，但是有一天，你和家人可能会领养一只新宠物，而且每个人都会爱上它。

上学

为什么我要上学？

你需要有更多了解的是，和大人一样成功地生活并不是一件自然而然的事——它需要学习和记忆。例如，孩子们听到周围的声音，很自然地学会了说话，但是阅读和写作却要专门教授。先学习字母及其代表的声音，然后把几个字母拼在一起组成单词，再学习单词的意思以方便阅读和写作，这是一个复杂的过程，而这些能力只有经过专门的努力才能学会。知道如何计算含有数字的问题，了解世界是如何运转的或者自然是如何工作的，这些也都是需要学习的重要事情。

虽然这些知识父母也许也能教给你，但每天都需要好多好多时间才能完成。大部分父母在外工作，没有时间给孩子以正确的指导（虽然有些孩子不去学校，父母就在家里教他们）。美国的公立学校系统为所有孩子提供免费教育。老师经过了专门的训练，知道孩子们应该学什么、如何学以及什么候该学什么，他们负责教书育人。为了确保孩子们学到所需的知识，州政府现在要求，所有孩子都要去学校，接受一定年限的教育（通常学到 16 岁）。经常逃学的孩子会被送上法庭。（那些就读于私立学校或由父母得到特殊许可在家受教育的孩子例外。）

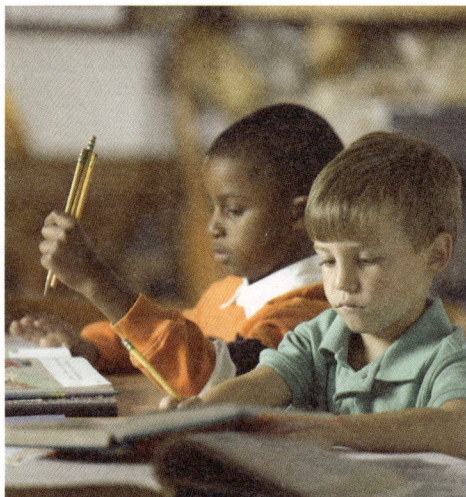

🔵 因为很多父母认为他们能给予孩子更多的关爱，并帮助他们学到更多的知识，所以他们就在家教育孩子，而不把孩子送到公立或私立学校

什么是家庭教育?

家庭教育(也称在家教育或在家学习)指的是孩子们在家接受父母或专业家庭教师的教育,而不去公立或私立学校。这些父母大多认为,家庭教育可以让家人待在一起,可以对课程有更多的控制,可以决定孩子所学的内容。有些家庭还出于宗教原因让孩子在家学习。因为每个州有不同的教育法和学校教育法,所以对家庭教育的界定也各不相同。根据不同的调查,在 2002 年到 2003 学年,美国有 170 万到 200 万名儿童在家接受教育(最新得到的数据)。

我的朋友说他是一个天才。这可能吗?

有些人用"天才"一词表示极高的 I.Q. 或绝顶聪明。I.Q. 代表智商,用来衡量一个人天生有多聪明。科学家们认为,每个人生来都具有一定的智力水平或心智能力。但是,一个人如何用好他的自然智力,与自身的学习欲望以及成长的学习环境有关。智商测试主要衡量人们使用单词、观察事物之间的联系以及储存与使用信息的能力。"智商"一词来自于用来为智力测试记分的数学方程。首先,用一个人的实际年龄除以他的心理年龄——心理年龄由他在智商测试中答对的题数决定。然后将这一结果乘以 100 就得到智商分数。一个人的心理年龄与实际年龄相同,智商得分为 100,100 为平均水平。智商得分为 170 或高于 170 的人就是天才。

提到天才,人们常常想到历史上杰出的男性与女性,包括《蒙娜丽莎》的作者——意大利画家列奥纳多·达·芬奇、伟大的科学家爱因斯坦以及奥地利作曲家与天才儿童沃尔夫冈·阿玛多伊斯·莫扎特。莫扎特 5 岁以前就能在半个小时内掌握复杂的音乐作品。他甚至这么小就能创作出自己的音乐作品,而今天的孩子在这个年纪还没有上学。因为小小年纪就掌握了许许多多的才能,所以人们称他为"天才"或"神童"。

为什么有些孩子的功课比其他孩子的好?

由于多种原因,有些孩子在学校的表现比其他孩子的要好。每个孩子的才干与能力都不同,有些能力只是在学校有着较好的表现。有些孩子可能天生比较擅长阅读写作、做算术以及收集与处理信息。有些孩子做事很有条理、善

247

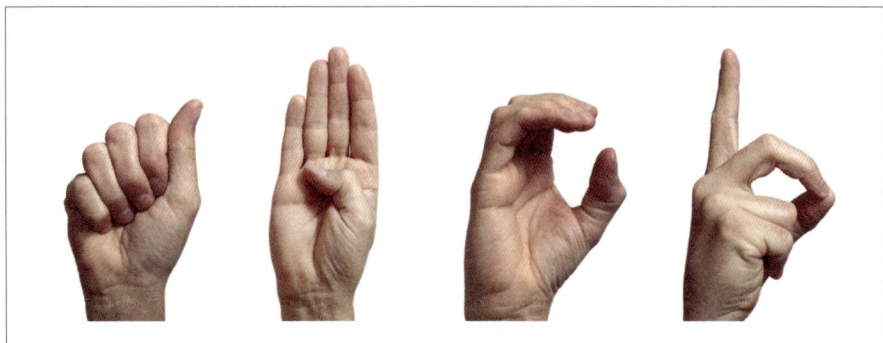

🔵 美式手语是一个手势系统，人们利用这些手势和有着严重听觉障碍的人进行交流

于合理安排时间，并努力完成家庭作业。大部分学校功课都需要这些能力，所以在这些方面擅长的孩子很可能就成了好学生。尽管如此，大多数孩子都有能力掌握学校所教的基本技能，并学会毕业后如何与世界良好相处。只要孩子们在学习上投入大量的时间与精力，在必要的时候获得帮助，并且绝不放弃，就能获得成功！

什么是学习障碍症？

学习障碍症指的是人们在理解事物或正常使用口头与书面语言方面出现的失常行为。它不是由失明或失聪等身体障碍引起的。相反，是大脑及其理解事物的方式出现了问题。美国大约有 10% 的孩子存在某种学习障碍症。其中最常见的是难语症——大脑无法理解单词，有时把字母与单词的顺序颠倒——和注意力不集中症，即难以集中注意力。人们发明了特殊的教学方法，帮助这些孩子摆脱难语症的影响，成功地学习。普通课堂、特殊课堂或专门的学校都可以进行这种教学。

为什么我要做家庭作业？

每天在学校待的时间以及老师花在每个学生身上的时间是有限的。因此，老师需要来自于学生、父母和家庭的理解与帮助，需要他们对课堂辅导和课外学习予以支持。自美国出现正式的学校教育以来，家庭作业一直是学校生活的一部分。因为家庭作业能提高你的思考与记忆能力，所以非常重要。它能帮助你养成良好的学习习惯和技能，而这些会让你终生受益。它还能鼓励你合理利

英文字母表来自于哪里？

字母表是一个书写系统，里面的符号或者字母代表了语言中的所有声音。因为古埃及的象形文字偶尔会用符号表示语言中的声音，所以它们被认为是字母的真正起源。英文字母表最初是由古罗马人在古希腊语字母的基础上发明出来的。现代英语用的是拉丁字母表的改进版本。西欧、非洲和美国的书面语言以及科学语言都使用罗马或拉丁字母表。它由 26 个字母组成，按从左到右的顺序书写。

用时间、独立学习，并为自己的工作承担责任。如果大人监督你的话，他们也会从中受益。家庭作业帮助爸爸妈妈了解到你在学校的学习内容，促进他们和你以及老师之间的交流。

会双语意味着什么？

会双语的人能说两种语言。能说两种以上语言的人又称"使用多语的人"。会双语并不需要两种语言的流利程度一样；通常情况下，一个人往往一种语言说得比另一种好。世界上大多数国家都使用多种语言，这很常见。研究表明，有着双语身份的孩子更容易接受不同文化中的文化差异。

什么是笔友？

笔友指的是彼此之间定期通信的人，尤以使用邮件的居多。他们常常离得很远，比如说在不同的州或不同的国家。人们常常结成笔友来练习外语阅读和写作的能力、提高读写能力、掌握更多有关其他国家和生活方式的知识，并与世界上其他地区的人们建立联系——这些都让世界变得更小！

笔友可以来自于不同的年龄、国籍与文化。有的人可能根据自己的年龄层或共同的兴趣——比如一种特殊运动或爱好来结识笔友，或者认识一个完全不同的人，以便学习外国文化（比如说远东、欧洲或南美洲）。随着互联网的出现，传统的笔友交往方式开始向现代化转变，许多笔友还相互交换电子邮件地址，而不再使用书信。为了和笔友联系，你要先获得爸爸或者妈妈的允许。通常情况下，致力于笔友交流的在线网站能帮助你认识年龄相仿的小朋友。

249

为什么我要经常去图书馆?

图书馆为所有年龄段的人提供书籍,更重要的是,它们还是所有人学习与探索的地方。除了书籍以外,公共图书馆还提供视频、光盘、免费的电脑和网络以及许许多多与读写相关的便利。对于小学生来说,这儿有各种各样大声朗读与讲故事的活动——在这些活动中,孩子们常常能互相讨论,并各自陈述读书心得——还有暑期读书计划。

对于中学生来说,这儿可能有书籍会谈、暑期读书计划、创造性写作研讨会、戏剧小组和诗歌朗诵。你读得越多,学到得也越多!此外,图书馆还是查找资料和帮助完成家庭作业的地方。学校的图书馆可能也会提供这些服务。

图书管理员的工作是什么?

图书管理员承担着多种责任。其中最重要的是帮助公众(也称赞助人)找到他们所需的书籍和材料——这是他们的专业。例如,如果你不知道读些什么,图书管理员可以帮你找到既有趣又适合你年龄层次的读本。他们还能为你介绍图书馆里提供的其他项目与服务。当你寻找书籍与材料的时候,让一个图书管理员来帮助你,这样图书馆系统和获得所需资料的过程会让你感到舒适自在。然而,你要记住,图书管理员只为你提供不同的选择,而不会决定你应该读些什么。如果不知道哪本书适合你,让父母来帮助你,并参与到你的阅读计划中去。

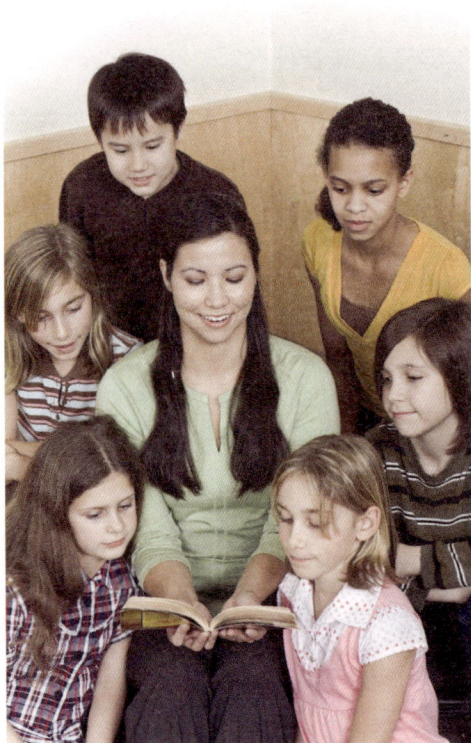

🔴 图书管理员可不只是提醒你保持安静的人。他们乐于帮助孩子和大人查找资料以及学习新知识

父母在帮助孩子完成图书馆作业的过程中能做些什么？

学龄儿童常常让父母帮助他们完成图书馆作业。而很多时候，家长发现他们慢慢承担了全部的作业，帮儿子或女儿写报告。相反，让你的父母试试下面的几条建议，以便激励你，同时让你更有信心完成读书报告或图书馆作业（来自于"阅读火箭"计划的好意，"阅读火箭"是维塔数码——华盛顿领先的公共广播电台——提供的非营利性教育服务）。

- 询问孩子有关作业的问题，鼓励他们向老师提问。这能帮助孩子明确他们需要做的事情。帮助他们确定研究话题中比较小的组成部分或者把这一话题看成大话题的一部分。（例如，雷龙是恐龙的一种，恐龙又是绝种动物的一种。）这些分类将帮助他们找到有用的参考资料。

- 建议他们在图书馆目录、期刊指南和参考书目中查找这一话题。图书管理员会引导他们，帮助他们开始任务。确保他们知道如何使用目录和索引。建议他们从话题中常见的部分入手，并做好从多个角度进行咨询的准备。

- 帮助他们按照逻辑把整个作业分成多个部分，为每一阶段设定最后期限，以避免最后一刻的恐慌。让他们有大量的时间收集所需的材料。

- 帮助他们确定社区图书馆有无所需的资料，如果没有的话，查询其他的信息来源。

- 鼓励你的孩子向图书管理员求助，获得资料的位置，让他们自己开口。

- 在他们需要的时候给予鼓励、建议与帮助，但不要试图接手整个作业。让孩子自己承担研究与撰写报告的责任。这是让他们掌握图书馆技能的最好方式，并对以后的生活有益。

在新学校交朋友的最佳方式是什么？

虽然刚开始来到一所学校或许有些不适应，但是你会发现交朋友可能没有想象中那么难。如果你按照自己认为的能交到好朋友的方式去表现，就会更加简单。打招呼、微笑以及进行眼神交流，人们自然就会欢迎你。如果你看到班上、篮球场或社区里的熟人，朝他说"你好"，然后做自我介绍。告诉他们你的名字和你来自于哪里。问问题——诸如"你喜欢什么运动"或者"你从幼儿园以后一直在这里读书吗"——是一种很好的交朋友的方式。

为他人做一些事情是一种很好的"朋友礼节"，比如为别人留个座位、在礼堂里向别人问好或者祝贺他人取得好成绩。甚至一个小小的赞美——例如"我喜欢你的背包"——也能大大促进友谊的发展。还有一些交朋友的方式包括加入运动队、参加合唱观影等学校活动、成立或参加学习小组。这些都是交到新朋友、建立共同联系以及获得学习支持的好方法。此外，辅导员在新生初来学校时，会把他介绍给有共同兴趣的小伙伴和整个班级。

这里有一个有趣的建议：寻找其他新生。你会发现你很可能不是唯一的新生。而且，你们至少有一个共同点，即都处在一个陌生的环境中。如果你是刚入学的时候来到这个新学校，那么几乎所有人都是新生！和各种各样的人一起说说你以前的学校、现在的新学校以及你的观点、年级、老师和兴趣——很快你就会发现，你的新朋友不止一个，而是好几个或者好多个！

什么是压力？

压力是身体对各种需要做出反应的方式。好的经历与坏的经历都会形成压力。当人们因为周围发生的事情而感到压力时，身体向血液中释放出一种化学物质，从而做出回应。这些化学物质为人们带来更多的能量与力量，如果压力是由物理危险——比如，如果汽车靠近，把自行车驶出车道——造成的，这将非常有用，但是，如果你的压力是一种情感性的反应，并且没有出口释放多余的能量与力量时，就会成为一件坏事。美联社在 2007 年实施的一项大范围调查表明，年轻人产生压力的可能性极大，与此同时，女性的压力比男性的大。有着巨大压力的人会变得疲倦、生病、易怒，且无法集中注意力或入睡，所以判定自己是否"感到有压力"并采取措施减小压力非常重要。

为什么我输掉比赛时要有风度？

在运动比赛、棋类游戏和竞赛——比如拼写单词比赛与体操比赛——中，总是有赢家也有输家。当你同意参加一场游戏时，你要做好可能会输的准备。如果你能把这个游戏看成一种能提高自己的游戏技能与获得乐趣的方式，你甚至很可能钦佩（并学习）赢家的才能，并祝贺他／她。毕竟，这只是一场游戏。所以你要记住，当你参加一场游戏时，你的目标不是赢而是重在参与。公平竞争，对队友和对手有礼貌并尊重他们，同时尽最大努力。赛后，无论输或赢，都要有良好的表现，这也相当重要（这也是很多教练赛后让所有队员与对

怎样处理好我的压力?

压力通常来自于你的时间表与学校作业的共同作用。注意你的时间表是否让你有足够的时间完成所有的作业,或者你是否需要更合理地安排时间来完成所有功课。如果不能找到时间完成学校的作业,放学后找一个安静的地方(像图书馆和自习室),花一两个小时来做作业。如果时间安排没问题,但学校作业太难,放学后花几个小时到老师办公室、自习室或者参加一个辅导课程来获得帮助。时间不安排好或请求别人援手可能会给你在学校带来更多不必要的压力。此外,如果你很难确定你需要哪种帮助,就让父母和老师帮你判断你的压力是由什么引起的。

充分锻炼、每天吃好早餐和充足睡眠(根据年龄,每晚睡 7—10 个小时)是减轻压力的三种最简单,也是最好的方式。因为从长期来看,咖啡和糖不可能帮助你的身体处理好压力,所以远离它们也很重要。研究压力的专家称,对学校有合理的期望,必要时制订计划提醒,以及采用创新型休息方式——比如溜旱冰或者骑自行车——非常重要。不要把分数看成生活中最重要的——或者唯一的——事情。结交朋友以及发现兴趣与喜欢的活动也十分重要。如果感到压力巨大,记得和朋友、爸爸或妈妈、老师或者辅导员聊聊学校生活的近况。通常情况下,你有好几种办法来处理繁杂的作业、推迟最后的期限或者与小组合作共同完成项目。

方队伍握手或击掌的原因)。

如果我受到欺凌该怎么做?

很多孩子因为许多不同原因遭到恶霸的欺凌。欺凌指的是在身体上、语言上或心理上故意折磨他人,可以是袭击、推挤、谩骂、威胁、嘲讽,乃至强索午餐费或个人物品。如果你被恶霸盯上过,你知道遭到嘲讽、袭击或者威胁有多么可怕,多么令人不安。有的时候,无视恶霸说的话能起到一定作用——大部分恶霸嘲笑或威胁其他孩子时,希望得到他们的回应,如果得不到回应的话,就不好玩了。有朋友在的话通常会帮到你。一个人单独走比一群人一起走

253

● 欺凌是学校或社区的一个大问题。如果你受到某人的欺凌，不要把它当作一个秘密。你应该告诉大人，向他们求助

要危险得多。而且，就算你没有信心，有时假装很有信心能帮到你。如果你把头抬得高高的，告诉这个恶霸不要再叫你的名字，恶霸很可能被惊得哑口无言。千万不要和恶霸打架或欺负回去——积极回应只会让事情更糟。

如果受到欺凌该告诉父母吗？

应该。虽然你可能觉得很糟糕或者很尴尬，但是把被欺凌的经历告诉父母、老师或者辅导员，对你有好处。一个可以信赖的成年人会向你解释为什么恶霸会这么做，还能让你宽心，让你知道恶霸口中的你并不是真正的你。如果你遇到威胁，大人可以保护你的安全，帮你解决欺凌的问题。很多州都颁布了有关欺凌的法律和政策，很多学校也建立了一些项目，向父母和孩子介绍有关欺凌的知识。

如果在操场上看到欺凌行为我该怎么做？

如果你在操场上看到一个孩子伤害或戏弄另一个孩子，你的第一反应可能是立马转身，假装自己什么也没有看到。但是想想被欺凌孩子的感受，你便知道，现在所要做的就是制止它。你最好找一个老师或者一个大人，把这事告诉他。或者，如果当时的情形看起来不会威胁到你的安全，你最好挺身而出。那些取笑他人的孩子通常是想博得朋友们的笑声，如果你告诉他，他的挑逗一点都不好笑，而且你站在被取笑者一边，他很可能就会停止他的行为。

什么是头虱？

头虱是一种很小的无翅昆虫，生活在人的头发里面，吸食头皮里的少量血液。虽然这可能听起来有点恶心，但它常常出现在生活在同一个环境中的小孩子中，比如说学校。头虱没有危险性，不会传播疾病，但它们会传染，非常讨厌。被头虱叮咬以后，头皮便发痒发炎，抓挠以后可能会导致皮肤不适。头虱很难祛除，而且很费时间。通常情况下，使用专门的药用洗发水和完全洗干净的床单、毯子、衣物、梳子、刷子等个人物品，是清除这些恼人的昆虫的常用手段。孩子们在学校（无论在教室还是在操场）和在家玩耍时，要避免和其他小朋友有头对头的接触。此外，不管他人有没有感染头虱，都不要共用梳子、刷子、帽子、围巾、大手帕、丝带、发夹、毛巾、头盔和其他护理用品。

社区服务

什么样的人让社区运营得更好？

消防员、警察、救护车驾驶员、清洁工、邮递员、学校安全员、学校老师、维修工、图书管理员、公交车司机以及公园与娱乐场的工作人员等这些服务人员让城镇或城市变得更加美好。

警察如何为社区服务？

警察保护着居民的生命与财产安全。他们维持秩序、抓捕违法者，并预防犯罪。警察根据所在社区的规模和结构承担着不同的责任。他们很可能在街上步行或乘警车巡逻、控制交通或者像侦探一样侦查犯罪。在警察局里，他们可能被分配到犯罪实验室，也可能在档案组工作。

● 很多孩子都梦想着长大以后成为一名消防员或者一名警察。有服务社区的想法是件好事，如果你真的感兴趣的话，就应该努力追求

消防员如何帮助社区？

　　消防员的工作环境极其危险，在与大火做斗争时，冒着生命危险去拯救他人。消防员通常是交通或爆炸事故中的第一批紧急救援人员，很可能奉命去

人们为什么穿制服？

　　有些工作需要穿专用工作服或制服。有的时候，这些特殊服装是为了保护员工自己或他们的工作对象。例如，急诊室医生很可能穿着特殊服装来保护自己免受血液和传染性病原体的侵害，同时也防止病人感染上普通衣物上的细菌和杂质，然而，大多数时候，这些特殊服装或制服是为了让他人辨认出员工的身份。需要穿制服的职业通常属于服务型岗位，这些岗位上的员工为他人提供帮助或服务。商店和饭店的工作人员常常穿着制服，这样顾客需要帮助或服务时，便知道应该找谁。制服还帮助警察更好地开展工作，因为人们认出他们后，会帮助他们或配合他们维护法律。在战场上，通过士兵的制服可以判断他们的国籍，分清是敌是友。

扑灭大火或者处理受伤事故。一旦发生大火，他们用斧头砸破墙壁或窗户，救出被困在火焰和其他困境中的人。救援小组带着急救装备来到火灾现场，在救护车到来之前一直帮助伤者。虽然工作充满危险，但是消防员对自己能提供重要的公共服务感到十分高兴。

网络安全

什么是网络欺凌？

　　网络欺凌（也称恶意破坏）指的是在网上攻击他人的行为。如果你不断与某人交谈，而对方觉得你的言论已经威胁到他自身的安全或他人的安全，你的行为就属于非法行为。在网上遇到不舒服的言论，就要告诉你的监护人。许多电子邮件和即时通信工具里都有阻止选项，你可以利用它们屏蔽骚扰信息。父母也能帮你把骚扰邮件保存下来，然后发送给电子邮件服务供应商。大部分供应商都制定了适当的政策，限制用户在网上骚扰他人。如果骚扰信息里包含了某个网站上的评论，你可以联系互联网服务提供商，让他们帮助你找到托管

我的朋友闲暇时一直玩网络游戏。他是网络成瘾了吗？

　　孩子们常常通过网络做各种各样的事情——查找家庭作业所需的资料、探索新文化以及与其他孩子建立良好关系。性格害羞的孩子可能更喜欢在网上主动与他人交流的感觉。然而，过度使用电脑很可能让他们脱离朋友，或者远离其他活动，比如说写作业、锻炼身体、睡觉或与人交往。因为网络活动比较隐蔽，人们对网络成瘾的认识度也不高，所以父母和老师常常等到事态严重时，才意识到孩子的网络成瘾问题。你可能想跟朋友和他的父母谈谈，如果觉得需要有人撑腰就找个大人陪伴。不管是限制上网时间、合理分配上网和锻炼身体及参加社会活动的时间，还是确保联网计算机成为家中的公共空间，促进家庭网络的健康使用至关重要。

网站。你可以与互联网服务提供商联系，让他们注意到这些攻击性评论。你还可以联系地方警察局。

如果有人在网上问我的名字，我该怎么做？

互联网是个神奇的地方，在这里，你能找到各种各样的信息。你可以和朋友及远方的笔友聊天，还可以浏览他人就你感兴趣的话题发表的看法。但是，正如在现实生活中不应该和陌生人说话一样，在虚拟世界聊天时也要小心谨慎。不幸的是，在网上，常常有人威胁到孩子们的安全。他们可能是大人，但伪装成孩子，或者谎报身份和意图。为了安全起见，不要把个人信息告诉任何陌生人——包括你的姓名、地址、电话号码和电子邮件的密码。此外，永远不要和网友见面，即使他看起来非常友好或者一点儿也不坏。如果有陌生人给你发邮件或即时信息，要让父母知道。

电子游戏非常有趣，但是持续沉溺其中被称为网络成瘾。如果你或者你的朋友无时无刻不在玩游戏，这就很不健康

我能在任何我选择的网站上注册信息吗？

不能——在网站注册之前先要问一下父母，这至关重要。如果你注册成会员的话，很多网站会提供特别的优惠，但要求你提供你的姓名、电子邮件地址，有的时候还有家庭住址和电话号码等等。有些网站帮你保护隐私，只在给你发送所需东西时使用这些信息；而有些网站却把它们出售给广告商或者机构。当你在某个网站注册以后，你家就可能会收到销售公司寄来的大量无用的电子邮件和普通包裹，接到许许多多的骚扰电话。即使在网上发现了你确实很想要的东西，没有父母的允许，也千万不要透露他们的信用卡信息。

什么是电脑病毒?

病毒指的是能传染给电脑文件或硬盘驱动然后进行自我复制的恶意软件程序。孩子们在网上进行的很多活动都会让电脑极易感染病毒。电子邮件附件是传播病毒的常见途径,但是,当你共享文件以及打开即时消息的附件时,也会把病毒下载下来。为了电脑的安全起见,不要打开你未请求的电子邮件附件。发一封邮件给朋友证实一下他是不是给你发送了附件。此外,你可以把即时通信程序设置成拒绝接收其他用户文件的模式。未经父母检查,不要下载任何程序。你可以通过以下几步保护电脑:时刻运行最新的防火墙软件;定期运行杀毒软件;定期扫描电脑,发现间谍软件和无用软件后立即清理掉。

自行车技巧

自行车是如何工作的?

自行车这一简单装置能帮助你增强腿部肌肉,与跑步相比,它能以更快的速度帮助你到达更远的地方。当你踩下脚踏板让其转动一圈时,脚踏板的链轮——有齿的轮子,与脚踏板相连——也会转动一圈。但是它拉动链条,链条连着前轮中央一个小很多的链轮(它的齿比较少,紧紧咬住链条上的链子)。每踩一下踏板,小链轮就转动几下,从而让车轮转动的速度比脚踩踏板的速度快许多!

有些自行车有几种"速度",这意味着车上装着许许多多能改变轮子转动速度的齿轮(叫作变速器)。这些多余的链齿轮位于脚踏板和后轮上,那儿的杠杆把链条从一边传动到另一边。当链条从大链齿轮转动到小链齿轮时,一个特殊的弹簧系统让它不会松开。虽然你可能会想,骑车者往往希望每踏一下踏板,车轮都能飞快地转动,但现实并非总是如此。例如,当你骑车上山时,车轮转动的次数减少,而骑车者能获得更多的力量,爬坡就比较容易了。

我怎样刹车?

自行车的车闸能迅速停止车轮的转动。有些自行车,你向后踩踏板就能激活刹车机制（倒刹车），从而让它停下。有些车，你要捏紧车把上的杠杆，才能启动刹车。尽管一个人的腿部力量远远超过他的手部力量，但刹车手把上有三个杠杆同时起作用，大大增加了原来的挤压力，能够让快速行驶的车子停下。刹车手把被捏紧后，它拉动连在两个金属臂上的车缆，金属臂上的橡胶脚垫夹紧车轮边缘，产生足够的摩擦力，车轮停止转动。急刹车以后，摸一下车闸——摩擦力使它们发烫。

为什么自行车车胎不久就瘪了？

早期的自行车胎是用硬质橡胶做成的。（在这之前，还有边缘用铁包住的木质车轮。）因为在粗糙的道路上，硬质橡胶无法提供任何缓冲作用，所以骑起来很颠簸。有了充气橡胶车胎以后，骑车就舒服多了。

但是充气车胎带来舒适的同时，也带来了新任务，即需要不断充气。用来制造自行车车胎的橡胶薄而且多孔，时间长了，空气就会从这些微小的孔中泄漏掉。充进车胎的空气经过了增压，意味着它们在被压缩以后充进了比平时小得多的空间内。如果里面的空气没有经过增压，车胎就很容易变形。和所有的气体一样，高压空气会流向四周压力较小的地方，甚至还能穿过固体材料。自然而然，车胎中的空气试图从充气阀杆和内胎里面跑出来。所以，即使自行

车不常骑，没有受到磨损，车胎最后也会变得瘪瘪的。

为什么小孩子骑的是三轮自行车而不是二轮自行车？

三轮自行车的三个轮子舒展开来，呈三角形，比两个轮子在一条直线上的普通自行车要稳当得多。小孩子很适合骑三轮自行车；他们的头比较大，肌肉尚不发达，缺乏骑普通自行车所需的协调能力和平衡能力。但是，他们一学会踩脚踏板，就可以骑三轮自行车，把腿部力量转化成轮子的力量。

三轮自行车的设计是为了提高稳定性，而不是提高速度；它的脚踏板连着大前轮中央的链齿轮，脚踏板每转一圈，前轮也跟着转一圈。所以前轮越大，车子的速度就越快——但它也不能太大，否则孩子的小腿就够不着脚踏板了！这样的设计让三轮自行车看起来与众不同，普通自行车有着靠链条驱动的链齿轮，轮子比脚转得快得多。因为三轮自行车在前轮的转动下向前行驶，所以也更方便小孩子控制和掉转方向；普通自行车靠后轮驱动。

什么是高轮自行车？

高轮自行车是一种早期的自行车，它的脚踏板连在前轮上，和三轮自行车很像。为了提高车速，设计人员不断增大轮子的尺寸，有些甚至达到 160 厘米高。这种"高轮自行车"骑起来很不安全——当骑车的人停下来时，脚够不到地面，此外，撞上障碍物时，骑车人常常翻到车把前面去。因为只有一个后轮而不是两个，这种车也很难保持平衡。

无论何时或者想去哪儿，我都能骑自行车或踏板车去吗？

虽然骑自行车和滑踏板车很有趣，但要谨记它们可不只是玩具。它们是机械装置，有时会发生事故导致受伤。所以，为了自己和他人的安全，所有骑自行车的人——以及玩轮式溜冰鞋、玩滑板和骑踏板车的人——都必须遵守一定的规则。

骑自行车的人要和司机一样，遵守一些共同的交通规则，比如在有停车标志的地方停车和遵守交通灯。但同时还要遵守一套特殊的安全规则。他们要保证车上有反光镜，以确保晚上的安全行驶。不能让别人站在自行车车把等地方，因为这会破坏车子的平衡，引发事故。戴防护头盔是最重要的骑车规则之一。所以，去哪儿或者骑多久无关紧要——你应该时刻遵守交通规则和安全小贴士。

为什么戴头盔很重要？

每年都有大量儿童因为在骑车过程中头部受伤而被送往急诊室。如果骑车者正确戴好头盔，就能避免许多这类事故的发生。戴头盔能让头部受伤率降低88%，面部受伤率降低65%。如果和你一道骑车的朋友没戴头盔，你要给他们做榜样。

自行车或踏板车上的反光镜有什么用途？

在黑暗中行驶时，反光镜能保护你的安全。当汽车靠近时，前灯发射出来的光线照射到反光镜上，然后反射到司机的眼睛里，他便注意到你的存在，小心从你身边开过。反光镜通常由坚硬的彩色塑料制成，塑料底部是反光材料。塑料内表面被切分成许许多多小角度，有点像钻石表面的小平面。有了它们，光线在被反射出去之前，在反光镜内部扩散，产生极高的亮度。自行车前后和脚踏板上都装有反光镜。这样，不管你往哪个方向骑行，都能被注意到。

🔵 无论何时，骑车都要戴头盔，这至关重要。不戴的话，发生事故时，头部很可能受伤。记得戴好

其他安全小贴士

为什么在车上要系安全带？

安全带是救命的好东西！研究发现，系安全带能在车祸中保护你的生命安全。事实上，系安全带的话，在车祸中的存活概率能提高45%。

我散步时怎样才能保证安全?

　　散步是一种非常好的锻炼方式。它能燃烧卡路里、增强背部肌肉和骨头、减少压力、改善心情、提高睡眠质量，还不需要任何装备。最重要的是，分文不花，而且基本没有地点限制！步行还有利于社区建设。当你走过邻居的院子时，简单地打个招呼，便能加强社区联系。以步代车还能减少交通堵塞和环境污染。

　　步行时一定要注意安全。白天，穿上明亮的浅色衣服；黎

● 即使在白天，过马路也充满危险。留心周边环境，穿颜色鲜艳的衣服，只要可以，就和家人朋友走在一起

明、黄昏或夜间，穿上带反光的衣服，上面的布条或胶带能把光反射出去。当心。过马路前左右看看，遵守交通信号灯，要走人行横道。注意所有车辆，过马路前和司机进行眼神交流，以确保他看到你。只要可能，就逆着车辆行驶的方向步行。另外还要记住，和朋友一起走比一个人走更加安全。鼓励朋友或者家人加入你的队伍！要完全熟悉你的步行路线。知道电话亭、警察局或者消防站和商场的位置，随身携带学生证等身份证件。

我能和陌生人说话吗?

　　不能。虽然你遇到的大部分陌生人都会尊重小孩子，但有些却会伤害小孩子。有时，坏人会哄骗小孩子把他们当成温文尔雅、乐于助人的人。他们可能面带善意、声音友好，并且说话中听。所以遇到陌生人时，一定要谨记个人安全规则。当你出门在外或远离家门时，要做些什么才能保证安全呢？至少和一个小朋友一起在熟悉的地方玩。不要靠近里面坐着陌生人的车，即使他／她说有礼物送给你，或者需要你帮他寻找丢失的宠物，抑或向你问路。要这样想想：如果大人真的需要帮助的话，会向另一个大人求助，而不是一个孩子。不要在学校或者其他任何地方坐陌生人的车回家。即使他说是你的父母让他／她来接你的，即使他／她知道你的名字，都不行。避免

和一个不认识的大人单独待在一起,除非是父母为你安排的医生、老师或者顾问。

如果有陌生人接近你,告诉他不要跟你说话,因为你并不认识他。要是他继续靠近,就大声尖叫或跑开。如果你需要帮助,最好去商店、图书馆或警察局等公共场所。最后,一定要告诉父母这个经历。

暴雨期间应该遵守哪些安全规则?

如果发现自己身处暴雨之中,可遵循国家气象局推荐的一些安全规则。首先,远离球场上的金属栅栏。放下高尔夫球杆和背包等金属物体:金属是一种非常好的导电体,你不想遭到雷劈吧!如果感觉到头发竖立或者皮肤刺痛,附近很可能会有闪电袭击。趴下或者蹲至膝盖处,但是不要在地上平躺。雷雨期间,坚固的建筑物内部——比如家、学校或当地企业——是最安全的地方。进到里面,但是不要站在敞开的窗户、门或者露台旁边。专家还建议,要拔掉不必要的电器,并切断电话。

我在运动中或运动后,有时会流鼻血。为什么?

因为鼻子位于脆弱的区域(面部正中央),内部有着无数易流血的血管,所以鼻出血非常常见。有时候,鼻出血情况严重,血流量很大;有时候,只是轻微出血。鼻子非常敏感,打一下或者碰一下,甚至擦一下都极易流血。它常发生于接触性运动中,如果是在寒冷干燥的室外锻炼的话,流血概率更高。干燥的气候或室内的热空气会刺激鼻黏膜,使其变干结痂,结痂处有可能发痒,揭下来就会流血。冷空气也可能刺激鼻内壁,鼻内组织一直被风吹就很可能出血。冬天的空气既冷又干,为鼻出血创造了最佳条件。

急救箱里应该有哪些物品?

不管你是陪大人一起去商店买急救箱,还是和他／她一起整理,急救箱里都要装上紧急情况下可能需要的一切物品。确保大人把所有个人物品都装了进去,比如说药品、紧急电话号码和医生可能建议的其他物品。经常检查急救箱。保证手电筒电池有电。检查失效期,更换已经用过的或者过期的物品。如果自己整理急救箱,可以参考以下建议。

- 吸收性压缩敷料
- 不同大小的创可贴
- 牛皮胶布
- 抗生素软膏包
- ５个消毒纸巾包
- 阿司匹林或阿司匹林替代品
- 毯子
- 呼吸过滤器（单向阀）
- 急救手册
- 氢化可的松软膏包
- 速效冰袋
- 乳胶手套
- 口腔温度计
- 绷带卷
- 剪刀
- 无菌纱布垫
- 三角绷带
- 镊子

一个装备齐全的急救箱是家中和车里应该常备的好东西

尖锐的问题：离婚、死亡与上帝

为什么丈夫和妻子会离婚？

当丈夫和妻子无法再幸福地生活在一起时，他们就会离婚。因为人们结婚时期望着与另一半一起度过余生，所以这常常让人很难过。但是在一段婚姻中，随着许许多多事情的发生，人会发生改变，当初笃信的幸福有时也不再出现。离婚对于有孩子的夫妇来说更加不幸，因为会有更多的人受到影响。父母离婚，许多孩子都会非常难过，因为他们的家再也不同于过去了。通常情况下，父母离婚后，孩子便不能像从前那样经常见到爸爸或妈妈。但是，父母之间的感情变化，并不意味着他们对孩子的爱会发生改变。一定要记住，离婚只是丈夫和妻子之间的问题——它与孩子无关。很多孩子想着，如果调整自己的行为，也许父母就会重新想在一起，但是离婚并不是由孩子的行为造成的。

父母离婚以后，谁来决定孩子的归属问题？

因为婚姻是一种法律关系，所以它的解除或终结由法院判定。这之后，法院再决定离婚后孩子的监护权问题。理想情况下，主持法院工作的法官从保护孩子的最大利益出发，做出判决。当父母双方不能就谁是主监护人以及孩子住在谁家的问题达成协议时，法官的介入尤为重要。但在最佳情况下，父母和孩子共同决定谁来抚养孩子，然后告诉法院他们的决定。有时得到的结果是共同监护，这意味着他们共同承担照顾孩子的责任，孩子把时间平均分给爸爸妈妈，在他们各自的家中待的时间也一样。然而，在大多数情况下，一方获得监护权，和孩子住在一起，另一方则获得探视权，在周末或者暑假等特定时间方可见到孩子。

为什么人会变老？

衰老是生命体成长过程的一部分。所有动植物都要经历一个从开始到中期再到结束的生命周期。实际上，我们一出生便开始了老化的过程。但是一提到衰老，我们想到的就是身体在停止生长并失去曾经拥有的复原功能时所发生的生理变化。人在 30 岁左右便开始出现衰老的迹象，但对于大多数人来说，这些变化多年以后才会变得明显。

随着年龄的增长，我们会发生什么变化？

　　随着年龄的增长，皮肤可能会变得松弛，出现皱纹，头发可能会变少变白。慢慢地，肌肉不再强壮灵活，骨头变得更加脆弱。血液不再通畅地流经全身，大脑活动和感官能力随之变得迟钝。免疫系统变弱，无法像以前一样抵抗疾病。人们在不同的年龄经历这些变化，但是所有人在生命周期即将结束的时候，都会变老。人老了以后，以前好多能做的事，却都无能为力了，这可能有点悲伤，但是可以这样想想：人老了，意味着有幸躲过了可能让人夭折的事故和疾病，多好。更好的是，虽然老了以后，生理会发生变化，但是许多人依然身体健康，过着充实幸福的生活。

为什么人都会死？

　　所有生物都会死亡。这是生命周期的一部分，也是最后一部分。例如，一株开花的植物从种子生根发芽开始，然后生长、开花、为下一季再结籽，最后凋谢枯萎至死亡。同样地，动物也会经历出生、成长、成熟、生育、衰老和死亡。老的动植物死亡以后，新的才会产生，生命周期从而得以延续。如果动植物不死亡枯萎，地球上便没有足够的食物、水和空间促进生命的繁殖。那些死去的动植物也依然发挥着作用，它们的遗体为下一代提供了肥沃的土壤。

　　新一代的动植物是地球上的生命赖以存在的条件。地球的环境不断变化着，新的动植物——同时从上一代获得基因，从而出现新的特性——在进化条件下，也许能更好地适应环境。这种在

心爱的人去世总是让我们难以接受，但是这是生命中一个自然的部分。如果你有疑问的话，不要惧怕和家人讨论这个话题

267

几百万年间（从生命开始）缓慢发生的变化过程和生存能力的提高，就叫作进化。

和所有植物以及其他动物一样，人也会经历同样的生命周期：从出生到生理成熟的青春期，到成年，再到衰老与死亡。人死以后，生命周期便会终结，为下一代的繁衍创造条件。

当人们去世时，会发生什么？

血液把氧气传输到人体的每一个细胞，当死亡来临时，血液循环停止。这可能是由心脏或大脑的损伤引起的，前者把血液运输至身体的各个部分，后者为心脏的工作发出指令。严重事故等其他情况，也会阻止血液流动。但不管是什么原因，一旦心脏停止向体内几十亿个细胞——组成人体的构造单元——供送生命必需的氧气，细胞便开始死亡。大脑是人体的控制中心，如果大脑缺氧长达 15 分钟，所有细胞都会死亡。虽然机器能帮助肺部呼吸或帮助心脏供血，但无法代替大脑的复杂功能。没有大脑，我们便无法存活。一个人去世不久，一份叫作死亡证明的官方文件便被填好，然后交给当地政府，以文件的形式保存起来。表格上包含时间、地点和死亡原因等信息。

死亡时很痛苦吗？

没有一个死者能起死回生来回答这个问题，所以我们无法知道死亡到底痛不痛苦。但是曾在死亡边缘徘徊的人们——例如，他们的心脏曾停止跳动，但最后被救了回来——却带给我们好消息。他们大部分人感觉内心平和，身体似乎飘浮在空中。有些人还说，他们穿过隧道看到了美丽的光亮，或者和已经去世的朋友及亲戚们开心地相聚。科学家们知道，当人处于缺氧状态时——这常常发生在去世之前——会觉得精神愉快，或兴奋异常。据我们所知，死亡其实一点都不痛苦。

很多病人欢迎死亡的到来。医学奇迹延长了人们的寿命，同时也让人们经历漫长而又时常充满痛苦的生病过程。人们常常把死亡看作痛苦的结束，不管是对病人自己，还是对眼睁睁看着心爱的人受苦的家人与朋友，都是如此。有着强烈宗教信仰的人，可能不那么惧怕死亡，这是因为他们相信人死后会去到更好的地方。

> ### 人死后，能看到活着的人吗？能和他们说话吗？
>
> 尽管多少个世纪以来，据活着的人报告，他们看到过死人，还跟他们说了话，但始终没有科学依据能证明这种情况以及拜访"鬼魂"的可能性。虽然有些人声称自己有特殊能力，可以接触死者并收到他们的信息（这些人就是巫师），但是在一般情况下，他们的交流（通常在集会中实施，又称降神会）都被证明是一种欺骗。然而，有的时候，人们如果刚刚失去了心爱的人，就会觉得自己仍能感觉到他还在身边；他们甚至还能和他说话。这些很可能来自于他们强烈的失去感和对爱人生动的记忆。对于许多人来说，相信自己和死者之间仍然存在着身体上的联系，能减轻悲伤。这也是人们保存对死者的记忆的一种方式。

一个人去世后，我们会做些什么？

纵观人类历史，在世界各地，人们举行各种各样的活动来纪念亡故人。例如，古埃及人在收殓统治者的遗体时一丝不苟，他们认为统治者是不朽的，死后（来世）在另一个世界仍旧需要完整无损的身体。接下来的几个月，他们通过一个叫作尸体防腐的过程，小心翼翼地保存着尸体。他们用一层层的麻、蜡和香料把尸体包裹起来。6000 年过去了，有些木乃伊至今仍然保留着。

土葬的形式是把死者埋藏在棺材里面。人们举行葬礼，以便悼念死者，安慰和支持他的家人与朋友。当死者被送往墓地以后，葬礼通常就结束了，墓地是埋葬着许许多多尸体的地方。安葬地点竖有墓碑，墓碑上刻着死者的姓名及其他信息。家人和朋友之后可能会来这儿祭拜、扫墓，纪念他们心爱的人。

很多时候，人们选择火葬而非土葬。通过火葬，死者的尸体全然烧尽，化作灰烬。根据死者的遗愿，骨灰可能埋在地下或者装在骨灰盒里，有的时候也撒在对于死者来说某个重要的地方。

为什么有人去世时，人们会哭泣？

哭泣是表达悲伤的一种方式。它能帮助人们在失去亲人或密友时抒发悲痛与哀伤（谈论死者也有如此作用）。人们之所以哭泣，是因为他们知道再也见不到死者，而他们会想念他。如果死亡是突如其来的，他们会因为震惊或气愤而不断流泪。当亲人或朋友刚刚离世时，失去至亲的悲痛难以抑制，人们常常无法释怀，忘记了死亡是一个必然发生的自然过程，每个人都逃不掉。然而，随着时间的流逝，许多人开始接受失去心爱的人的事实，能更好地承受悲伤。一段时间以后，再想起他，就不再那么痛苦，甚至因为想起曾经的美好时光，还有可能感到一丝快乐。

人们去世以后会去哪里？

因为没有人能起死回生，所以我们无法知道死亡以后的情况。世界上几乎所有的宗教都认为，生命在地球上结束以后，还会以某种形式延续下去，灵魂在身体死亡以后，仍以一种未知的方式延存。事实上，许许多多的宗教都向人们传递这一信念，即我们在尘世的生命，只是到达最终的完美状态所必经的一个阶段或准备期（或是一次考验，据此来审判我们），我们死后在最终的完美状态里与上帝共存于灵魂世界。对那些不相信有来世的人来说，他们认为人死了以后一切就结束了，肉体死亡，所有的意识与存在也消失了。

天堂是什么？

许多源于犹太教和基督教的宗教都认为，天堂是一种存在状态，在那里，人的灵魂与上帝的灵魂最终永远合二为一。很多基督教派声称，天堂是对行善之人的奖赏，他们遵循特定的思想与行为原则，过着美好的生活，这些规则是上帝通过经文（《圣经》等神圣的作品）以及教堂和一些宗教领袖颁发的经典教义而明确

💬 世界上有天堂吗？天使是真的吗？很多人的回答是肯定的，但只有你自己才能决定要不要相信这些宗教说法

下来的。很多人认为，那些违背规则的人，会去往被称作地狱的惩罚之地。

很多基督徒认为，当生命终结时，肉体会以一种完美的状态复活——就像耶稣的身体在复活节的早上从死人中站起来那样——与灵魂和精神一并融入天堂，最终获得永恒。基于这一想法，人们认为天堂是一个真实的地方——位于天上，有着物理特性。多少个世纪以来，人们试图通过图片和文字创造出天堂的形象，想象着那里有着完美的幸福，下面是蓬松的白云。它通常被描绘成一个有着天国之门和黄金大道等事物的地方，地球上凡是能带来幸福的东西，那里应有尽有。

什么是地狱？

很多基督教教派认为，地狱是一个惩罚之地，人们如果没有行善，没有遵守上帝在《圣经》等神圣作品和教会以及一些宗教领袖颁布的教义中制定的思想和行为准则，就会下到那里。因为地狱与天堂相对，所以它是个可怕的地方；在地狱里，人的灵魂永远无法和上帝同在。信徒认为，与接受火刑这一最残酷的惩罚相比，如果不能体会到与上帝同在的快乐，将更加令人痛苦。很多个世纪以来，人们也像描绘天堂那样，通过图片和文字创造出地狱的景象，那里有着无穷无尽的折磨。在人们心中，天堂在天上，地狱则在地下。撒旦或者路西弗（Lucifer）——根据《圣经》记载，撒旦在背叛上帝以前，一直是上帝最喜欢的天使——是地狱的统治者。不少基督教教派认为，撒旦和他的追随者（恶魔）引诱人们行恶，是世界上所有邪恶的源头。在很多非基督教的宗教中，也有类似地狱的地方，在尘世行恶之人，死后必定会去到那里。古希腊和古罗马人（他们生活在基督教产生之前）甚至也相信人死之后会去往一个地下世界。但是在这个古老的地下世界里，好人和坏人住在不同的地方。

天使是真的吗？

在许多宗教中，天使是有着强大力量的神灵，他们和上帝住在一起，有时也会进入尘世中，常常来传达上帝的旨意。例如，根据《圣经》记载，天使加百列（Gabriel）来到圣母马利亚面前，宣布她将成为耶稣基督的母亲。在伊斯兰教中，根据圣书《古兰经》的记载，加百列把上帝的意旨传达给先知穆罕默德。天使没有肉体，但来到人间便有了人的样貌。多少个世纪以来，艺术家以多种形式勾画出天使的形象：天使以婴儿、小孩子或者大人的形象出现，没有性别之分，它有着人的样貌，拍打着翅膀飞往天国。罗马天主教等宗教认为，地球上的每一个人都有着他的专属天使，这个专属天使监督着他的行为，保护其不受魔鬼的引诱；它们因此也被称为守护天使。天使是真的还是假的，这个问题的答案与信仰有关。

谁是上帝？

很多人认为上帝是最完美的神灵，他永恒存在，并创造了万物。虽然上帝没有肉体，因而没有性别之分，但人们通常把上帝看作男性。信徒认为，上帝创造了宇宙和宇宙中的万物。很多人认为上帝无所不知，无所不能。许多宗教都认为，在尘世行善的人，死后会见到上帝。

虽然基督教、伊斯兰教和犹太教等宗教都宣称世界上只存在一个至高无上的神（犹太教和基督教称之为上帝，伊斯兰教则称之为安拉），但有些宗教却认为世界上存在多个神。印度教（印度和其他地区的很多人都信奉印度教）宣称，世界上有许多神，但他们都是众神之神——婆罗门——的一部分。很多人认为上帝无处不在，并且是世间万物的一部分——宇宙本身、所有生命和所有自然现象，都是神圣的。其他被称为无神论者的人则不相信以任何形式存在的至高无上的神。

问题索引

图书在版编目（CIP）数据

爱问百科. 从小问到大却没找到答案的问题 /（美）
米西若格鲁编著 ；王怡译. -- 北京 ：北京联合出版公
司，2015.12
　ISBN 978-7-5502-6497-7

　Ⅰ. ①爱… Ⅱ. ①米… ②王… Ⅲ. ①科学知识－普
及读物 Ⅳ. ①Z228

中国版本图书馆CIP数据核字(2015)第250949号

北京市版权局著作权合同登记 图字：01-2015-7056

未讀｜探索家

关注未读好书

爱问百科. 从小问到大却没找到答案的问题

作　　者：〔美〕吉娜·米西若格鲁
译　　者：王　怡
出 品 人：唐学雷
策　　划：联合天际
特约编辑：边建强
责任编辑：李　伟　刘　凯
美术编辑：冉　冉
封面设计：宝木三兽

北京联合出版公司出版
（北京市西城区德外大街83号楼9层　100088）
小森印刷（北京）有限公司印刷　新华书店经销
字数280千字　710毫米×1000毫米　1/16　18.25印张
2016年1月第1版　2016年1月第1次印刷
ISBN 978-7-5502-6497-7
定价：48.00元